古典文獻研究輯刊

三八編

潘美月・杜潔祥 主編

第 50 冊

張汝舟年譜

張 道 鋒 著

國家圖書館出版品預行編目資料

張汝舟年譜／張道鋒 著 -- 初版 -- 新北市：花木蘭文化事業
有限公司，2024〔民 113〕
序 6+ 目 2+228 面；19×26 公分
（古典文獻研究輯刊 三八編；第 50 冊）
ISBN 978-626-344-753-0（精裝）
1.CST：張汝舟 2.CST：年譜 3.CST：學術思想
011.08   112022613

ISBN-978-626-344-753-0

9 786263 447530

古典文獻研究輯刊
三八編　第五十冊   ISBN：978-626-344-753-0

張汝舟年譜

作　　者　張道鋒
主　　編　潘美月、杜潔祥
總 編 輯　杜潔祥
副總編輯　楊嘉樂
編輯主任　許郁翎
編　　輯　潘玟靜、蔡正宣　美術編輯　陳逸婷
出　　版　花木蘭文化事業有限公司
發 行 人　高小娟
聯絡地址　235 新北市中和區中安街七二號十三樓
　　　　　電話：02-2923-1455 ／傳真：02-2923-1452
網　　址　http://www.huamulan.tw 信箱 service@huamulans.com
印　　刷　普羅文化出版廣告事業
初　　版　2024 年 3 月
定　　價　三八編 60 冊（精裝）新台幣 156,000 元

張汝舟年譜

張道鋒　著

作者簡介

張道鋒，男，安徽滁州人，生於江蘇徐州，東南大學教授，北京大學中國文化書院研究員，滁州學院客座教授，國學大師張汝舟先生再傳弟子。主要從事古代天文曆法、明清文學與文獻、中國古代思想史等方向的研究。已出版《明清寧波浮石周氏研究》《全椒古代著述考略》《沈明臣集》等專著，主編《全椒古代典籍叢書》《張汝舟手稿集》《張汝舟文集》等叢書，參編《王陽明年譜》《南京太僕寺志》等。

提　　要

　　本書為近代國學大師張汝舟先生編年事輯。張汝舟（1899～1982），名渡，字汝舟，號二冊居士，安徽省滁州市全椒縣大墅鎮南張村人。1926 年入讀國立東南大學（1928 年改名國立中央大學），師從黃侃、王伯沆、吳梅等著名學者。1930 年起先後任安徽省立六中、國立八中教員，1941 年任湖南藍田師院國文系講師、副教授，1945 年開始任貴州大學教授。因在反右和文革中受到衝擊，1971 年起回南張村老家賦閒。1978 年秋至滁州師專工作，並於 1980 年受聘安徽師大滁州分校顧問教授。1982 年 1 月 22 日突發腦溢血病逝於滁州師專。

　　張汝舟先生不僅是著名的天文曆法專家，他一生對於傳統聲韻學、漢語語法、古典文學、歷史學、佛教等領域亦精研不輟，在二十世紀學術史上佔有重要地位，故本書在相關年份著重強調其多方面的學術成就。張汝舟先生與胡適、郭沫若、馬一浮、張舜徽等二十世紀一流學者交往密切，在學術界聲望極高，且其門下弟子眾多，其中不乏知名人士如朱鎔基、楊振寧等，故本書在相關年份列舉張汝舟先生與民國各界名人的交往。張汝舟先生生前常與學界名流魚雁往來，故本書在相關位置迻錄書信原文或部分摘錄，以為存史。

　　本書按照年份，將先生從出生到去世的主要事蹟進行彙編，並附錄先生去世後產生的廣泛影響，是研究章黃學派乃至近代學術的重要資料。

序　一

張　輝

　　在中國近現代學術史上，章黃學派乃影響至巨的一脈，張汝舟先生就是這一學脈中非常重要的傳承者。張汝舟先生生於清末衰世，長於民國亂局，流離播遷，飽嘗人間疾苦。後半生又橫遭厄運，預池魚之殃。就是在這樣艱難困苦的環境中，汝舟先生竟然撰寫了三百萬字的學術著作，在文學、史學、佛教、語言尤其是天文曆法諸多領域，作出了傑出的貢獻，真是不可思議！作為同鄉，我對汝舟先生除了高山仰止，還有難以言表的自豪感。

　　1977 年我參加文革後的第一屆高考，順利地考入安徽師範大學六安教學點，並於 1978 年 2 月入學。因為父親生病，便向安徽省高教局提出申請，轉回滁州就學。1979 年 9 月我進入安徽師範大學滁縣教學點繼續讀書，不久便聽聞汝舟先生的大名。原來，汝舟先生已於一年前被聘至本校任顧問教授。期間全椒同學王宗成還與我一道去先生家拜望，後來便沒有再聯繫。1980 年 10 月，南京大學王氣中先生、山東大學殷孟倫先生、南京師範大學徐復先生共同發起的「天文曆法講習班」隆重開講，由汝舟先生擔任主講人。各地學人紛至沓來，跟隨先生學習，其中講習班學員呂正得先生學問精髓，理解得尤為透徹。不過因為先生年邁體弱，不能勝任長時間的授課，大部分時間便由他的學生張聞玉代講，那也是我第一次接觸到汝舟先生精深的絕學——中國古代天文曆法。

　　1983 年 9 月我考入南京大學，師從程千帆、卞孝萱、郭維森、周勳初、吳新雷、吳翠芬等六位先生攻讀碩士學位。有一次在程先生家受教，程先生說：「我很敬佩張汝舟先生」，這更讓我對先生的敬仰之情陡增。1984 年 6 月 2 日，我和同門李立樸正在宿舍看書，錢南秀老師說要帶我們去招待所拜見

張聞玉老師。原來程千帆先生此次邀請張聞玉老師來南大講學，為期一個月，每週講四次，每次兩個小時。雖然那次去招待所沒有見到聞玉老師，但講學結束後的 7 月 1 日，我又和李立樸、程章燦送聞玉老師到火車站。那次講學是我第二次接觸汝舟先生的天文曆法之學，自然更加親切。深感汝舟先生傾注心力所建立的獨特的古天文理論，豐富了祖國的學術。特別是對《曆術甲子篇》的闡釋，發前人所未發，成就卓異。我們今後當更加注重學習、繼承並將汝舟先生的學說發揚光大。

欣聞道鋒老弟大著《張汝舟年譜》即將付梓，聊綴數語，祈望汝舟先生的學術與精神能夠生生不息，綿延不絕。是為序。

2023 年 1 月 10 日

作者係中央廣播電視大學原黨委副書記

序二　學海渡人有明師

張聞玉　張金寶（執筆）

　　本書是著名學者張汝舟先生再傳弟子、東南大學張道鋒教授所著，是學界第一部系統介紹汝舟先生生平事蹟、學術思想的傳記性著作。

　　2023 年 1 月，道鋒將《張汝舟年譜》初稿發給我徵求意見。雖然我抱恙在身，還是利用數日時間快速讀完。閱讀之時，總是不忍釋卷；掩卷之日，不禁感慨萬千。道鋒主編《張汝舟手稿集》，推動舉辦「紀念張汝舟先生誕辰 120 周年全國學術研討會」，編纂《張汝舟文集》，如今又著成《張汝舟年譜》，對弘揚汝舟先生的學術可謂不遺餘力，誠有大功於師門。

　　汝舟先生名渡，以字行。生於 1899 年（清光緒二十五年），歷經清朝、民國、新中國三個時代，一生在讀書、教書、著書中度過。先生少年困頓，年近而立始得友人虞明禮資助，求學於國立東南大學（1928 年改稱國立中央大學），受業於溧水王冬飲、蘄春黃季剛、蘇州吳霜崖等著名學者門下，學業日進。畢業後歷任合肥省立六中、省第一臨時中學、湘西永綏國立第八中學高中部國文教員。抗戰時期，隨校遷入湘西，1941 年起任湖南藍田國立師範學院講師一年、副教授三年。1945 年起，執教於黔中。政治運動中，被隔離審查，罹牢獄之災。其後，又不幸被劃為「極右分子」，成了貴州最大的右派之一。1971 年被遣送回全椒南張村故里賦閒。1980 年擔任滁州師專顧問教授。先生一生顛沛流離，憂患實多，著作、手稿十不存一。此等境況下，想完成一部全面介紹先生生平的著作，難度可想而知。

　　道鋒與汝舟先生同根滁州，2015 年起追隨我學習聲韻學和古代天文曆法，成為汝舟先生的再傳弟子，如今執教於先生當年就讀的東南大學，與汝舟先生可謂緣分匪淺。數年前，他即發願編撰《張汝舟年譜》。為完成本書，

道鋒動用一切可以利用的資源，搜集資料、考訂事蹟、剪裁材料、確定體例、審核校訂，各項工作紛繁複雜，其中甘苦曲折，外人實難知曉。事實證明，道鋒的努力工作卓有成效，除已知資料外，還考訂出數則汝舟先生不為世人所知的事蹟：1944 年，汝舟先生受同門師兄、時任校長張廷休之聘任貴州大學教授。國立藍田師範學院將汝舟先生下學期的課程提前，學期結束，除原定薪金外，另支付 1500 大洋給先生。汝舟先生用這筆錢購買一套《四部叢刊》贈予國立藍田師範學院。受聘貴州大學後，王氣中先生曾推薦汝舟先生到中央大學，汝舟先生深感離開貴大對不起老朋友，遂推薦了當時還在中學教書的洪誠先生。此等事蹟，我身為入室弟子尚且不知，若不是道鋒挖掘出來，恐怕將永遠湮沒。道鋒曾言，完稿之日情不自禁流下了熱淚，我相信此言非虛。這熱淚既是感動於汝舟先生曲折不凡的人生經歷，也是感動於自己撰寫過程中的辛勤付出和辛苦遭際。

汝舟先生逝世後，先生的弟子們整理出版了《二毋室古代天文曆法論叢》《二毋室漢語語法論叢》《二毋室論學雜著選》等先生遺著。1984 年 6 月我受邀往南京大學講授汝舟先生古天文學說一個月，撰成《古代天文曆法講座》，後由廣西師範大學出版社發行，印數已達四萬冊，這在學術著作中實屬罕見，對弘揚汝舟先生的學術觀點起到了不可忽視的作用。如今道鋒主編《張汝舟手稿集》，編纂《張汝舟文集》，撰寫《張汝舟年譜》。其他再傳弟子也在學術刊物、學術論壇、大學、書院、媒體上通過撰文、講座、開課等方式弘揚汝舟先生的學術觀點。此等舉措既是對汝舟先生學問的繼承，也是對章黃學派「尊師重道」學風的發揚。目前呈現在讀者面前的《張汝舟年譜》，應是目前條件下作者盡最大努力所能夠達到的最好結果。本書的出版，勢必為推動學界對汝舟先生的研究提供全面、系統、翔實、可信的材料，對章黃學派的研究亦增添了不可或缺的資料。

汝舟先生一生茹素，終身禮佛，慈悲救世，關愛眾生，絕非象牙塔裏的學者。治學上「提綱挈領，舉其大體，開門見山，單刀直入」（湯炳正先生語），多金針度人之作。我能夠在學術領域取得些許成績，與汝舟先生的指導和教誨是分不開的，我終生感念汝舟先生的恩德。汝舟先生從教六十餘年，門人弟子遍及四海，學術上取得一定成就者不知凡幾，汝舟先生可謂渡人有道的明師。本人自貴州大學畢業後從教、治學至今，論著編為五卷文集，廣西師範大學出版社推出的「史學三書」可視為代表作，教導過的學生，年長者多

已成名成家，年輕者正在嶄露頭角，自認為無愧於「教師」這一身份。我殷切希望道鋒等諸位弟子恪守宗風，在踏實治學的同時，給予更多年輕學人以指導，讓他們儘量少走彎路，不走錯路，以汝舟先生為模範，最終成為「明師」。是以，以「學海渡人有明師」為本文的題目，這既是對汝舟先生教誨的深切感念，也是對道鋒完成《張汝舟年譜》的高度贊許，更是對諸位弟子的殷切期望。

如此薪火相傳，中華文明方能日新又新，昌盛不衰。

2023 年 3 月 18 日

作者係貴州省文史研究館館員、貴州大學歷史系教授

目

次

凡　例

一、本書為張汝舟先生生平事蹟輯要，分為正編與續編。正編敘先生生前事
　　蹟，續編述先生身後影響。

二、本書輯事以年、月、日為序。一月之中，無日可考之事繫於該月可考者之
　　末；一年之內，無月可考之事繫於該年可考者之末，並以「是年」領起。

三、本書所言史實皆有徵引，所及出處皆名列書末「參考文獻」，以備讀者檢
　　索。

四、本書所有注釋，悉以腳注形式體現。凡首次引用之書，具列作者名、書
　　名、出版單位、出版時間及頁碼，再次引用則僅標書名與頁碼。報刊詩
　　文亦然。

五、本書所引之文獻，源自先生《自述》、家藏稿、檔案，以及他人回憶追述
　　文字。使用之時，按照文獻學之規則，以更具效力之前者為主。

六、本書除譜主張汝舟稱「先生」外，其餘所涉之人皆稱全名，不再羅列身份。

七、本書除交代張汝舟先生相關材料外，視情況補充與之相關的時代背景。

八、本書所輯先生事蹟，仍有未盡之意，故選擇十篇記述先生生平、學術的
　　文章作為附錄留存。

九、本書涉及人物眾多，其中不乏名家，特附錄《人名索引》，以備查考。所
　　附人名皆為正文中所及之近現代人物，腳注中人名與正文中之古人則略
　　之。

十、本書所涉文獻但有無法辨識者，以□代之。凡有明顯訛誤者，皆出校說明。

卷一 1899～1930 年

清光緒二十五年己亥（1899 年），先生一歲

3 月 20 日，先生生於安徽省合肥市肥東縣梁興鄉南張村（今屬安徽省滁州市全椒縣大墅鎮）〔註 1〕。高祖以成，曾祖永寶，祖金盛，父枝炳，母王氏。〔註 2〕妻王寬安。先生諱渡，字汝舟，以字行，號二毋居士，取「毋欲速、毋自欺」之義。先生育有三子，曰葉蘆、葉葦、葉苕，二女曰葉芬、葉純。〔註 3〕

是年，衛仲璠生。衛仲璠（1899～1990），原名衛瑜章，別名灣廬，安徽合肥人。古文字學家、古典文學研究專家。1946 年任教於安慶國立安徽大學中文系；1949～1958 年任安徽師範學院中文系副教授；1958～1969 年任合肥師範學院副教授兼中文系副主任；1976 年以後一直任安徽師範大學中文系教授、碩士研究生導師，與林散之、先生等合稱「皖東九友」。先生之子張葉蘆嘗向其請教學問，張葉蘆回憶這段往事曰：

〔註 1〕據《中共中央全椒地方史大事記（1949～2009）》記載：「1954 年 10 月 26 日，經安徽省政府批准：將肥東縣的界河鄉全部與梁興鄉的張南（筆者按，此處「張南」應為「南張」）、聯防、梁興集三個村，共四十平方公里土地、851 戶人家、3600 多口人、9 千畝良田劃歸全椒縣管轄，以解決兩縣交界群眾長期鬧水利糾紛問題。」
〔註 2〕張葉蘆《記柏齡小學》，載《合肥文史資料第 10 輯》第 232 頁，1994 年 12 月。
〔註 3〕據《張氏宗譜》所載，先生譜名興渡，字銀渡，號汝舟。先生之子為「業」字輩，後改稱「葉」。

我在 1979 年敝校學報第一期上發表長篇論文《屈原見到郢都淪陷辨惑——兼辨屈原之放、之死》，並寄呈先君摯友、對楚辭也深有研究的衛仲璠丈請指教，除得到仲璠丈肯定的覆信以外，也受到先生寄來一信和研究屈原的碩士論文一篇，囑我對論文提出意見後連同原稿一併寄回，我迅即遵辦了。〔註4〕

清光緒二十六年庚子（1900 年），先生二歲

在合肥南張村。

5 月 28 日，英、俄、日、法、意、美、德、奧組成八國聯軍侵華。

6 月 14 日，北京淪陷。慈禧太后、光緒皇帝西逃。

8 月 10 日，王力生。王力（1900～1986），字了一，廣西博白縣人，著名語言學家。1926 年考入清華學校國學研究院，1927 年赴法國巴黎大學留學，1954 年調北京大學任教授，1956 年被聘為中國科學院哲學社會科學部委員。先生語言學觀點多有與王力相左之處，先生之語法學、聲韻學講義多以王力為底本，而又刪改之。據弟子呂正回憶：

> 我有一套王力的《古代漢語》，老先生叫我拿給他看，老先生用紅筆打勾打叉，後來我還給幾個同學講過這件事。當時，我們每個學生都有這套書，我這套比較特別，是老先生批過的，後來幾個同學借去看了。〔註5〕

是年，魯志煥生。魯志煥（1900～1945）〔註6〕，字默生，安徽全椒人。民國初期，畢業於安徽省立第一師範學校（現安慶一中），後考入上海中國公學，畢業後東渡日本留學。學成回國後，輾轉南北高校任教。1923 年在上海吳淞國立政治大學任史學教授。20 年代末至 30 年代初，魯默生任教於北平平民大學，後任南京國術專科學校教授。抗日戰爭爆發後，魯默生從上海來到廣州，先在廣州學海書院任史學纂修，後在中山大學任史學教授。1945 年為漢奸劉子清所害。先生後撰《魯默生傳》曰：

〔註4〕 見張葉蘆《與潘嘯龍教授論「屈辭中的『夏浦』、『鄂渚』書」》，載《屈賦辨惑稿》第 222 頁，學苑出版社 2005 年。

〔註5〕 據呂正給筆者的微信。

〔註6〕 侯敏《魯默生：邊緣學者的「史」與「詩」》一文定魯默生之生年為 1890 年，誤。張汝舟《魯默生傳》曰：「君年二十七，我年二十八，時未相識也。」是可知，魯生於 1900 年。

默生姓魯氏，名知煥，吾皖全椒赤石鎮人。君善書，用祖籍，拆默字自署山東黑犬。……君家貧少孤，母織紃養君，年十三四能作斗方書，得大籔神龍。詩文亦已可誦。邑令奇其才，妻以女，君亡走皖城。尋肆業第一師範，受教懷寧胡淵如、邑人葉仙蒙也。既冠，遊學海上。同盟會老宿姚公子才見，大奇之，介其女鳳和與訂交，遂成夫婦。丙寅秋，君在寧，余肆業東南大學。君年二十七，我年二十八，時未相識也。一日有俊少年排戶而入，自介曰：「山東魯默生也。」余驚起，延入座。袖出《蝸廬先生傳》擲余，文集醉翁豐樂兩亭記字。余讀之驚歎曰：「文亦紆徐蘊藉，酷似歐公。」君微笑領之，遂成莫逆。……次年（1927 年），偽政府奠都南京，余復學，君任教五卅中學。……君去粵之贛，主修省志，尋歸里。時竊據皖東廣西軍閥某以師禮延召入幕。君面辱之，遂被暗害，屍棄於野，可哀也已。時乙酉巳月也。君生於光緒庚子（1900 年），享年四十有六。〔註7〕

魯默生有《贈張汝舟、汪岳尊》曰：「汪倫何超超，特立空所倚。陋巷持簞瓢，情懷淡於水。興來狃微吟，清潤頗自喜。斯世得見君，如嚼梅花蕊。」

是年，王駕吾生。王駕吾（1900～1982），名煥鑣，號覺吾，江蘇南通人。曾任江蘇省立國學圖書館編輯部主任，浙江大學圖書館館長，杭州大學中文系主任，1981 年受聘為浙江省文史研究館館長。

清光緒二十七年辛丑（1901 年），先生三歲

在合肥南張村。

7 月 25 日，奕劻、李鴻章同英、美、俄、德、日、法、意、奧、西、荷、比十一國公使在北京簽訂《辛丑條約》。

清光緒二十八年壬寅（1902 年），先生四歲

在合肥南張村。

3 月，邵子退生。邵子退（1902～1984），名光晉，字子蛻，號瓜田、老炊，自謂種瓜老人，安徽省和縣烏江鎮百姓塘村人，著名詩人。先生與邵子

〔註7〕張汝舟撰、張道鋒整理《張汝舟手稿集 3》，國家圖書館出版社 2019 年版，第263 頁。

退、林散之三人為終生摯友。

5月，張之洞與兩江總督劉坤一向清廷上奏，呈請在兩江總督署江寧（今南京）辦一所師範學堂，同年開始籌建三江師範學堂。此學堂即先生就學的國立東南大學（國立中央大學）。

清光緒二十九年癸卯（1903年），先生五歲

在合肥南張村。

2月5日，王氣中生。王氣中（1903～1993），名正旺，號東堂，1931年畢業於中央大學，曾於合肥六女中任教，與先生成為同事。1931年到安慶任職省立圖書館，1934年便轉赴北平蒙藏訓練班任教。1936年南歸任教蕪湖安徽女子師範學校。抗戰軍興，王氣中播遷入蜀，任教江津國立第九中學，1939年受聘為河南大學文史系教授。1946年重來金陵，任教於母校中央大學與南京邊疆學校。1949中央大學更名南京大學，任南京大學教授。〔註8〕先生與王氏為合肥同鄉，莫逆之交。〔註9〕

清光緒三十年甲辰（1904年），先生六歲

在合肥南張村。

12月24日，呂叔湘生。呂叔湘（1904～1998），江蘇丹陽人。著名語言學家。1926年畢業於國立東南大學外國語文系，1938年任雲南大學文史系副教授，後又任華西協和大學中國文化研究所研究員、金陵大學中國文化研究所研究員兼中央大學中文系教授。1952年起任中國科學院語言研究所（1977年起改屬中國社會科學院）研究員、中國科學院哲學社會科學學部委員。1978年至1985年任《中國語文》雜誌主編，1980年至1985年任中國語言學會會長。1980年起為美國語言學會榮譽會員。

是年，邊正方生。邊正方（1904～2000），原名邊寶新，字月如，安徽全椒人。12歲學醫，後皈依佛門，曾就讀於閩南佛學院，後主持九華山祇園寺。1946年還俗，以醫救人。除精通中醫內科外，對外科、婦科、兒科、皮膚科均有豐富經驗。

〔註8〕《南京大學文學院百年史稿》，南京大學出版社2014年版，第237頁。
〔註9〕曹虹《王氣中先生》，收入《南京大學文學院百年史稿》。

清光緒三十一年乙巳（1905 年），先生七歲

在合肥南張村。

2 月 13 日，陸宗達生。陸宗達（1905～1988），字穎民（一作穎明），祖籍浙江慈谿，生於北京，著名訓詁學家。1926 年起追隨黃侃學習傳統小學，與先生師出同門。1928 年畢業於北京大學，後長期任教於北京師範大學。

是年，三江師範學堂易名兩江優級師範學堂，李瑞清出任兩江師範學堂監督（校長）。

是年，汪岳尊生。汪岳尊（1905～1999），字石廬，號癯叟，安徽全椒人。詩人、中醫學者。曾任全椒縣醫院中醫科副主任醫師、安徽省中醫協會理事、安徽省書協首屆名譽理事、中華詩詞學會會員。

清光緒三十二年丙午（1906 年），先生八歲

在合肥南張村。

是年，王起生。王起（1906～1996），字季思，以字行。浙江永嘉人，生於溫州。著名戲曲史論家、文學史家。40 年代初，任教浙江大學龍泉分校，1949 年後任中山大學教授。王起與先生為中央大學同學，且為潛社社友。

清光緒三十三年丁未（1907 年），先生九歲

在合肥南張村。

11 月 5 日，趙樸初生。趙樸初（1907～2000），安徽省太湖人。曾任全國政協副主席，中國民主促進會中央名譽主席，中國佛教協會會長。

清光緒三十四年戊申（1908 年），先生十歲

在合肥南張村。

是年，殷孟倫生。殷孟倫（1908～1988），字石臞，四川省郫縣人，1932年畢業於中央大學，著名語言學家，山東大學教授，先生同窗摯友。就讀中央大學時期，與先生齊名。黃侃曾評價曰：「文采風流殷孟倫，博極群書張汝舟」〔註10〕。

〔註10〕見湯序波《章黃學派的開疆拓土者——讀〈張汝舟手稿集〉印象》，載滁州學院編《紀念張汝舟先生誕辰 120 週年全國學術研討會文集》第 278 頁。

清宣統元年己酉（1909 年），先生十一歲

在合肥南張村。

1 月 17 日，唐君毅生。唐君毅（1909～1978），四川宜賓人。中國現代著名思想家、哲學家、教育家，當代新儒家代表人物。

清宣統二年庚戌（1910 年），先生十二歲

在合肥南張村。

1 月 13 日，湯炳正生。湯炳正（1910～1998），字景麟，山東榮成人，著名語言學家、楚辭學家，曾任貴州大學教授，與先生在貴陽共事多年，過從甚密。1949 年前夕前往南充川北文學院，後任教於四川師範學院。湯炳正述及與先生交往曰：

> 貴州大學，地處花溪，乃貴陽名勝之區，遨遊其間，確有心曠神怡之感。加之學術界朋友亦多，其中黃門高足張汝舟君，亦任教其間，他對文、史、哲皆有極深造詣，後來對中國古曆法，有獨樹一幟之見。我們經常以學術相砥礪，友情往來，甚相得。〔註11〕

是年，洪誠生。洪誠（1910～1980），字自明，安徽省青陽縣人。1935 年畢業於中央大學國文系，任教於合肥省立六女中。此時先生任教省立六中，兼課六女中，因而結識相處達四年。1938 年抗戰軍興，張先生轉赴湘貴，曾函招洪西行。洪應先生之招，造赴貴陽，又很快轉赴他處，自此沒有聯絡。

清宣統三年辛亥（1911 年），先生十三歲

是年辛亥革命爆發，先生在合肥南張村。

7 月，張舜徽生。張舜徽（1911～1992），湖南沅江縣人。華中師範大學歷史系教授，博士生導師，中國歷史文獻研究會會長。中國現代著名歷史學家、文獻學家。

10 月 10 日，武昌起義打響，之後中華民國成立。

是年，張振珮生。張振珮（1911～1988），筆名曉容，晚年自號守拙齋主人，安徽滁州人。安徽大學中文系畢業，先後執教於新疆學院、新疆女子學院、貴陽師範學院、貴州大學等。在貴州大學任教授期間，與先生為同事，時有往還。據其子張新民回憶：

〔註11〕湯炳正《自述治學之經過》，見湯序波撰《湯炳正先生編年事輯》附錄一。

與父親交往的學界名流，我親見親聞的人數也不少。僅以任教於貴州大學的老先生為例，便有李淑元、朱厚錕、趙伯愚、張汝舟、廓炯燊、毛國琪、成啟宇等老先生，他們都是當時頗有口碑和聲望的著名學者，也是我輕易就能在家中看到的常客。

談起另一位大學者張汝舟先生，我心中便會感到陣陣不安和懺悔。事情得追溯至他被打成右派時，批判他的大字報鋪天蓋地貼滿校園，我們一群小孩子不懂事，便常尾追在他後面，齊聲連喊：「右派分子張汝舟，右派分子張汝舟……」記得汝舟先生總是頭也不回，一路小跑似的匆匆向前走。他個子矮小，卻頗有古風，但當時總是低頭走跑，就連碰見小孩也有意迴避。現在只要一想起當時的情景，我心中便如針扎般感到後悔。

在我的少年時代，汝舟先生的名言——「天下學問在安徽，安徽學問在合肥，合肥學問在家鄉，家鄉學問在我張汝舟」一度在校園廣為流傳，就連我們小孩也聽說了。但是真是假，我至今仍不知。成人後，我陪父親回老家安徽滁州，準備去看望當時已在滁州師專任教的汝舟先生，才知道他的家鄉在全椒——滁州南面的一個屬縣。我才明白原來我們兩家是同鄉，他誇讚的地方竟是我的家鄉，詫異之外又有幾分歡喜，原因是父親平時言談，從未誇讚過家鄉學風。後來我也讀了汝舟先生的不少書，但早在之前便已知道了他的學問，不過多是從父親那裏聽來的，只是懺悔的事始終潛藏在心中，從不敢在父親或其他任何人面前提及。〔註12〕

中華民國元年壬子（1912年），先生十四歲

1月8日，徐復生。徐復（1912～2006），字士復，一字漢生，號鳴謙，江蘇武進人，1933年金陵大學畢業，乃章太炎及黃侃弟子，南京師範大學教授，為先生摯友。

2月12日，清帝發布退位詔書，清朝滅亡。

是年，先生入讀柏齡小學。先生因家境困難，遇梁柏齡救濟，方得入學。先生之子張葉蘆回憶道：「辛亥革命時，鄉前輩梁柏齡先生率領鄉民扳倒寺

〔註12〕張新民《尋找大學中的人文精神傳統》，見「文化書院」微信公眾號，2023年1月9日。

內佛像，創辦淨心寺小學，並親任校長。先父汝舟先生在村塾讀書，以聰穎聞於鄉里。一日，梁先生親訪先祖父枝炳公，請送先父入淨心寺小學。先祖父因家貧而面有難色。梁先生說：『一應學雜食宿費用，全由我負擔。日後我兒子有書讀，你兒子就有書讀。』先祖父深為感激而應允。」〔註13〕

中華民國二年癸丑（1913年），先生十五歲

在合肥南張村柏齡小學就讀。

11月3日，先生祖父金盛公卒，享年七十九歲。

11月15日，先生母王氏卒，終年四十歲。〔註14〕

是年，程千帆生。程千帆（1913～2000），原名逢會，改名會昌，字伯昊，號閒堂。湖南寧鄉人。著名古代文史學家、教育家。1936年畢業於金陵大學，歷任金陵中學、金陵大學、四川大學、武漢大學等校教職，1978年始任南京大學中文系教授。

中華民國三年甲寅（1914年），先生十六歲

在合肥南張村柏齡小學就讀。

8月30日，江蘇巡按使韓國鈞委任江謙校長籌辦南京高等師範學校，兩江師範學堂遂易名南京高等師範學校。

是年，孟醒仁生。孟醒仁（1914～2004），安徽省長豐縣人，著名古典文學研究專家。歷任西北師院、西安師院、綏德師院、安徽大學等校教授，為先生早年弟子。

中華民國四年乙卯（1915年），先生十七歲

是年春，梁柏齡逝世，先生小學畢業。據張葉蘆回憶：「噩耗傳來，先祖父椎胸頓足痛哭說：『我家半邊天塌了』！」〔註15〕

是年秋，先生考入全椒中學。據張氏親族回憶，先生小學畢業時，聽說

〔註13〕見張葉蘆《記柏齡小學》，載《合肥文史資料第10輯》第232頁。據趙時榮《對周本淳〈二毋室叢著跋〉一文的點滴意見》，先生自小聰慧非凡，作《十五的月亮十六圓》一詩，鄉賢梁柏齡聞訊，頗為讚賞，免費為先生提供教育及食宿。梁逝世後，先生感念其恩德，倡議將下黃小學改名為柏嶺小學。當從張說。

〔註14〕據《張氏宗譜》卷十五。

〔註15〕張葉蘆《記柏齡小學》，載《合肥文史資料第10輯》第232頁。

師範類學校不收學費且負責伙食，先生於是投考師範。考試當天，其他考生騎馬坐轎，身著錦衣，張汝舟則穿著補丁舊衣，步行趕到考場。成績張榜，名列第一。老師惋惜地對他說：「伢子，雖然你考了第一，但學校只收富家子弟，不會錄取你。」回家後，父子相擁大哭，感動了族人。張氏族人決定將祠堂六畝族田讓先生家耕種。收穫除維持祠堂祭祀正常開銷外，剩餘用作補助先生中學費用。〔註16〕

先生就讀全椒中學期間，常登臨全椒名勝奎光樓。1931 年因全椒集資重修奎光樓，朱皆平寫信給鄉梓曰：「重修尊經閣，在吾實為盛舉。值茲年歲豐登，地方安謐，正建設之是謀，豈名勝而轉後？有諸大人之倡導募捐，自易觀成！泰信旅外多年，得未被視為山州草縣之鄙人者，是以斯樓常在足底。回憶負笈邑庠，東原（在校用名王修塽）、聖苻（江兆清）、汝舟（張渡）、軼少（汪開模）、西園（楊榮翰）、佩之（吳承潞）尤為一時最契之友，課餘之暇，拾級登臨，縱眺高遠，肝膽為之一張，胸襟為之一暢。」〔註17〕

12 月 12 日，袁世凱稱中華帝國大皇帝。

12 月，王國維撰寫《生霸死霸考》，其中說：「因悟古者蓋分一月之日為四分：一曰初吉，謂自一日至七、八日也；二曰既生霸，謂自八、九日以降至十四、五日也；三曰既望，謂十五、六日以後至二十二、三日；四曰既死霸，謂自二十三日以後至於晦也。」〔註18〕由於月相四分，一個月相可對應七八日，因此王國維以四分說驗證部分曆日，發現皆能解釋得通，四分說由此興起，並漸趨居於主流。

中華民國五年丙辰（1916 年），先生十八歲

在全椒中學讀書。

2 月，蔣禮鴻生。蔣禮鴻（1916～1995），字雲從，浙江省嘉興市人。著名語言學家、敦煌學家、辭書學家。杭州大學（1998 年併入浙江大學）中文系教授、浙江省語言學會會長。

是年，先生與王寬安結婚。〔註19〕

〔註16〕此據張葉俊先生口述。
〔註17〕朱以慧《懷念我的父親朱皆平》，載中國人民政治協商會議安徽省全椒縣文史資料研究委員會編《全椒文史資料第 2 輯》第 49 頁，1986 年 12 月版。
〔註18〕王國維《生霸死霸考》，上海書店出版社，1994 年影印版。
〔註19〕據張葉芬《先母的七十七年》：「先母十九歲出嫁到我家」。

中華民國六年丁巳（1917 年），先生十九歲

在全椒中學讀書。

是年，陳葆經生。陳葆經（1917—2004），字麗子，安徽全椒人。辛亥革命時期參議員陳麗昆之子。無錫國學專修學校畢業。曾在津浦路西淮南路東的皖東地區從事宣傳工作，競選過南京市第一屆參議員。歷任記者、編輯、副編審，全椒縣政協委員，安徽省文史館館員，安徽省詩詞學會理事，安微太白樓詩詞學會副會長，全椒縣政協文史委顧問，中華詩詞學會會員，全椒縣政協詩詞之友社名譽副社長。

中華民國七年戊午（1918 年），先生二十歲

在全椒中學讀書。

2 月 21 日，先生長子張葉蘆生。張葉蘆，字小舟。浙江大學文學院畢業，建國前任教於浙大附屬中學。1956 年 8 月調任浙師大中文系講師，後任中文系教授。1977 年 4 月，參與編纂《漢語大詞典》，為第六分卷主編。

是年，宋祚胤生。宋祚胤（1918～1994），湖南省花垣縣人，1944 年畢業於浙江大學，任湖南師範大學中文系教授。

中華民國八年己未（1919 年），先生二十一歲

7 月 14 日，先生祖母彭氏卒，享年七十五歲。〔註20〕

是年，先生畢業於全椒中學，下半年在本區第二小學教書。〔註21〕

是年，先生與王稼宗訂交。〔註22〕

中華民國九年庚申（1920 年），先生二十二歲

12 月 7 日，北京政府國務會議同意以南高師各專修科為基礎籌辦大學，定名為國立東南大學。

是年，先生在南張村附近姚莊教蒙學。〔註23〕

〔註20〕據《張氏宗譜》卷十五。
〔註21〕張汝舟《自述》，張立楷家藏稿。
〔註22〕王德群《張汝舟先生與我家三代人的百年友誼》，載《紀念張汝舟先生誕辰 120 週年全國學術研討會文集》第 13 頁。
〔註23〕王德群《張汝舟先生與我家三代人的百年友誼》，載《紀念張汝舟先生誕辰 120 週年全國學術研討會文集》第 17 頁。

中華民國十年辛酉（1921 年），先生二十三歲

在南張村附近章輝集教蒙學。〔註24〕

6 月，祖保泉生。祖保泉（1921～2013），安徽省巢縣人。安徽師範大學教授，著名「龍學」專家。與著名語言學家張滌華、著名詞學家宛敏灝合稱「赭山三松」。

12 月 4 日，先生父枝炳公卒，終年四十七歲。〔註25〕先生於 1922 年作有《同年客中清明，先父去秋逝世》一首。中有「少婦情尤苦，懷夫更哭翁」句，此時先生子女皆幼，夫人承擔一切家務，支持先生遊學南雍。

12 月 21 日，周本淳生。周本淳（1921～2002），字騫齋，安徽省合肥市人，畢業於浙江大學文學院，後長期執教於淮陰師專（現為淮陰師範學院），著名古典文學專家。周自 1938 年考入永綏國立八中，即與先生結下一生的師生情緣。〔註26〕

是年，先生之女張葉芬生。

中華民國十一年壬戌（1922 年），先生二十四歲

4 月 21 日，先生致書胡適，商榷《水滸》相關問題。其文曰：

適之先生：

去年在南京舊家，得幾卷《水滸》，書名《忠義水滸全書》。本著先生的《考證》，我就疑心這些和東京藏的一樣。我且把書裏大概報告先生：

（一）有第一至第二、第十、第十四至第十八、第二十五至第四十二，共二十八回。

（二）第一回回目同金本楔子，第二回回同金本第一回，以下第三回〔同〕金本第三……

（三）餘頁一面有「鬱鬱堂」三字，一面有「四傳」二字。

（四）眉批不少，間有旁批；每回之尾，總有總批兩條。

（五）批者極崇拜宋江。

（六）第一回開首，就是「話說大宋仁宗天子在位嘉祐三年三

〔註24〕張汝舟《自述》，張立楷家藏稿。
〔註25〕據《張氏宗譜》卷十五。
〔註26〕周先民《周本淳先生年譜》，載《淮陰師範學院學報》，2016 年第 4 期。

月三日五更三點……」

（七）第一回裏沒得「且住，若真個太平，今日開書演義又說著些什麼？」幾句。

（八）傳中多一些駢句韻語，描寫景色人物。

（九）三十二回裏，「武行者道：『……天可憐見異日不死，受了招安，那時來尋哥哥未遲。宋江道：『見弟既有此心歸順朝廷，皇天必佑，……』」底上面有兩行批，「主義與宋江合，便吸全部精神。」三十六回吳用、花榮接送宋江，有批道：「起首來迎的便是吳用、花榮。遠送的亦是吳用、花榮；便與同死相呼應。」三十八回裏宋江評李逵是個忠直漢子，也有批道：「真知己可以同死。」

（十）第三十一回裏，「兩口劍寒光閃閃，雙戒刀冷氣森森，鬥了良久，渾如飛鳳迎鸞；戰不多時，好似角鷹拿兔。」金本作：「四道寒光，旋成一團冷氣。」第二十八回裏，果說張青長武松五年（金本作九年）。第三十七回裏，「宋江合那兩個公人抱做一塊，恰恰要跳水，只見江面咿咿啞啞櫓聲響；宋江探頭看時，一隻快船飛也似從上頭搖將下來。」也是聖歎罵的俗本裏的文字了。

以上是十條報告，以下還有幾句囉嗦。天生了先生這一副聰明才力，不是徒然的，是特派來負一種責任；指導我們青年走他能走的路，享他能享的福。我常私自喜幸，生在先生指導之下，這番有了疑問，不求解決，豈不是坐以自誤嗎？況且這些疑問又是因讀先生的著作而起的。

疑問一

先生意中的原本是周氏說的那個有妖語冠其首的，抑或是百二十回本發凡說的舊本呢？難道先生把這兩種本子，認作同樣來做先生意中底原本嗎？

疑問二

便把周氏和發凡說的兩種，認為同樣做先生的原本，這原本和郭本的異點如下：

（1）有「致語」。

（2）閻婆位置在前或在後。

（3）有五回無遼國（恐怕有遼國）。

這樣看來，似乎沒有「重興水滸，再造梁山」那一回事。能不能將先生兩個假定：「原百回本是很幼稚的」，「原百回本與新百回本大不相同」裏「很」字和「大」字去掉呢？

疑問三

先生說王進是原本裏王慶。這樣一來，勢將遷動開卷前一兩回，此較移置閻婆更要惹人注目些；何以做發凡的人還拿「王進開章而後收繳」來贊原本之為大手筆呢？

疑問四

原本似乎也是高俅起頭的。既以高俅起頭，則敘受柳世雄的恩也是有的。《征四寇》第二十九回（應即原本第一百回）裏是敘高俅報恩，一受一報，似不重複。若說原本不是高俅起頭，那麼以本書最痛恨的一人，至第七回突然發現，似乎是不可能。先生推想「……把靈璧縣的柳世雄也提前八十回，改為……」是不是說原本開頭沒有柳世雄施恩一節呢？既然有了以上的懷疑，遂有了以下的假定，希望先生糾正。

甲、原本是一百二十回。

乙、原本本有征遼一段。

丙、《征四寇》是原本後一部分。

丁、「忠義」是《水滸傳》本來精神，不能拿無政府主義去附會。

戊、原本後來被割棄成了兩種本子：一種是因四大寇之拘而酌損的；一種是嫌一百二十回之繁而淘汰的。

己、七十回本不自聖歎始。

庚、百回本有兩種：初百回本；後百回本（即郭本）。

辛、七十回〔本〕應在初百回本之後。

壬、《征四寇》流行在七十回本盛行以後。

癸、《忠義水滸全書》裏王、田兩段，是因未見《征四寇》杜撰的。

按條說明：

甲、

發凡說：「古本有……；乃後人有因四大寇之拘而酌損之者，有嫌一百二十回之繁而淘汰之者所失。」那麼，發凡說的這古本是

有一百二十回，而且有四大寇了。就先生引的幾條發凡，很可以看出做發凡的人是極追慕這古本（亦稱舊本），所以他補成有四大寇一百二十回一部書，以符他追慕的古本。這古本該是原本了。（周亮工說的古本不能算原本，因為他這古本就同郭本一樣，多「致語」而已。）

乙、

①宋江是本書主人翁，不應再四寇之列。發凡說有四大寇，則遼國係原有的。

②發凡說，「去王、田而加遼國，猶是小說家照應之法。」這「加」字是加長之意。若整加一段，有什麼照應可言？（按，《征四寇》去王、田二寇，是去掉二十二回半，假使不加征遼國，便不是百回之數。）

丙、

①四十九回合前七十一回恰一百二十回，與發凡合。

②征遼一段比郭本少兩回，與發凡合。

③開卷便是「宋江與柴進一路，史進與穆宏一路，……李逵曰：『我也同去』……」分明有上回銜接著。

④第二十九回裏，柳世雄、靈壁縣，即郭本開卷柳世權、臨淮州。讀這部書不遵這兩部書人名地名是沒有的事。

⑤文字態度，大致不錯：沒有一處與梁山英雄本來面目不合。究竟不如前七十一回的，卻有原因：

（子）描寫性情，鋪敘事實，本是兩樣文字。大鬧江州以前四十四回，側重描寫個人性情；以後三十回，多半鋪敘些事實——打朱家莊失陷高唐州、打青州、打大名……七十一回以後，完全鋪敘事實了。

（丑）七十回本字句之間已經經過兩次修改，酌損四大寇而成的百回本，除掉移置閻婆位置，去王、田加遼國這些大變動有史可考外，字句間都不免小有修改，如原本敘柳世權施給高俅的恩，是因高俅害病，送他十兩銀子上東京（《征四寇》二十九回）。郭本第二回卻有薦書之說，沒害病送銀子的話；並且改柳世權、靈壁縣為柳世雄、臨淮州，可見此處已經有了修改了。他處想亦不免。後來

七十回本出來，又改好幾處，有金批可考。

（寅）前七十一回寫「義」，後四十九回寫「忠」，現在人看來，便覺討厭。

丁、

①一百零八條好漢，都願做官。至於李逵是特寫一異人；招安以後，他還是時常要反。

②由先生《考證》裏引的幾條史料，很可以曉得晚宋以後有些人希望草澤英雄為國出力，《水滸傳》就是這種思想結晶；極惡污吏姦臣禍國病民，希望一個義膽包天、忠肝蓋地的人糾領一班英雄定國安民。

③宋江是《水滸傳》主人翁。他所以能夠這種資格的，因為「忠義」。義不消說了；不肯上山，藥死李逵，都是極寫他忠。寫宋江一時不忘朝廷，正所以特表其忠，而聖歎以為寫其假。

④寫黑夜微行的道君那樣和氣，宋江被害，罪加在姦臣身上。

⑤人無義氣不能聯絡，所以落草的山寨都可以叫做「聚義廳」。同一梁山伯，晁蓋則「聚義廳」，宋江則「忠義堂」；是作者特筆。

⑥敘王慶義氣，直似梁山英雄；只是不忠——稱帝、擾宋——便失敗了，也是作者特筆。

⑦若是作者有反抗政府的意思，怎肯那「天又〔可〕憐見異日不死，受了招安……」這些話唐突武二郎呢？

戊、

發凡說「乃後人有因四大寇之拘而酌損之者，有嫌百二十回之繁而淘汰之者，此失」。玩這個「此」字，當時已有酌損原本的、淘汰原本的兩種本子。

己、

①據發凡，淘汰原本是因一百二十回之繁，這部書定然簡至於無可簡，或者就是七十回了。

②沈德符稱郭本為善本，可想當時有好幾種本子做比較。郭本較初百回本簡些，必定另有過簡的，才顯出郭本為善本。我想那時有七十四回本子。

③先生說聖歎不致於作偽。

庚、

發凡連說移置閻婆位置，去王、田加遼國，刪「致語」並沒有提，不過說「今既不可後見」，可見刪「致語」又是一次。將原本移了閻婆位置，去王、田加遼國所成的百回本，自然是發凡說的因四大寇之拘而酌損的本子；這是出百回本，是有「致語」的。到郭武是重刻其書，才削其「致語」，這是後百回本。金氏是誤認初百回本為古本。

辛、

《水滸傳》前七十一回不過是第一段子，有一人嫌一百二十回之繁，而且後四十九回文字沒精彩，所以截取前七十一回一段子造一夢了之。又是七十一回，不得不提前一回做楔子，成功七十一一部書。這部書柳世雄、臨淮州、閻婆位置，已同百回本。但是七十回本改好了幾處文字，百回本沒改，以此斷定七十回本在初百回本之後。七十〔回〕本不始自聖歎，又不應在郭本之後。

壬、

①《征四寇》始印在乾隆壬子，那時金本已盛行，有序可證。

②金本既盛行，好事者不願意《水滸傳》沒有結束，便留意《征四寇》了。有單獨印行的，如今本；有與前七十一回合攏的，如百十五回本、百十回本。若郭本盛行時，郭本本有收穫，人便不注意《征四寇》了。

癸、

①郭本盛行時，《征四寇》不很現世。

②假使做發凡的人看見《征四寇》，他定刪去郭本征遼所加的兩回。

③做發凡的人因沒看見《征四寇》，並不知他追慕的古本裏遼國所少的兩回是什麼文字，所以只得一遵郭本；再本著一些傳聞水滸故事，杜撰王、田二十回加入。

以上是一時起的誤解，證據薄弱，推理背謬，自是不免。只希望先生不以「不值一駁」，聊加教正，那就榮幸無既了！

通信處：南京轉烏江裕豐祥號轉。

我有一部金本《水滸》，時有王望如底總批。他拿《水滸》談性

命，又是一家讀《水滸》的了。來日方長，相見有期。就此，祝先生
健康！

後學張汝舟　四月二十一日〔註27〕

10 月 1 日，楊振寧生。楊振寧，安徽省合肥市人，國際著名物理學家。
1937～1938 年間就讀於國立八中，受教於先生門下。

12 月 29 日，邵榮芬生。邵榮芬（1922～2015），安徽省壽縣邵店鄉邵家
老彎村人，1950 年畢業於浙江大學中文系。中國社會科學院學部委員、《中國
語文》雜誌編委，是著名的語言學家。高中時嘗從先生受業，受到極大的鼓舞。

是年，先生與著名書畫家、詩人林散之結為莫逆，從此開啟了長達半個
多世紀的友誼。先生手錄《汝舟詩零稿紀年》曰：「一九二二年，余年二十四
歲，散之二十五歲，始訂交，唱和頻繁。」林蓀若《父親藝術初繕》謂：「合
肥張渡大叔，與父親更是莫逆，相距雖遙，而鴻音不斷，暇時即來江上草堂，
文酒盤桓。」〔註28〕

是年，先生經虞明禮介紹，在江蘇江浦縣烏江三虞村教蒙學。〔註29〕

是年，兩江師範學堂改為國立東南大學分設上海商科大學。

是年，陶家康生。陶家康（1922～2008），安徽省天長市人。先後任滁州
中學教師、滁州學院副教授。

中華民國十二年癸亥（1923 年），先生二十五歲

是年，先生在江蘇江浦縣烏江三虞村教蒙學。〔註30〕

中華民國十三年甲子（1924 年），先生二十六歲

在烏江三虞村教書。〔註31〕

2、3 月間，吳梅創建「潛社」，先生後來亦名列其中。1926 年春，東南
大學詞曲班的學生王起、陸維釗、唐圭璋、孫雨庭、盧炳普、葉光球、唐廉、
龔慕蘭、周惠書、濮舜卿等十幾位學生為了練習作詞希望成立一個詞社。作
為任課教師的吳梅欣然同意。同學們推舉老師為召集人並約定每月兩次。每

〔註27〕見杜春和選編《胡適論學往來書信選》第 680 頁，河北教育出版社，1998 年版。
〔註28〕文載《林散之研究》第一輯。
〔註29〕張汝舟《自述》，張立楷家藏稿。
〔註30〕張汝舟《自述》，張立楷家藏稿。
〔註31〕張汝舟《自述》，張立楷家藏稿。

集大都在秦淮河一個名叫多麗舫的船上舉行。先由老師出題，然後備人寫作。寫成後再由他一一評講，分出優劣。最後開懷暢飲，盡歡而散。所謂潛社，就是不聲張，潛心填詞的意思。他們的社規有三條：一不標榜，二不逃課，三潛修為主。東南大學停辦，潛社也一度停止。復課後，詞課由汪旭初、王曉湘擔任，吳梅專教南北曲，社集也隨之改為南北曲了。該社到 1937 年「七七事變」為止，前後參加的有數十人。他們把詞和曲彙集起來刻板問世，名曰《潛社彙刊》。吳梅的序言寫道：「自丙寅至丙子，合十一年社作，刊布行世。作者之美惡，可以不論，而歷久不渝，固可尚也。諸生有轉移，社集無間斷，余用以自壯云。」〔註32〕吳梅組織學生填詞譜曲，先生於此時對崑曲頗感興趣，此後時常操習。先生與夫人王寬安俱好此道，抗戰期間（1937～1945）與音樂名家桂百鑄時相往還，以崑曲相唱和。〔註33〕

中華民國十四年乙丑（1925 年），先生二十七歲

是年，先生在南張村教蒙學。〔註34〕

是年，王國維在《古史新證》中明確提出：「吾輩生於今日，幸於紙上材料之外，更得地下之新材料。由此種材料，我輩因得據以補正紙上之材料，亦得證明古書之某部分全為實錄，即百家不雅馴之言亦不無表示一面之事實，此二重證據法惟在今日始得為之。雖古書之未得證明者不能加以否定，而其已得證明者不能不加以肯定，可斷言也。」〔註35〕此謂之「二重證據法」，先生後來提出「三重證據法」即以此為根基。

中華民國十五年丙寅（1926 年），先生二十八歲

2 月 18 日，先生次子張葉葦、三子張葉苕生，二人係孿生兄弟。〔註36〕

4 月 19 日，單人耘生。單人耘（1926～2021），字子西，號散虹、耘者，

〔註32〕王衛民《吳梅評傳》，河北教育出版社 2002 年，第 29 頁。

〔註33〕此據史繼忠、黃小川編著《貴陽名人》。潛社前後共三個階段，第一階段為 1924 年春至 1927 年春；第二階段為 1928 年秋至 1929 年冬；第三階段為 1936 年春至 1937 年夏。先生 1926 年秋至 1930 年夏在東南——中央大學求學，入社之時間不可確考，活動時段當在 1926 年夏至 1927 年春，1928 年秋至 1929 年冬。

〔註34〕此據先生《自述》，張玄楷家藏稿。

〔註35〕王國維《古史新證——王國維最後的講義》，清華大學出版社 1994 年版，第 2 頁。

〔註36〕據《張氏宗譜》卷十五。

江蘇南京人。1951 年畢業於金陵大學農學院農業經濟系，歷任中國農科院、南京農業大學中國農業遺產研究室副研究員、南京農業大學教授，江蘇省文史研究館館員。十三歲起從林散之學畫學詩，與先生過從較多。

是年上半年，先生仍在南張村教蒙學。〔註37〕

是年秋，先生在同學虞明禮〔註38〕資助下考入東南大學〔註39〕中國文學系，受業於王伯沆、黃侃、吳梅、汪辟疆諸家，學業大進。是時先生已有三子一女。〔註40〕

先生初見黃侃先生，特意帶上自己的一部研究經學著作《論語清學》和一部研究聲韻著作《古聲求類》。黃先生快速翻閱一過，把《論語清學》置一旁說：「不要呆，你還想為《皇清經解》增加一部書嗎？」然後拍拍《古聲求類》說：「願你終身以之。」〔註41〕

是年，先生已有三子一女，生活頗為困頓，賴堂弟張仰波及親友賑濟。先生曾有詩讚堂弟曰：「吾家有弱弟，人號小孟嘗」。〔註42〕

是年，王郁昭生。王郁昭（1926～2016），山東文登大水泊鎮方池泊村人。歷任全椒縣委書記、滁縣地委書記、安徽省省長、國務院發展研究中心副主任。

中華民國十六年丁卯（1927 年），先生二十九歲

是年，先生在南京國立中央大學讀書。

是年，國立東南大學、河海工科大學、上海商科大學、江蘇法政大學、江蘇醫科大學以及江蘇境內四所公立專門學校的九所公學合併，國立東南大學更名為「國立第四中山大學」，以紀念孫中山及北伐軍攻克的第四座歷史文化名城。

〔註37〕張汝舟《自述》，張立楷家藏稿。
〔註38〕虞明禮，1899 年生，字叔和，南京江浦縣人，著名數學家。與先生中學同班，對先生資助頗多。先生有《哭叔和二十四韻》，自注曰「非君則困死蒿萊」。
〔註39〕編者按，1928 年改名國立中央大學。
〔註40〕程在福《泮宮執教，一生盡瘁——難忘的張汝舟教授》，文載中國人民政治協商會議貴州省委員會文史資料委員會編《貴州文史資料選輯》第 30 輯，1991 年。
〔註41〕程在福《泮宮執教，一生盡瘁——難忘的張汝舟教授》，文載中國人民政治協商會議貴州省委員會文史資料委員會編《貴州文史資料選輯》第 30 輯，1991 年，第 242 頁。
〔註42〕王延起《緬懷張汝舟先生》，載《紀念張汝舟先生誕辰 120 週年全國學術研討會文集》第 17 頁。

中華民國十七年戊辰（1928 年），先生三十歲

在南京國立中央大學讀書。

先生就讀於國立中央大學，從黃侃先生學習聲韻學。後來回憶黃侃先生之聲韻學課堂謂「黃先生講聲韻學的確是很別致的，他的教材教法，不守常規，生動活潑，妙趣橫生，使聽者忘倦」。〔註43〕黃侃的教學方法深深地影響了先生。據他的學生朱輔治回憶：「張老師面對不同等次的學生用不同方法對待。對優異生、上等生讓其吃飽吃足，外加議題，補讀各家論著及語法資料，擴大知識領域，拓展科學視野，以期有特殊造詣。對中等生循循善誘，引導深鑽教材，激發學習興趣，培養獨立思考能力，以便將來自行專門研究。對下等生，去其厭學，發其好學，逐日進步，以利畢業後勝任中學語文教學。張老師的確是因材施教的典範。」〔註44〕

2 月，國立中山大學改名為「江蘇大學」。

5 月 16 日，江蘇大學改名「國立中央大學」。

中華民國十八年己巳（1929 年），先生三十一歲

是年，先生在南京國立中央大學讀書。

中華民國十九年庚午（1930 年），先生三十二歲

是年，先生在南京國立中央大學讀書。

是年，先生為老師胡遠濬所作《勞謙室叢著序》發表於《國立中央大學半月刊》第 9 期。

〔註43〕民國文林《細說民國大文人‧黃侃‧讚譽》。
〔註44〕見《朱輔治先生來稿摘登》，載貴州大學編《張汝舟先生誕辰百年紀念文集》。

卷二　1931～1945 年

中華民國二十年辛未（1931 年），先生三十三歲

9 月 18 日，「九・一八」事變爆發，日軍侵華戰爭開始。日本帝國主義對東北野蠻侵略，何應欽同日本訂立喪權辱國的《何梅協定》，先生聞訊悲憤不已，揮筆寫下《寇犯平津，和議告成有感》一詩：

> 放眼河山景不殊，廿年民困幾曾蘇。
>
> 卻慚清譽憑誰買，且上高樓倩酒扶。
>
> 飛將何時收版籍，哀鴻無際下平蕪。
>
> 並非誤國因和議，只為軍邊號鷗鴣。〔註1〕

是年，經徐天閔〔註2〕推薦，先生始執教於合肥六中，直至 1937 年。〔註3〕合肥六中前身即 1902 年李鴻章之子李經方創辦的廬陽中學堂。1914 年廬陽中學堂收歸安徽省管理，改為省立第三中學，旋即又改為省立第二中學。1928 年改為省立第六中學，1934 年秋改名為省立廬州中學校。

先生學問精湛，授課亦廣受歡迎。當年的六中學生、上海外國語學院教授章振邦有《憶廬州中學》，合肥張愛華有《從廬州中學到合肥一中》等文，

〔註1〕見《貴州大學張汝舟教授遺著整理簡訊》（第八期）。

〔註2〕先生 1943 年所作懷天閔師詩絕句云：「十首秋懷偶擬黃，徐公延譽許升堂。更承一薦回鄉校，從此群雛足稻粱。」詩後注文：「天閔師詩名振三江。嘗以擬山谷秋懷十首命題，先生評拙文大為噓拂，加以長批，首云：『直入古人堂奧，不僅似山谷已也』云云。暑假先生返安慶，遇故人六中校長戴允蒸，師以余薦，遂到合肥任教。」

〔註3〕張汝舟《自述》，張立楷家藏稿。

都將先生列入省立六中的知名教師。並說：「（張汝舟）知識淵博，上課能廣徵博引，生動風趣，因而深受六中學生們歡迎。每次上課，教室內都是濟濟一堂，教室後面與窗外常常站滿了其他班級同學旁聽。」〔註4〕另據吳新潼《憶抗戰時期國立八中的幾位合肥籍教師》一文記述：「張汝舟、鮑哲文老師教授高中國文。他們國學淵博，上課時旁徵博引，使同學們聽得目不轉睛。每次上課，教師最後和窗戶外都站滿了其他班級同學。張汝舟老師教授的李清照的《金石錄後序》和鮑哲文老師教授的司馬遷的《報任安書》，我至今還能背誦。」〔註5〕

是年，張栗庵卒。張栗庵，1870年生，名學寬，字栗庵，安徽省含山縣人。著有《易經注》《書經新義》《荀子新義》《存書》《三傳新解》《觀復堂詩文集》《四書札記》《驗方彙編》《金石考證》等。與先生等合稱「皖東九友」。

中華民國二十一年壬申（1932年），先生三十四歲

在合肥六中任教。

是年，合肥六中之「朝曦讀書會」倡議，與初三畢業班各演一場大型話劇。初三畢業班所演為王氣中導演之《棠棣之花》，讀書會所演為先生編導之《紅樓夢》。以表演所得之財捐贈了一所圖書館，並延請董策三擔任館長。〔註6〕至1979年5月先生赴寧訪徐復、洪誠、王氣中等先生，與當年扮演《紅樓夢》的六女中學生彭守漪、劉兆瓊重逢：

> 晚間，徐老（徐復）、自明（洪誠）又來，歡談。陶、范（范賢英）又至。彭守漪又偕劉兆瓊來。彭一度試演林黛玉，其苗條秀麗可知，終比吳耀蘭遜一籌耳。彭漂亮不假，但眨眼動眉毛，不及李華沉靜。所以彭不能演林黛玉，只好演襲人。李華演寶釵。范賢英十分佳妙，似美少年，天生寶玉。吳耀蘭終身皆本名不用，被呼林黛玉。(19)47年過寧，氣老（王氣中）告余曰：「林黛玉明天請你吃飯。」次日氣中同去。吳已嫁高先生，（高）在中大教書。席間高先生亦參加笑談，「林黛玉」、「林黛玉」不絕口。(1947年)這一頓午餐依然在目。高先生已逝，「林黛玉」孤身在北京，聞子女不少可

〔註4〕見《合肥政協文史資料10輯》，第266頁。
〔註5〕見《合肥政協文史資料10輯》，第210頁。
〔註6〕李靜一《我的思想啟蒙到走上革命道路》，載《合肥文史資料　第10輯》第126頁。

慰遲暮。「賈寶玉」聞偕夫在美國。〔註7〕

是年，林散之有《寄張汝舟》詩：「別後一年音間隔，思君每日幾多時。聽完窗外芭蕉雨，題遍墳頭扁豆詩。大海潮歸人寂寂，小庭木脫雁遲遲。離情寫罷改還改，苦味書來知未知。」〔註8〕

又有詩曰《汝舟以城樓遠眺詩見寄，即次其韻二首》：「蓬鬢憐君不整頭，高情淡漠合神遊。孤城遠掠一行雁，野浦虛橫不繫舟。湖海平生餘舊夢，干戈此日動清秋。登臨自有新亭感，題得名詩遍戍樓（其一）。小別烏江古渡頭，匆匆幾日伴閒遊。迂疏我似不材木，虛靜君如無忤舟。蒿目艱難同有淚，蓬心寥落獨經秋。去年此際尤無賴，水滿荒城浪打樓（其二）。」和者甚眾，王氣中據此編成《肥津酬唱集》。〔註9〕

中華民國二十二年癸酉（1933年），先生三十五歲

在合肥六中任教。

是年，林散之與許樸庵、邵子退、章敬夫成立讀書社，據《詩經》「嚶其鳴矣，求其友聲」之意，取名「求聲」。先生與張伯禧、魯默生、刁蔚農、衛仲璠後預其事，時人稱為「皖東九友」。〔註10〕據林散之《求聲社序》：「今與三子約，約結小社，以相攻錯」，可知先生等五人並非「求聲社」開創者。又，林散之《代函十首贈汝舟》（其七）自注曰：「君昔年在合肥中學任教，與全椒魯默生稱『張顛魯狂』。」〔註11〕林散之撰《求聲社序》曰：

> 余荒廢不學，往往與友人章君敬夫、許君太樸，邵君子退閒遊，
> 相晤之頃則笑傲謔浪，無及義之言。退而思之，每自慚恧。夫友者，
> 友其德也。孔子曰：君子以文會友，以友輔仁。莊子曰：近則必相

〔註7〕見先生1979年日記。

〔註8〕此詩林散之《江上詩存增訂本》繫於1931～1932年間。今據《林散之年譜》之一九三二年所載：「冬，風雪無聊，追念張汝舟、章敬夫二友，悵然若失，檢紙呵凍寫《草堂雅聚圖》。」又林散之《題寫〈草堂雅聚圖〉》：「今歲復雲暮，風雪無聊，不知二子近日果何？」可知，此詩當作於《草堂雅聚圖》前一年，即一九三一年，與「別後一年音間隔」句相合。

〔註9〕見《汝舟詩零稿紀年》先生自注。先生手錄《汝舟詩零稿紀年》一九三二年有《肥城秋眺二首》，林散之此詩當作於是年。

〔註10〕《林散之年譜》一九三三年。

〔註11〕林散之有《張顛》一詩謂：「江北有小山，山上成禿禿。有友名張顛，傲岸何兀突。庸孝葉芬女，孫女名小竹。今夏過吾廬，娟娟殊不俗。行看春雨後，捎雲抽新綠。」

磨以信，遠則必忠之以言，豈嬉戲征逐之謂哉？今與三子約，約結小社，以相攻錯，俾日就於光明，而去此下流之趣也。昔嵇中散有竹林之遊，釋慧遠有白蓮之聚，雖所志不同，要其相結，以道相勗，以德其義，一也。以社既不敢望白蓮淨修之清塵，復不敢步竹林高逸，軼之芳躅。聊於詩文，二者勉之而已！詩曰：「嚶其鳴矣，求其友聲」。因名其社曰求聲，微相和也。往者必咎，來者自今月必有文，文三首不限一體，月必有詩，詩三章各言其志，相印相證，相切相磨，以期勿負「求聲」之意云耳。雖然余所謂文，文其文，未敢以言古人之文；余所謂詩，詩其詩，未敢以言古人之詩，然則茲社也，適所以為愧也歟？〔註12〕

是年，先生在求聲詩社作《客中春興》：「家園一別歲時更，差喜春光等樣明。卻怪綠氈鋪遍野，兒童不解放風箏。」又作《同年客中清明，先父去秋去世》：「清明連耳際，曠野盡淒風。極目空飄白，低頭暗灑紅。誰人不思父，而我獨奔窮。少婦情尤苦，懷夫更哭翁。」〔註13〕

另據王廣漢《林散之傳》：「一次張汝舟從南京來專程造訪林散之，林散之邀時在烏江的章敬夫來草堂相陪。三人都是意氣風發的青年，聚在一起，十分高興，『指點江山，激揚文字』作盡日遊。事後林散之作《草堂雅集圖》，並在畫上題寫跋文，記述了這次聚會。跋文寫道：『三人既相聚，若佯若狂，庶議古今人，竟夕歡嘩不寐。畫只用寄意，草草以成，其拙於工，所弗暇計，或謂圖中三人，誰謂張子又誰謂合肥張先生，余聾瞶茫然，漫不復識』。」魯默生一首：「散之隱君子，飄然若流雲。是非一笑擲，書畫獨超群。結廬面大江，驅犢自躬耕。高風不可攀，千里抱清風。」〔註14〕

11月，蕭兵生。蕭兵（1933～2022），原名邵宜健，福建福州人。淮陰師範學院中文系教授，東南大學東方文化研究所、華中師大中文系兼職教授。

是年，先生所撰《國學概論》由合肥啟新印刷社出版。所撰《三百年來樸學之學風》發表於《學風》第3卷第9期。所撰《〈切韻〉聲紐之商榷》《談黃山谷詩》發表於本刊第3卷第4期，《南宋九經考》發表於第8期，《李清照生年考》發表於第5卷第4期。

〔註12〕林散之著、田恒銘整理《林散之序跋文集》，黃山書社1991年，第5頁。

〔註13〕張汝舟《二毋室論學雜著選》，貴州大學出版社1990年，第311頁。

〔註14〕王廣漢《林散之傳》，上海三聯書店2007年，第56頁。

是年，胡遠濬卒。胡遠濬（1869～1933），字淵如，顏其室曰「勞謙」，署勞謙居士。安徽懷寧在城鄉（今屬安慶市）人，清末民初教育家、哲學家，為先生老師。胡著《勞謙室叢著》，交商務印書館出版，請先生作序。先生年輕氣盛，所作序文專列孔老之異。胡笑曰：「文人耳，道還差一點。」經胡指點，先生對老莊研究更進一步。後在藍田師院講授老莊時悟得這樣的教學大旨：「孔孟平實，老莊玄妙。說孔孟得其玄妙，說老莊得其平實，期近之矣。」先生懷其絕句云：「孔老難從跡象尋，原來笙磬本同音。勞謙叢著將行世，一序重違夫子心。」

中華民國二十三年甲戌（1934 年），先生三十六歲

在合肥六中任教。

是年，先生之女張葉蒓生。先生 1938 年有《哭蒓女六絕句》，中謂「四齡弱女解承歡」，故此女當生於一九三四年。又謂「不教佛種留人世，知我前身惡業多」，可知此女四歲而夭。

中華民國二十四年乙亥（1935 年），先生三十七歲

在合肥六中任教。

10 月 8 日，黃侃卒。黃侃（1886～1935），字季剛，「章黃學派」代表人物，生前執教於中央大學，先生曾從其受業。黃侃逝世後，先生悲痛不已，後作《懷念季剛先生》一文：

> 江戴輝光久絕塵，遙遙一脈衍蘄春。
>
> 文章經術誰能識，偶說聲明戲俗人。
>
> 這是我一九四三年在湖南藍田師範學院教書時所作《懷舊絕句十首》之一，懷的是黃季剛先生。這兒我有意來了一個「欲揚先抑」的手法，其實，先生的聲韻學是早已名震一時了。
>
> 我跟黃先生學習聲韻學是在一九二八年，那時他在南京中央大學中文系任教。他的住處是大石橋西「量守廬」，我有幸能夠經常出入，因此被稱為「黃門問業弟子」。記得黃先生說過：「中國沒有文法，訓詁就是文法」。秉承先生的教言，我在一九四二年寫了一本小冊子：《國文文法》，由長沙公益出版社出版，前有「編著大義」云：「諸生細讀此編，其於有清一代聲韻訓詁，思過半矣」。我所闡述的就是先生的學問。

　　對章（太炎）黃（季剛）學派的聲韻學究竟應當怎樣評價，這是學術界還在爭論的一個問題。我覺得太炎先生對中國三百年來古音學所作的論斷：「前修未密，後出轉精」，是正確的。這八個字概括了三百年來中國古音學大師們的艱苦歷程，我們義不容辭地應把章、黃學派已有的成績向前推進。但要注意，我們必須對從顧炎武起，並經過乾嘉學派大師們不斷努力的成績，如實地加以陳述。既要知道「後出轉精」之功，也要懂得「前修未密」，寓有「開來」之績。沒有顧氏的十部古音，請問江永的十三部和段玉裁的十七部又從何而來？沒有顧氏「考古之功深」，請問江氏「審音之功密」又從何而至？《廣韻》以入承陰聲，不是顧開先河，請問江、戴、孔「陰陽對轉」之妙義又從何而達？孔廣森《詩聲類》每類的韻注中世紀音（廣韻韻目），古今韻變化大，很難一致，孔在「從某得聲」下多注「以某音為正」。這一發明可大了：糾正宋吳棫《韻補》、朱熹《詩經叶韻》、明陳第《毛詩古音考》，「開來」江有誥《詩經韻讀》、章先生《二十三部音準》，到黃先生作了結論：「古本聲十九紐，古本韻二十八部，標目的字，就是古音音值，即音準。」黃先生說：「沒有陳蘭甫，就沒有黃季剛。」有人詆毀黃先生的十九紐、二十八部是「乞貸論證」，大可翻翻陳氏《切韻考》就一目了然了。現在還有一些專家說：「詩經韻讀，不是問題，陸德明說『古人韻緩，不煩改讀』，朱熹叶韻就行。」這把從北宋吳棫《韻補》、明陳第《毛詩古音考》、清顧氏《韻補正》、孔廣森、江有誥及章、黃二先生等八百多年了諸大師的勞績一筆抹殺，真可謂智者千慮之一失。請看朱熹叶音：《周南‧桃夭》：「桃之夭夭，灼灼其華（音花），之子于歸，宜其室家。」《召南‧行露》：「誰謂雀無角，何以穿我屋？誰謂女無家（叶音谷），何以速我獄？誰謂鼠無牙，何以穿我墉？誰謂女無家（叶各空反），何以速我訟？」《小雅‧我行其野》：「我行其野，蔽芾其樗（音樞），婚姻之故，言就爾居。爾不我畜，復我邦家（叶谷胡反）。」「詩三百」被之管絃，全是韻文。豈有同一個「家」字，有的如字讀，又「叶音谷」，又「叶各空反」？在黃先生十九紐、二十八部，「家」正是「古胡反」，音姑。當時音「曹大姑」，就是以證明。所以我說：「黃先生十九紐、二十八部之標音，就是古音值。」

就是這個道理。

　　怎樣繼承、發揚黃先生的聲韻學？我嘗嘗在思索著這一個問題。今年暑假，我在金華浙江師範學院，為孫子立楷和貴州來進修的程老師以及滁州師專的呂同學講了三百年來十大古音學家。這兒所謂「講」，只是把書打開，指導他們認識這一家那一家在古音學上到底起了什麼作用？例如：顧炎武「啟後之功」在以入聲承陰聲，已如前說。至於十大家常識性的東西，我就不多講了。我認為這些常識，一般聲韻學書裏都有，一翻就懂。我所教導小孫子的，只是指出章黃之學從何而來，向何處去，啟發他如何去搞科研。若只死記硬背，學一點常識，那怎能負擔推動中國文化前進的任務，又怎能使古音學問向前發展呢？我打算這樣指點後學青年，筆記下來，就叫做《近三百古音十大家課孫錄》。我這樣想：假使不能激發青年們開動腦筋，跟著黃先生的步伐，一步一步把中國古音學向前推進，光是口講耳朵聽，「十大家」的書如何如何，還不是教條？！

　　我蒙受黃先生教導整整十年，我覺得他的講學是逐步翻新。他到中大，同學們要求他講《聲韻學》。但是他的教材卻不是他自己的《音略》，也不是錢玄同先生的《文字學音篇》。他在學術問題上是一貫持公正態度。記得他給我們講《經學概論》時，採用的教本是皮錫瑞的《經學歷史》，他常常逐條地進行批評，但同時又不住地讚揚，以致常常掩卷歌唱，唱罷歎道：「皮錫瑞文章真好！」湖南大學曾運乾教授倡五十一聲類，與陳蘭甫四十聲類和他自己的四十一聲類不同，但是黃先生卻對我們說：「曾運乾分得有道理。」在教學方法上，黃先生也是很出色的。他講聲韻學很有系統，卻沒有一張講義。我記得他常常只用粉筆在黑板上畫表，表示畫了一張又一張，他把古音從鄭庠六部、顧炎武十部，江鎮修十三部到他的二十八部都畫出來了。還在他的二十八部下面顧、江、戴、段、孔說明他的二十八部不是自己私擬的。一張表講了好多堂課，曾經大發議論，而最後一句是奇談：「講什麼古韻，鄭庠六部就夠了！」結果懂的人極少，聽這門課的學友今天還活著的只剩下一個潘重規了。

　　黃先生講聲韻學，確實是很別致的。他的教材教法，不守常規，

不採用一種死板的教學形式，生動活潑，逸趣橫生，使聽者忘倦。如若但扯閒話，信口開河，鋪大攤子，三山五嶽，結果學生將抓不到要領。不然，講古書而不能結合當前時勢，那就會成為僵死的東西，就失掉古書的精蘊。公孫龍用孔穿祖父（丘）一句話：「楚人」不同於「人」，說明他的「白馬非馬」，何等明顯，使孔穿鉗口結舌。我們講聲韻學，如果做不到「深入淺出」，艱深古奧的章黃之學，將不能隨時代而推進。當前，大專院校都在恢復「專書選讀課」，或稱「專題課」。落實在我們身上，有「文字學」、「聲韻學」、「訓詁學」（當然仍以《說文》、《廣韻》、《爾雅》專書為主），《詩經》、《楚辭》、杜甫、《文心雕龍》等等也是主要的專題課。我們要把古代文學、古代漢語從長期停滯在幾條乾巴巴的常識上的狀態裏解放出來。不學會「深入淺出」，就達不到目的。

言歸正傳，不必捨近求遠。且說今年暑假我是怎樣給青年人講三百年來古音十大家的。先從上文批評朱熹叶音談起。查顧炎武《詩本音》：

《桃夭》一華（古音敷），家，古音姑。

《行露》一角（音錄），屋（一屋），家，音姑。

在此，顧炎武說：「一家也，忽而谷，忽而各空反，歌之者難為音，聽之者難為耳矣。」直使朱熹「叶音」說顯得多麼可笑。此外還有一些關節，也應給小青年們指出。

這裡家音姑，是對的。華古音敷，前修未密，古無輕唇音，怎能音敷？依黃先生古音匣是開口濁音，華古音讀 hú，《廣韻》入聲承陽聲，顧氏《古音表》以入承陰聲，江、戴、孔承之，發明「陰陽對轉」，其功極大，上面講了。北宋吳才老（棫）作《韻補》，顧又作《韻補正》一卷。《韻補》有鄉人徐葳序言陳振孫說：「朱子注詩，用棫之說。」誣也。《韻補》提出「古音」，為顧氏《唐韻正》開路。顧又作《韻補正》糾正吳說。吳為啟發有清三百年古音學十大師之鼻祖，朱子未能瞭解，妄作叶音，顧駁之，已見上文。但顧氏所正，逐韻注「合者幾字，不合者幾字，疑者幾字」，有吳書有功。但所謂「合者幾字」，今天仍可注「合者幾字，不合者幾字，疑者幾字」，指導小青年們去研究，這叫做啟發教學，使下一代踏著前輩腳印走

下去，才能一步一步跟上，使中國古音學逐漸向前推進。所以一再言之者，深惡填鴨式教法害人之深耳。舉《韻補》「一東」「八魚」為例：

《韻補》「一東」，顧氏《韻補正》注：「合者十二字，江、紅……邦……」按：《韻補》「江，姑紅切」，正是古音工；引《釋名》、《風俗通》、《晉童謠》證成古音之正確。八百多年有此名著，有吳棫才能有陳第，有陳第才能有顧炎武，才能有三百年中國古音學。

又《韻補》「九魚」，顧氏《韻補正》注：「合者四十字，家、瓜……華……」按：《韻補》：「家，功乎切」，正是古音「姑」，所引諸書證：瓜，《說文》：孤、𡏡，皆從瓜得聲，引證「瓜」古音「孤」，何等有功！陸德明、朱熹之智焉及此！顧氏所注「不合」，誠然是「前修未密」；而所謂「合者」，符合黃先生音值的不少，正是我上面說的「前修未密」裏面包含很多「啟後」之功。《韻補》與《韻補正》對照一看，可證明鄙說不太差。顧氏《詩本音》前承鄭庠六部。《唐韻正》前承吳棫《韻補》，是「前修未密，後出轉精」的具體例證。黃先生說：「沒有陳蘭甫，就沒有黃季剛」。還可以引申一句，沒有黃先生就沒有章先生；沒有顧炎武，就沒有清代三百年的中國古音學，這難道不是事實嗎？

是年，先生因感念母校之恩情，與廬州師範畢業的同鄉友人魯永茂、韋健民協商重整柏齡小學，並敦請名師薛錦榜前往任教。〔註15〕

是年，先生所撰《然疑待徵錄》發表於《學風》第5卷第9期，所撰《談石經》發表於本刊第5卷第7期，所撰《四國考》發表於本刊第5卷第1期。

中華民國二十五年丙子（1936 年），先生三十八歲

在合肥六中任教。

6月14日，章太炎逝世。

是年，先生以林散之峨眉寫生一幅贈王氣中。王氣中在1989年回憶此事曰：

散之長余五歲，余知散之始自亡友張汝舟。1936年余在安慶省立圖書館，汝舟持散之峨眉寫生一幅相遺，自是飲仰其為人。但和

〔註15〕韋健民《柏齡小學事記》，文載《肥東文史資料》第1輯，1985年12月。

散之相見，都在解放之後。〔註16〕

是年，先生所撰《齊魯學考》發表於《學風》第6卷第3期。

中華民國二十六年丁丑（1937年），先生三十九歲

7月7日，盧溝橋事變，抗日戰爭全面爆發，先生仍在合肥六中任教。

是年秋，先生與王稼宗遊黃山。林散之作《黃山一首贈汝舟》：

> 寒夜瀟瀟山雨急，破窗搖撼短牆濕。燈下忽披黃山圖，摩挲回首百感集。黃山之上有天都，蓮花蓮蕊兩相扶。朝既覆雲暮翻雨，青峰飄渺太模糊。憶我當年天門立，寒日蒼茫西海入。既披薜荔又女蘿，恍惚如聞山鬼泣。我抱黃山思，贈君黃山詩。黃山之遊能記否？五嶽諸山誰與偶。此中怪怪復奇奇，想亦先生胸中有。昔挾東陵一度遊，再來之約還相守。松花忽忽才幾時，秋復秋分去已久。昨日東風海上來，吹起殷殷十月雷。玄黃有血龍有戰，銅駝之淚滿蒿萊。吁嗟此志已塵埃，空餘詩思為君開，知亦讀之肝肺摧。〔註17〕

是年，先生皈依蘇州印光法師，為佛教徒。〔註18〕印光法師（1862～1940），法名聖量，字印光，自稱常慚愧僧，被後人尊為淨土宗第十三祖師。與虛雲、太虛、弘一併列，合稱為「民國四大高僧」。

中華民國二十七年戊寅（1938年），先生四十歲

上半年在大別山中安徽第一臨中教高中國文。

5月，合肥淪陷。

9月25日，衛仲璠在《湘西日記》中記載了播越西遷的往事：「曙星寖沒，余等皆起治任。前一夕，以購車票難，與汝舟及兩家妻孥，自驗匠灣挈舟亂流而東，至附車站環球旅館宿焉……望衡對宇，聲氣相應，余與進南、汝舟諸友挈眷居此皆逾月。」〔註19〕

先生之學識與品德影響著不少追隨、仰慕他的弟子，隨他信佛吃素的就不少。周本淳、范培元、傅軼群、黃同書隨先生播遷湘西讀高中，畢業後考

〔註16〕見《王氣中自傳》，宋健家藏稿。
〔註17〕林散之《江上詩存》卷九 1937~1938。
〔註18〕張汝舟《自述》，張立楷家藏稿。
〔註19〕衛仲璠《湘西日記》，載顧頡剛主編《文史雜誌》，1942年1月～1943年3月，龍門書店1967年。

入浙大中文系還堅持素食，是浙大當時有名的「四和尚」。他們幾位佛衣佛法，浙大還專門為他們安排素餐，這在當時的校園裏也屬稀奇。

是年，著名學者錢基博應藍田國立師範學院院長廖世承之邀至湖南安化縣藍田鎮，擔任學院中文系主任。

是年秋，先生執教之中學併入安徽國立八中，隨校遷往湘西永綏，在高二部任國文老師，直至一九四一年夏。〔註20〕據范培元《二毋師二三事》一文回憶：「師生赤腳穿草鞋，風餐露宿，異常艱苦。每到一處百姓家，先生要求學生們不准住內室，不准下門板，只能睡地下。臨走時，必須把室內外打掃乾乾淨淨，絕對不能擾民。學生心悅誠服，恪守不違。」〔註21〕期間先生在有當地官員參加的祭孔典禮上發言，大罵官員腐敗。〔註22〕先生砥礪自行，教學嚴謹，深受學生愛戴，當時在先生門下問學的邵榮芬憶及當時情景說：

> 我十五歲時為躲避戰亂而離開老家，在湘西一個收留流亡學生的中學上學。高中一年級時，我的語文老師是張汝舟先生，他對我的人生觀產生了重大影響。張先生為人正直，學識淵博，有豐富的教學經驗。他在授業解惑、誨人不倦的同時，特別強調做人的道理。先生經常讓學生去他家聽他講人生哲理，他常說：有好的品德，才能做好的學問。他身體力行，希望學生「以敦品勵行為務」、「以修身為根本，博學為枝葉」。先生尤其注重國學，強調學習孔孟之道、程朱理學對於修身養性的重要性。先生的言傳身教，為我處世為人做出了榜樣，並為我篤志國學打下了基礎。〔註23〕

是年，林散之作《懷汝舟湖南二首》：

> 十年三見汝，春水幾滄浪。四海今非昔，中天蒼又黃。詩留草閣雨，人老洞庭霜。兩地知無賴，丹鉛總未忘。
>
> 夢裏昨相遇，豐頤似昔時。長年無一字，幽怨報書遲。持贈少雄劍，相思有舊詩。天涯應自惜，莫使鬢成絲。

〔註20〕張汝舟《自述》，張立楷家藏稿。

〔註21〕范培元《二毋師二三事》，見《張汝舟誕辰百年紀念文集》，貴州大學編印，1999 年。

〔註22〕薛小林《1938～1946，湘西有所國立八中》，文載《瀟湘晨報》，2012 年 9 月 4 日。

〔註23〕見《邵榮芬：認認真真做事，踏踏實實做人》，載中國社會科學院青年人文社會科學研究中心編《學問有道：學部委員訪談錄（下）》，方志出版社 2007 年，第 1059 頁。

是年，先生至王稼宗家做客。王就一古典出處詢問先生，先生略加思索，當即指出在《資治通鑒》某冊某章某頁，查證後果不其然，可見先生博聞強識。〔註24〕

是年，先生撰成《切韻考外篇刊誤》，先生在此稿扉頁題曰：「此二十年前舊稿也。茲偶一檢視，殊無新義可發，彌覺衰老之無成矣。為之慨然！合肥張渡，一九五八年八月。」約同一時期，先生尚有聲韻學著作《段氏十七部諧聲表批註》。〔註25〕

中華民國二十八年己卯（1939年），先生四十一歲

在湘西永綏國立八中教國文。

5 月，蔣南華生。蔣南華，湖南桃江縣人，1964 年畢業於貴州大學中文系，曾任貴州省社科院院長、教授。先生被定為「極右」後，蔣南華奔走呼號，終使得先生冤案平反。

是年，先生在湘西，參加永綏功德林。〔註26〕

是年，先生作《汪藥僧見寄佳什敬和兼簡默生》：「椒陵遊學未相聞，忽而詞壇出異軍。豈謂避兵親圫壤，竟蒙傳驛寄殷勤？初秋管動知新律，蕭寺紗籠憶舊文。天下石才譙八斗，魯郎與子各平分。」〔註27〕

是年，吳梅卒。吳梅（1884～1939），字瞿安，號霜厓，江蘇蘇州人，曲學大師，曾在中央大學執教，先生頗受教益。曾組織潛社，先生因為信佛遠離葷酒，加之貧困，只參加過一次在多麗舫聚會，填詞一首被老師收集。先生有詩追憶當年金陵城裏潛社詩詞活動的盛況：「多麗舫中盛筵開，江南秋氣正佳哉。倚聲也是生平好，潛社當年一度來。」詩後自注云：「霜厓吳先生瞿安師名重一時，所謂『只此一家，並無分店』。主講南高、東大、中大數十年。又曾短期在中山大學、北京大學講學。聽眾室內窗外直立靜聽不倦，其盛如此。先生自置畫舫，名『多麗舫』，浮於秦淮河上。每月召潛社諸生在夫子廟老萬全酒館聚飲多麗舫中，皆有詞曲，編成《潛社集刊》。先生設計，裝訂極工。余亦名列潛社，第以素食又貧，不能參加晚會。只一九二六年秋，先生在清涼

〔註24〕王延起《緬懷張汝舟先生》，載《紀念張汝舟先生誕辰120週年全國學術研討會文集》第 17 頁。
〔註25〕程在福家藏稿。
〔註26〕張汝舟《自述》，張立楷家藏稿。
〔註27〕《貴州大學張汝舟教授遺著整理簡訊》（第六期）。

山掃葉樓茶會，命題《掃葉樓秋契（禊）》，調寄《桂枝香》，余即席交卷，《潛社集刊》只此一首而已。」〔註28〕

中華民國二十九年庚辰（1940 年），先生四十二歲

在湘西永綏國立八中教國文。

12 月 2 日，印光法師圓寂。

是年，馬一浮《泰和宜山會語》刊刻。先生讀之，陡生敬仰之情，從湘西數致書馬氏，並寄考據論著及詩作求教。馬一浮贊其「博涉多通」，並寄語望先生「務其大者、遠者，坐進此道，必更沛然有得於文字之外也。」抗戰結束後，先生兩至西湖邊馬一浮寓所面謁之。〔註29〕

是年，先生為《國立八中合肥師生通訊錄》填寫《滿江紅》詞。詞曰：

怕話南朝，人道是、管絃未歇。傷俊檜，喪心殊甚，而今尤烈。

三島空謀臣上國，兩淮尚用王正月。好男兒，收拾舊河山，心應切。

覷人壽，如春雪，微晅透尋消滅。要乘時努力，丹心無缺，不必

手揮亡國淚，從今步踏先賢血。待凱旋，依舊蜀山青，臨城闕。〔註30〕

中華民國三十年辛巳（1941 年），先生四十三歲

2 月，張聞玉生。張聞玉，四川巴中人，1962 年畢業於貴州大學中文系，後任貴州大學中文系教授，得先生天文曆法之真傳，為先生晚年門下弟子之代表。

是年秋，先生應錢基博之邀，受聘藍田師院國文系講師，一年後升任副教授。〔註31〕在藍田師院任教期間，先生主講老莊，故撰寫《老莊補義》一文。

是年，先生執教湖南藍田師院，周本淳受業其門下。周本淳敘及老師對其影響說：

高中期間，得遇名師張汝舟先生（1899～1982，名渡，以字行）。

張先生給余影響最大者為兩點：一是桐城姚鼐義理、考據、辭章三者並重，「必義理為之主，而後文有所附，考據有所歸」之觀點，強

〔註28〕見張汝舟《二毋室論學雜著選》第 314～315 頁。

〔註29〕丁敬涵《馬一浮交往錄》，浙江大學出版社，2013 年 4 月版。

〔註30〕王繼衡《回憶張汝舟教授》。

〔註31〕馬先隊《回憶外祖父張汝舟先生》，載安徽省滁州市政協文史資料委員會編《皖東文史　第 6 輯》，第 227 頁。

調做人為本，勿為名利所囿；二是張先生治學主張自出手眼，切勿隨人俯仰。此皆對余之以鑽研古籍為職志奠定根基。〔註32〕

是年，先生所撰《印光大師入夢記》發表於《覺有情》第44～45期。

中華民國三十一年壬午（1942年），先生四十四歲

在湖南藍田師範學院任教。

是年，饒尚寬生。饒尚寬（1942～2022），陝西城固縣人。新疆師範大學教授，傳承先生學問不遺餘力。

是年，先生致書馬一浮，馬一浮回覆曰：

> 去秋承寄示大著《然疑待徵錄》《四國考》《反切易知引言》諸篇，深歎賢者於考據致力甚勤。其後復荷見示佳什，涉月經時，未及奉答，至以為歉。四方士友以書見及者，往往堆案盈篋，衰病荒落，實未暇盡談。但泛泛作讚歎語，亦似苟然，以是益不免曠闕。茲承囑尹君見問，彌覺悚然。謹將原稿掛號寄還，至希賜復，想不深責為幸。詩篇當珍襲藏之。賢者博涉多通，甚望務其大者、遠者，坐進此道，必更沛然有得於文字之外也。率復，順頌撰祉，不宣。馬浮拜啟。〔註33〕

是年，先生仍執教於藍田師院，與著名學者張舜徽過從甚密。張氏乃先生同事，其11月20日記與先生飲酒謂：「晡時赴張汝舟酌。汝舟奉佛持戒以蔬食宴賓，且有旨酒，余飲獨多，微醺。歸時，月色皎朗。與共事數人行松林中，便道訪宗霍先生，暢談至更初還院。」〔註34〕

是年，先生同學王東原任湖南省政府主席，高薪聘請先生任省政府秘書長，先生辭以「君子群而不黨」。〔註35〕

是年，先生參加「太平蓮社」。〔註36〕

是年，先生所撰《國文文法》由藍田公益出版社出版。《題施氏近思錄後》發表於《覺有情》第68～69期。集中闡發先生對佛學認知的《以佛法淨化人

〔註32〕周本淳《自傳》，載周先民、許芳紅主編《周本淳先生百年誕辰紀念文集》，研究出版社2021年版。

〔註33〕見《馬一浮全集　第2冊　下　文集》。

〔註34〕張舜徽《壯議軒日記》1942年11月20日。

〔註35〕王繼衡《回憶張汝舟教授》。

〔註36〕張汝舟《自述》。

寰》一文發表於《海潮音》第二十三卷，其文曰：

　　嗚呼！人類之物慾方張，世界之和平無望，血流漂杵，弗戢自焚，縱貪欲而殃及於民，仁者豈忍？肆兇殘而禍反諸己，智者不為。揆之事情，稽諸史乘，昭然若揭，夫豈難明？顧乃世人不覺，邪見相因，妄肆胸情，自炫宏博。又何怪其斥孔教為迂談，鄙佛法為迷信也哉？

　　夫佛法也者，論對人則弘法利生，論修己則轉識成智。符內聖外王之道，收成己成物之功。任重道遠，不遑室家，舍己為群，用餐粗糲。於是放廣額之屠刀，揮眾香之慧劍。了六相十玄之旨，奠四禪八定之基。學菩薩之發心，更修六度；斷多生之習氣，定滿三祇。然後得大菩提、證真解脫，縮萬劫為刹那，現千界於塵坌。十方應化，三類分身，境界如斯，難期共喻。然而彌陀十念，聊享寧靜於片時；旃檀一爐，暫息政躬於斗室。稍回平旦之氣，藉思此日之愆。又豈小補也哉？

　　蓋教理難曉，事相易明。考夫釋尊誕生已三千歲，在彼土則六師避席，入吾華而二教分庭。明君賢相，歷代弘揚；詞苑儒林，競相依慕。文成三藏，何止璣珠？教衍十宗，皆成龍象，世人何以弗考也？若夫不窺釋典，韓、歐全是浮詞；親炙程門，楊、謝何嘗長進？貴在通其倫類，明其旨歸。不作門面之空談，專求性天之實利。所以行歐土，國父之欲補科學之偏；訓稟慈闈，總裁之早蒙正法（佛法）之利。中央巨公，如林主席、戴院長、居院長，其數甚多。海內通儒，如章太炎、梁啟超、江易園、王冬飲、蔣竹莊等，益難悉數。彼皆崇奉佛法，未可盡誣也。

　　嗚呼！世亂極矣，國難深矣。陽明子曰：外賊易破，心賊難除。雖狂寇指日可殲，而神州克期能復，然而隱憂猶未已也。須知心理建設，端賴潛修，精神動員，猶須預養。試問祀孔既隆重舉行，佛刹亦迭令保護。中央旨意，詎可忽諸？用敢正告國人：淨化人寰，救民救國，非佛法之其力莫為功，唯正待吾人虔誠奉行以發揮耳。

中華民國三十二年癸未（1943 年），先生四十五歲

在湖南藍田師範學院任教。

6 月，張葉蘆畢業於浙江大學中文系。

11月，先生為《句容高氏族譜》作序。

是年，先生作《七絕》，表達對林散之思念：「江南謁月慶歸哉，辜負窗梅七度開。苦憶烏江林處士，草堂披月待人來。」〔註37〕林散之亦撰《江上有懷寄汝舟》：「風波無限感扶桑，別後閒愁各一方。殘卷半幢時認取，亂山幾點費平章。猶懸畫壁驚弓影，空墜明珠數淚行。盼斷湖南來去雁，故人消息水茫茫。」

是年，先生撰成《〈齊物論〉通釋》。《劉母陳果願居士生西小傳》發表於《覺有情》第85～86期。

中華民國三十三年甲申（1944年），先生四十六歲

3月3日，先生生辰，作《二月初九日初度》兩首，其一曰：

> 飄萍不令動餘中，劍閣騎驢憶放翁。無逸詎安三夜宿，知非尚待四年功。
>
> 未遑身美虛言學，為要詩工強說窮。愧對窗前新綠草，正濃生意報春風。

其二曰：

> 四十六年一瞬中，卻因兒大被呼翁。平時虛灑哀時淚，近歲稍動作聖功。
>
> 得句未經正字臥，持家且固廣文窮。春來別有開懷處，楊柳依依任好風。〔註38〕

是年，藍田師院遷往湖南漵浦，先生仍在湖南藍田師範學院任教。

是年，先生與周邦式、洪韻、李月浦、王鴻衛等組織「漵浦居士林」。〔註39〕

是年，林散之作《次韻題畫報張渡汝舟》：「太息交親冷，年年一字無。亂離書卷廢，歲月鬢毛殊。新雨絹初濕，秋山筆未枯。幾回清夢裏，香草贈夫須。」

是年，虞明禮卒。虞明禮（1900～1944）字叔和，江浦縣陡崗鄉七聯村三虞人。1915年就讀於安徽省全椒中學。1919年考入國立南京高等師範（今東南大學前身），攻讀數理。先生有《哭叔和二十四韻》，自注曰：「叔和姓

〔註37〕邵川《三位文化老人以詩結緣》，載滁州市地情人文研究會編《人文滁州》第二十期。

〔註38〕見《汝舟近兩月詩》。

〔註39〕張汝舟《自述》。

虞，名明禮，江蘇省江浦縣人，少余一歲，中學同班，先余南高畢業七年，助余考入國立東南大學，非君則困死蓬蒿。君深於數學，編著高中大代數，別出心裁，世多採用。」

是年，王瀣卒。王伯沆（1871～1944），名瀣，字伯沆，一字伯謙，晚年自號冬飲。曾任陳寅恪先生昆仲家學業師。歷任兩江師範學堂教習，南京高等師範學校、金陵女子大學、東南大學（中央大學）等校教授。日軍佔領南京，王伯沆因病不能隨校西遷，但絕不與擔任偽職。《南大文學院百年史稿》將其列在首位。汝舟先生有懷王伯沆師絕句詩：「憶昔南雍作壯遊，狂奴故態實堪羞。若非溧水王夫子，海內誰能低我頭？」晚年執教於中央大學，先生受其教誨頗多。

是年，先生次子張葉葦因病去世。先生作《哭葦兒十六韻》：

極罰從何至？椎胸卻問天。童烏竟不壽，卜夏詎能賢？

群稚達千里〔註40〕，個兒伴十年。向晨上學去，傍晚唱歌還。

搔背增新寵，投懷覓好眠。溫書娘剪燭，寫信父鋪箋。

吻頰憐年小，捫心覺愛偏。亂離憑慰藉，燈火記纏綿。

過市常隨母，憫窮必擲錢。逢僧都合掌，禮佛每差肩。

梵課琅琅誦，爐香續續添。老妻驚邁禍，鄰婦謗參禪。

盡淚枯雙目，孤墳起一拳。哪堪衰鬢影，空對暮林煙。

歷歷前情在，絲絲舊恨牽。光明山下路，一步一潸然。〔註41〕

是年，先生所撰《老子道德經講義解題》發表於《孔學》第 2 期。《山林廊廟之聯繫》發表於《理想與文化》第 7 期。

中華民國三十四年乙酉（1945 年），先生四十七歲

上半年在湖南藍田師範學院任教，下半年赴貴州大學任教。臨離開藍田師院之前，除工資外，師院支付先生 1500 塊大洋。先生以此購買一套《四部叢刊》贈予藍田師院。〔註42〕

5 月，魯默生卒。先生於藍田時期曾有懷舊十絕句，懷魯默生云：「鳳凰臺上爭奇句，採石江頭棹小船。自識魯郎十八載，令人常憶李青蓮。」

〔註40〕此句自注曰：「蘆兒在湄潭，芬兒在貴陽，葦、荁兩兒在永綏」。
〔註41〕見《汝舟近兩月詩》。
〔註42〕此據張葉蘆回憶，張立楷口述。

8月，先生所撰《論典籍之存佚與學風》發表於《中國學報》第一卷第四期。

是年秋，先生受貴大校長張廷休及中文系主任錢堃新之邀，任貴州大學中文系教授。張廷休時任「升等委員會主任委員」，孔夫子網曾拍賣「貴州大學校長張廷休為本校教授姚公書及張汝舟所簽署的升等意見書」（四件）。張汝舟《升等意見書》信箋上有「國立貴州大學」字樣。其文曰：

> 張汝舟教授治小學精佛典，依訓詁以說經，運妙理以釋子用能闡幽發微，不落家數，更擅古文辭，文則遠追漢唐，詩直升宋人堂奧矣。國立貴州大學校長兼升等委員會主任委員。

先生甫來貴大，便受到了師生的普遍愛戴，據學生王繼衡回憶道：「他一如既往，以極大的愛國熱情和高度的教育責任感，引導和鼓勵學生奮發向上。他教學認真，學識淵博，語言生動而風趣，受到師生們的高度讚揚。他的品德、學識，令同學們崇拜得五體投地，都決心以他為榜樣做一個正直的有氣節有學問的人。」〔註43〕

是年，先生作《答絕學問》，提出「聖人知義理之備於吾心，痛故紙之勞人口耳，故曰絕學無憂」之觀點。〔註44〕又作《談今文〈泰誓〉》《談古文〈尚書〉》。

〔註43〕王繼衡《仰止情深——紀念張汝舟先生誕辰一百週年》。
〔註44〕原載《龍鳳》月刊，一九四五年。

卷三 1946～1971 年

中華民國三十五年丙戌（1946 年），先生四十八歲

在貴州大學任教。先生甫至貴大，王氣中推薦其往南京大學任教，先生不願違背同門張廷休邀請之意，故婉言謝絕，並推薦時在中學任教的洪誠前往南大。[註1]

6 月 29 日，先生致書鍾泰曰：

> 訒齋前輩先生道座：
>
> 目前奉書並覺迷一冊，計當達矣。渡暑中勢必返里，前呈業已詳及，乃數日前忽得故里書，言共軍方滋擾淮南路沿線，所以車位既定又中止也。
>
> 公署後動定何似？時在念中。子厚、琴友兩兄在此，分主文、史兩系，甚得校當局信賴。駕吾於月初離築赴滬，續弦浙中，物價甚高，秋間或將雙雙來築，亦未可知。傳聞師母挈鼎妹入粵，想培孫兄已赴藍田料理。現鳴衛奉命常住藍田，協助遷運，公倘有命，希即函囑，當不致大失也。
>
> 書院今後情形何如，祈示一二，並請索書目（院中所印書），一紙煩瀆，無任慚悚，書不盡意，肅此敬頌。
>
> 道安。
>
> 後學張渡再拜
> 六月廿九日 [註2]

[註1] 此據張葉蘆回憶，張立楷口述。
[註2] 此據馬先隊家藏稿。

10月31日，蔣介石六十大壽。據先生日記載：「大概47年，蔣介石五十歲，寄貴大反動校長張廷休一本《徵詩文啟事》。張在上面批幾個字：『請張汝舟先生代寫詩一首』。趙惠民秘書當面給我。翻翻這本『啟事』，我為難，只好收下。後來考慮：張是迫害青年劊子手，青年學生尤其安徽係最會『鬧事』，又最信任我，如果拒絕不寫，他藉口說我反對『國家元首』，無謂犧牲。好吧，用文藝手段來解決。前四句詩：『誰定平戎策，人推第一功。十年薪膽後，一旦冤狐空』。」〔註3〕

是年，先生執教貴大，時有「天下學問在安徽，安徽學問在桐城」的論斷。〔註4〕

是年，先生與著名學者湯炳正結交，二人為貴州大學同事。〔註5〕

是年，先生長子張葉蘆結婚。先生1947年《重遊西湖》詩下自注曰：「葉蘆去年結婚，余未還里。」

是年，先生撰《先師冬飲先生道行述》，其文曰：

> 溧水王先生瀣，字伯沆。冬飲廬，其讀書室也，學者稱冬飲先生。先生少與江寧王木齋先生為文字交，尋見知於義寧陳散原先生，館其家數年，學益進。共和初，與江寧鍾鍾山先生請詣蘇州，師事泰州黃夫子，益銳意聖賢之學。先生內學，則親炙於石埭楊老居士之門者也。民國四年，婺源江易園先生長南京高等師範，延先生都講事，江先生精知內外學，其間相與切磋砥礪者，殆不少也。江先生去而先生歷東南大學、中央大學逾二十年，未離講席。每年必授四書，座為之滿。南雍諸子率其教者，大抵謹飭守繩墨。校當局某偶以四書為淺近，請先生易課，先生慨然曰，某老矣，所以猶不憚濫竽上舍者，實欲略講此道，為國家延一線命脈耳。倘不須此，某可告退矣。先生工詩古文辭，尤善解比況，義法甚嚴。書法宗顏魯公，而深渾中見剛勁，所至殆在錢南園翁常熟上。諸生有就請業者，先生輒詳為剖析，盡其利病。語已，則必正色厲聲曰，莫癡，詩不能及子美，書法不能及右軍。縱及，亦濟甚事。聞者莫不悚慄，頓

〔註3〕見先生1979年日記。此為事後先生追憶，時間有誤。

〔註4〕姜澄清《為了不能忘卻的紀念──汝舟師辭世廿五週年祭》，載苑坪玉主編《貴州作家　第4輯》第190頁，貴州人民出版社2006年12月版。

〔註5〕湯炳正《二冊室論學雜著》序。

悟文章記誦之末，了無當於向上事也。先生嘗曰，教在華嚴，行在
淨土。然其接引後進，每能發其病之隱處，機鋒靈妙，殆得諸宗門
歟。丹徒錢堃新子厚，南通王煥鑣駕吾，事先生久。嘗侍座，先生
每慨然曰，當為講《楞嚴》，輒又不果。嘗呼子厚曰，曷不讀內典。
子厚以鈍根對。先生翻然太息曰，良是，儒亦足學矣。青陽洪誠自
明，嘗遊內學院，聞法相之說。先生痛斥之，示以《徹悟禪師語錄》，
自明乃能力戒數沙說飯，專事持名也。先生中年，僅食水族魚蝦之
屬，晚年全斷肉食。鮮與緇素往還，但求諸己。斗室之中，體念之
勤，外人莫能測也。晚年益歸平實。嘗言某於儒書，最心折朱子小
學，於佛書最心折小乘戒律。所著《四書私記》，係焚去。二十六年
春，患風疾，始廢講事。三十三年九月疾革，忽問曰，今為何日。
家人以望對，則淒然變色。家人叩之，則曰十日十日，淚涔涔下。
及二十五日，竟不起。二十七日入殮，體如綿，面如生，十月望，
厝於宅後隙地，享年七十有五。自挽云，圓景三生，方華五夜，夢
中燈盡，耳畔鐘來。自跋云，庚辰中秋夜夢中所成，汝異日為余書
之，或篆或隸，均可。冬飲老人錄付綿女藏之。綿，丹華小字也。
據丹華跋，近四五年，先生每夢至一處，右懸巨鐘，有二短僮緩叩
之。左設巨燈，光明異常，亦二僮守之。嘗謂丹華曰，燈光暗，鐘
聲急，吾即歸矣。此燈盡鐘來之說也。子厚言，先生嘗於夢中知其
前世，曾為僧，轉為法官，墮女身，此圓景三生之說乎。不可知也。
莊子曰，至人無夢，昔孔子夢周公，夢坐奠。聖賢於無夢後有夢，
烏能以常情衡之。先生其他行事之詳，鍾先生，子厚，既各具形狀
求會稽馬一浮先生為傳，以垂永久。特先生弘化之勤，救世之切，
渡有不能已於言者，爰別為文紀其略云。民國三十五年正月受業合
肥張渡謹述。〔註6〕

　　是年，先生撰成《聲韻學教案》《傅公理堂家傳》。所撰《然疑待徵錄續》
《說〈詩〉》《與周邦式教授論杜詩書》《論維新與守舊》發表於《貴大學報》
第1期，《尚書析疑》發表於該刊第2期。《〈老〉〈莊〉補義》發表於《中國
學報》第4期。《與湯錫予教授論持名書》發表於《淨宗隨刊》第3期。《佛

〔註6〕原載於《覺有情》第一百八十一、一百八十二期，一九四七年。

法淺說》發表於《覺有情》第 173～174 期。

中華民國三十六年丁亥（1947 年），先生四十九歲

在貴州大學任教。

3 月，先生為《馬廠山根王創修族譜》作序，先生摯友王稼宗即為馬廠山根王族人。

9 月 18 日，先生所撰《與羅正緯先生論學書》發表於《社會評論》第 52 期。其文曰：

> 達成先生道席：
>
> 奉讀手示並大著大學廣義，旨意宏達，抉聖賢之玄奧，成救世之菩提，尤貴在能配合三民主義，曲當機宜，欽佩！欽佩！渡竊念之，聖學之荒久矣，聞先生之言，雖一時以為慈至，終則利慾薰心，已成瘤疾，未必不斥為迂闊而遠於事情。孟子不能救七國之亂亡，吾輩乃欲拯今日之陷溺，勢所不能有同然者。蒙竊悲之，以為今日講聖學，重在篤行。苟能篤行，雖為委吏乘田，亦必有所表著，而不同夫人人也；如是則眾知聖學果非虛談，而稍稍依附之，亦未可知，萬不可責近效也。尊祖凝園老人，尚著其效於再傳之後，而吾輩欲求且接人，則成已散漫窳敗之浪人，乖戾恣睢之凶士，而世人爭避之矣。雖述聖言，孰聽之哉？且風靡俗敗已久，尤非口舌所能救也。長沙社會評論，創刊兩年以來，其所以能流佈甚廣者，即其內容不苟，準期出刊，尤其主辦諸公，捐資竭力，純出於救國之一念，絕無牟利之私心，至誠感召，非偶然也。世之辦報者，有何嘗計及此乎！故一切事業必須本聖人之用心以赴之，何患不成？為官吏、為將帥、為經理、為教師、為技正、為記者，苟不本聖人之用心以赴之，則如劇中之演員，聊一鋪陳，瞬息而退，甚可羞也！先生以為何如？不具，敬頌
>
> 著祺。
>
> 　　　　　　　　　　　　　　　　　　　張渡拜覆　九月十八日

是年，先生從貴州返鄉，看到滿目瘡痍的祖國大地，憤而寫下《返校友人召飲》一詩：「寇退創猶在，屍埋血未乾。江南君莫問，十室九呼寒。」

是年，《再論道德的危機》發表於《社會評論（長沙）》第 48 期。《花溪與貴大》發表於《讀書通訊》第 143 期。《佛法與儒道》發表於《覺有情》第 177～178 期，《先師冬飲先生道行述》發表於本刊第 181～182 期。

中華民國三十七年戊子（1948年），先生五十歲

在貴州大學任教。

3月19日，先生五十初度，作《戊子二月初九五十初度》組詩：

> 龍場不惑作人師，濫吹經筵十載遲。坐視三災清宿債，待敷五教致良知。神州已漫玄黃血，邊地空傳百一詩。差喜黔中春事早，溪花山鳥慰流離。

> 又向邊州聽早鶯，老妻怪我不歸耕。須知林密能藏鷇，見說山深可避兵。世上雙球寧再起，眼前二子是孿生。年來自笑誠偏愛，客裏癡兒亦慰情。

> 固將禮壞樂先崩，前輩猶能見準繩。逆旅贈言成服慎，深山聞嘯拜孫登。閒披經傳還須問，偶錄然疑卻待徵。學易真慚虛有願，浪從許鄭乞傳燈。

> 雜收俚語入行間，又向詩壇透一關。陶令心閒能意遠，揚雄口吃故辭艱。頻年得句低人首，一旦知非汗我顏。學道應師玄豹子，花溪煙霧似南山。〔註7〕

6月2日，唐君毅覆先生書信，原文不存。〔註8〕

是年冬，貴州大學校長張廷休置師生員工飢餓於不顧，挪用大批公款去廣州搞投機倒把活動。先生聞訊後，串聯一批教授，帶頭上書抗議，公開揭露大貪污事件，把反動當局搞得聲譽掃地，狼狽不堪。〔註9〕

是年，先生作《悼印賢甘地詩》：

> 孤兒弱女不自持，家政鄰父實主之。

> 慈母含淚諭兒女，胡以仇讎作父師？

> 兒女遂不與合作，鄰父還政解縶羈。

> 兒女未識誰之力，爭產互毆慈母悲。

> 絕食屢能威鄰父，反於兒女無能為。

> 兒女不諒慈母苦，以為障礙擊以棰。

> 人情世事何堪說，孽由自作悔何追！

〔註7〕《貴州大學張汝舟教授遺著整理簡訊》（第十期）。

〔註8〕吳興文主編《唐君毅日記　上》一九四八年六月二日，吉林出版集團有限責任公司，2014年2月版，第1頁。

〔註9〕張聞玉《博極群書、著述宏富的張汝舟》，載《紀念張汝舟先生誕辰120週年全國學術研討會文集》。

兒女已矣莫深咎，可憐舉世尚昏瞀；

相競物慾縱殺機，群蚩相率死於鬥。

鄰邦異族實弟昆，貪嗔癡慢乃汝寇。

精神建設先覺言，南鄰慈母功曾奏。

彼無寸鐵鄰父逃，何至廣土眾民竟不救！〔註10〕

是年，先生所撰《策勵皖東淨業社社友》發表於《覺有情》第 201 期，《錢貫一借屍還魂記》發表於本刊第 207 期。《宗教家的楊妹不食觀》發表於《文化先鋒》第 12 期。

1949 年（己丑），先生五十一歲

在貴州大學任教。

3 月 26 日，貴州大學一千多學生舉行反飢餓遊行。遊行隊伍高舉著「搶救師生員工飢餓運動」的巨幅橫標從貴州大學出發，經過花溪鎮向貴陽市前進。以史健為首的幾位學生代表冒險進入省政府與省主席谷正倫談判。先生嫉惡如仇，時人譽為「鬥戰佛」。

3 月 29 日，貴州大學「搶救師生員工飢餓大會」，並在《中央日報》登出《鳴謝啟示》，感謝各界人士為搶救師生員工飢餓運動大力協助和慷慨捐助。

4 月，貴州大學舉行大規模「三反」運動。首戰告捷，學校舉辦「團結晚會」，陳述元教授主講《飢餓與反飢餓》，先生獻唱崑曲。

6 月 5 日，國民黨逮捕進步人士陳述元、史健等人。史健是貴大外語系的學生，是貴大學生運動召開的代表大會選舉的主席團主席，乃先生安徽故里很近的滁縣（今滁州市區）人。史健逃出貴大，潛藏在先生家中。之後在保新民、班必儒和王繼衡的護送下離開花溪，住到馬場曹文燦同學家，幾天之後到安順。又於 7 月 2 日被捕，備受酷刑後，被特務誣為「殺害李志遠」的「兇手」處以「槍決」。期間，貴大講師樂恭彥、助教金春祺、學生高言善、毛克誠被殺害，教授丁道衡、陳述元和顧光中，助教王繼衡、學生胡業明、班必儒、高朋、王青白、童本麟和李世同等 38 人被逮捕。先生孤身犯險，聯合楊覃生、桂百鑄、柴曉蓮等地方學者尋省政府主席谷正倫交涉，學生始被釋放。〔註11〕

〔註10〕原載於《社會評論（長沙）》第六十七期，一九四八年。

〔註11〕王繼衡《回憶張汝舟教授》，載《張汝舟先生百年誕辰紀念文集》第 13 頁。

10 月 1 日，中華人民共和國成立。

11 月 15 日，貴陽解放。〔註12〕

是年，先生致書懷一法師曰：

> 懷一法師道鑒：
>
> 今日貴大諸君，攜兩小兒入城，請求皈依道座，想不棄也。學校授課伊始，未便請假。懷念企慕之切，有不能已。渡平生殊少如此黏滯，今亦不解何故。法師出家後，純孝愈於儒生。去臘侍者進食稍精美，歎曰：師父尚在東北，生死不明。泫然輟箸。旁一僧規曰：「法師如此放不下，何以了生死。」渡則以為菩薩云者，謂既覺而猶有情也。此是道情，而非凡情。學人不斷凡情，則無有此無有是處。放不下不是，放得下亦不是也。若肯斷凡情，則眾生無邊誓願度，何況父母師友，如何放得下乎？大乘本生心地觀經四恩品，發明忠孝大義，令人感泣。豈但四恩，不應輕言放下。而龐居士入山，不捨妻奴。只須道情相與，便是蓮池海會矣。此事又須善會，非謂溺情妻子之徒，而舉龐居士為例，便可輕謗僧寶也。正法不明，釋儒互訐，而不能得其會通。近人或不知佛法本自圓滿，略無虧欠，乃不惜自壞門庭，高唱佛法社會化，佛法時代化，以希迎合世態，增長凡情，是可憂之大者。然不能實發菩提心者，空持祖師之陳言，不了玄旨之所在，遂至墮入迂廢枯槁之一途，重為世儒所譏謗，亦法門之衰象也。法師以為何如？敬叩道安。〔註13〕

是年，《祭任志清先生文代貴大教授會》發表於《貴州文獻彙刊》第 5 期。

1950 年（庚寅），先生五十二歲

在貴州大學任教。

是年，先生撰成《討論〈周易〉之制作時代》。

1951 年（辛卯），先生五十三歲

在貴州大學任教。

5 月 26 日，林庚所撰《屈原生卒年考》發表於《光明日報》，此文認為屈原生於楚威王五年（前 335）正月初七日，先生後撰文反對。

〔註12〕朱文達《憶貴州大學反迫害反飢餓學生運動》，《貴州文史資料選輯》第 4 輯。
〔註13〕原載《覺有情》，一九四九年。

　　5 月 31 日，郭沫若致書回覆先生，討論《周易》制作之時代，反駁先生之觀點，仍持原見。〔註14〕郭信原文曰：

　　　　張汝舟先生：

　　　　大作早接讀，因忙於俗務，久未作覆，對不住。

　　　　《易經》成書甚晚，我至今依然相信。那樣有嚴密組織的著作，在戰國以前不能有。宇宙是變化的過程，陰陽相推而生變化，這種思想是很進步的，殷周古器物銘刻及古文獻中無此痕跡。必須至上神——上帝的存在完全失掉權威，始能有此進步學說出現。八卦於古器物、古文獻中亦了不見其痕跡。這是我立論的出發點，其他證據尚屬細節，見仁見智，可能各有不同。

　　　　先生說中行不是荀林父，而把「有孚（俘），中行告公，用圭」讀為「有孚中行，告公用圭」，並解「有孚中行」為「誠信於中道」。我看在文法上實在有些彆扭。即使讀為「有孚中行」吧，就如「有斐君子」一樣，「中行」依然可以解為人名，還無法斷定「絕不是人名」。古人訣語，有比有興，每不易解，「覓陸夬夬，中行无咎」即其一例。

　　　　「加我數年，五十」這話應該這樣斷句。用今天的話來說，是讀書的五年計劃，十年計劃。《易傳》中的「子曰」，有的是引用了孔子的話，有的或本作「荀子曰」，「子弓曰」，後人既假孔子以自重，也就如把《論語》「亦」字改為「易」字一樣，盡可以把「荀」字和「弓」字抹掉了。

　　　　先生提到「歷史發展規律」，很好。我就是站在這個觀點上來否定《易經》成書甚早的。我否定《易經》成書甚早，並不是否定卜筮甚早。《周易》是利用各種資料編成的，其中盡可以有很早的繇辭。殷人用卜，周人用筮。當卜筮盛行時必有占書，但不就是現存的「易經」。在迷信卜筮時代，而有陰陽變易的高級哲理出現，從「歷史發展規律」上看來是不可能的。

　　　　先生要我「從善如流」，論理我自應遵命。但先生之說尚未能使我折服，請原諒，我也就只好暫時「篤志近思」了。

　　　　大作謹奉還。

────────────────────
〔註14〕信件原載 1952 年 6 月上海新文藝出版社《奴隸制時代》，題《幾封討論古代研究的信・四、覆張汝舟先生》，後收入《郭沫若文集》第十七卷。

敬禮。

郭沫若

五月卅一日

　　6 月，羅正緯卒。羅正緯（1884～1951），字達存，號涵原，湖南省株洲縣（今湖南省株洲市淥口區）馬家河鄉大石橋人。1912 年與友人符定一在長沙創辦湖南省高等中學，他任教務主任兼國文教員，此校後改名為湖南省第一中學。為毛澤東青年時期老師。

　　7 月 19 日，先生針對林庚之文撰成《談屈原之生卒》，10 月 13 日發表於《光明日報》學術專欄。

　　8 月 3 日，先生致書陳真如曰：「拓魯生、陳弦秋兩先生都已見面，拓先生修密甚專，年已老了。」〔註 15〕清末民初的貴州居士佛教異常繁盛，又以淨土宗為主導。淨土宗大師印光法師為時人所仰，先生與聶樹楷、周伯庸、徐露圓等人皆拜其門下，法號「慧度」。〔註 16〕

　　9 月 19 日，郭沫若又致書先生曰：

　　　　汝舟先生：

　　　　信、稿件、校刊，都接讀。稿件已轉光明，請他們斟酌。只是有些帶刺激性的語句和字眼，我替您刪改了些。討論文字應據理敷陳，旨在說服，似以不動火氣為佳。

　　　　敬禮！

郭沫若　九、十九〔註 17〕

　　12 月 20 日，《貴大中文系刊》刊登先生之教學體會，其文曰：

　　　　這門課（《歷代韻文選》）要求訓練學生用新觀點新方法來批判接受古典文藝的遺產。教者感到極大的困難：有什麼方法，能在新時代青年面前翻出那些古老貨色令他們感到興趣呢？都說《文藝學》難教，《歷代韻文選》更難教。我聯繫其他大學，都沒有新的教學方法和計劃可供參考。但是，既然承擔教學這門課，就要設法來解決這個困難。〔註 18〕

〔註 15〕劉長煥《南社中的貴州人》，文載《貴州日報》，2008 年 4 月 16 日。

〔註 16〕王路平《傳統哲學與貴州文化：黔學中的形上智慧資源》，中央民族大學出版社，2013 年 12 月版。

〔註 17〕見馬先隊家藏稿。

〔註 18〕見《貴大中文系刊》，1951 年 12 月 20 日。

—47—

1952 年（壬辰），先生五十四歲

在貴州大學任教。

8 月 1 日，著名畫家吳德才繪先生小像於大理石上，並贈予先生。此畫上款曰：「張汝舟先生存念」，下款謂：「吳德才贈，一九五二年八月一日於雲南大理」。此物先生生前贈予弟子呂正，現藏於呂正寓所。

是年，先生所撰《談談「句子」構造》發表於《語文教學》第 8 期，《對〈語法講話〉的意見》發表於《中國語文》第 25 期，《佛教中的新人新事》發表於《現代佛學》第 1 期，《把全國佛教徒領導到新民主主義建設的大道上去》《我們的事業比龍樹、無著更偉大》發表於本刊第 11 期。

1953 年（癸巳），先生五十五歲

因院系調整，先生往貴陽師範學院執教。

5 月，先生攜妻王寬安往北京出席中國佛教第一屆全國代表大會，期間登門拜訪著名學者、北大教授游國恩。會後路經杭州，帶長孫女張立儀共同返黔。

1954 年（甲午），先生五十六歲

在貴陽師範學院任教。

2 月，浦江清所撰《屈原生年月日的推算問題》發表於《歷史研究》第 1 期，此文認為屈原生於公元前 339 年正月十四日。先生針對此文，而後發表《再談屈原的生卒》。

1955 年（乙未），先生五十七歲

在貴陽師範學院任教。

4 月，先生所撰《簡明語法》由五十年代出版社出版。此書出版後，先生嘗贈予宗白華指正。今尚存原件，封面題：「白華吾兄指正，弟渡謹贈」。譚科模有《讀張汝舟師〈簡明語法〉感賦》五首：

> 語法成災早有聞，諸家異說枉紛紜。
>
> 童年解作登臨賦，何事糾纏主謂分。
>
> 不精言語真精神，徒立形框誤煞人。
>
> 試問作家千個裏，幾曾黎馬實相親。

年華虛耗誤科研，語法糾纏實可憐。

老說艱辛同學苦，堪嗟病句反難躋。

深通利弊乃知言，法立須當識本源。

無事紛繁成套索，宜開廣路破籬樊。

師傳最是合人情，主要精神在簡明。

不識天孫成錦法，金針哪得度群生。

是年，第一期肅反，8 月 2 日，先生被困公安廳十個月。先生被 47 人檢舉，檢舉材料有 66 份，242 頁。先生因檢舉中的兩個問題被立案：其一，先生打著佛教招牌，披著宗教外衣，與反革命分子聯繫，進行活動。其二，1949 年前夕，貴大掀起反飢餓運動，先生曾阻止學生罷課，請和尚到家裏念經，找學生領袖史健談話，翌日史健被害，據檢舉與先生有關。

1956 年（丙申），先生五十八歲

在貴陽師範學院執教。

5 月 28 日，經過肅反組織認真審訊和查核，以「中共貴陽師範學院肅反領導小組」名義下達了《關於張汝舟甄別定案的結論意見》。先生冤案平反，宣布撤銷隔離反省。先生精神振奮，作《途中雨霽》詩，「行人包裹忙收拾，要趁斜陽趕一程」兩句，大有「壯心不已」之情懷。

1957 年（丁酉），先生五十九歲

在貴陽師範學院執教。

3 月，先生所撰《談「隱隱何甸甸」》發表於《語文教學》第三期。

5 月，先生撰成《〈詩經〉韻讀舉例》。此書之保存，一波三折，據弟子張聞玉回憶曰：

> 五十年代巴中中學總務主任米崇昆先生的女兒米本莊在貴陽師院中文系讀書。五七年夏，中文系提前油印了汝舟先生的《詩經韻讀舉例》，準備秋後講授。反右運動中，先生被劃為極右，誰還能講？教材自然作廢。此油印本米本莊保存完好，畢業後帶回了巴中。改革開放後，顏冬申老師回巴中探親獲得此書，轉贈於我。如獲至寶，編入《二毋室論學雜著選》，至今有存。感謝米本莊校友，

感激冬申老師，三生有幸，三生有緣，延續了汝舟師文脈。〔註19〕

6月5日，《貴州日報》發表先生《張汝舟教授談三化問題》一文。十二日，《貴州日報》第三版發表先生文章《民主黨派的回顧與前瞻》，兩文皆先生在中共貴州省委統戰部座談會上的演講稿，後被報社斷章取義，歸納為「三化論」，即奴才進步化、黨團宗派化、辯證唯心化。先生而後被判為「極右」，皆因此事。〔註20〕周本淳敘述此事曰：「1957年張先生在貴州大學響應助黨整風號召，大膽直率地指出了『三化』（肅反擴大化、幹部官僚化和辯證唯心化）的問題，被誣為極右分子。文革中被遣返故鄉南張村（原屬肥東，後劃歸全椒）。」〔註21〕其中《三化問題的發言》一文如下：

我是前貴州大學、貴陽師院被懷疑、被打擊一位老教授。近來我算是得到了黨的初步瞭解了。一年來我的心情愉快，我的工作積極。我寫過一首絕句《途中雨霽》：

「急雨風回忽放晴，軟泥更覺草鞋輕。行人包裹忙收拾，要趁斜陽趕一程。」

師院同仁都能證明我這首絕句是寫實的。今天統戰部召集我們座談，我根據自己親歷的一些事實，對前貴大、現在的師院黨領導提點幫助的意見。

高等學校黨領導，一般水平是較高的，對黨的統一戰線方針，明知對黨的團結教育改造知識分子等政策是瞭解的，明知道辦高等學院要依靠老教師。可是老教師深受的不是被統一，不是被團結，更不是被依靠，而是被輕視，被懷疑，被打擊。為什麼某些高等高等學校黨領導明知道黨的統戰知識分子的政策而不能執行呢？據我初步分析，主要有以下三種情況。

（一）奴才進步化

解放前大批知識分子都生活在腐爛的惡劣的半封建半殖民地的舊社會裏面，因此解放後高等學校裏猶不可能不遺留下來或多或少的卑劣無恥的奴才。他們會向黨領導拋售他們的廉價歌頌，會一躍而為進步分子，甚至入了黨。這當然是部分個別的學校、部分和個

〔註19〕見張聞玉師給筆者的微信。
〔註20〕毛健全述、林家品撰《洗馬塘》，二十一世紀出版社，2013年6月版。
〔註21〕周本淳《往事歷歷憶林老》，載浦口區求雨山文化名人紀念館編《林散之書學軼事》，江蘇美術出版社2015年版。

別人的情況。這叫做「奴才進步化」。

（二）黨團宗派化

「入主出奴」是中國一句老話，但體現在今天某些部門黨、團上，特別顯著。黨團內和黨團外顯示出一道鮮明無比的分界線——進步與落後，光榮與恥辱，幸福與苦悶……黨團外雖畢竟是多數，但他們頭上戴的是落後帽子，他們被進步分子歧視，他們的心是沉重的，苦悶的……試請問談什麼團結？試問談什麼統戰？黨團內一切皆好，黨團外一切皆壞。剛出大學門不久的小夥子、小姑娘可以領導矣，可以領導教研組，有事呼喚老教授面談，或是一張紙條子，呼之即來，揮之即去。這種嚴重的宗派主義，不但壓壞了老教師，對小夥子、小姑娘，也不免「賊夫人之子」這是抗拒新生力量嗎？這叫做「黨團宗派化」。

（三）辯證唯心化

「辯證看問題」就是說理論要結合實際，不能死守教條。可是辯證法範疇——現象與本質、形式與內容……到了某些黨領導手裏就變了。他心上鐵一般地貼上你一個「落後」標籤，你工作確是賣了死力，他說是「自我擴張」，你確實是在忍辱負重，他說是「別有花樣」、「不能現象看問題」，成了他任意歪曲的法寶。因為給你貼上「落後」、「反動」的標籤，任你如何努力，他都能用「辯證法」否定了你，甚至還能造成你的罪惡。這叫做「辯證唯心化」。

最近半個月，從報紙上看，可能一般學校黨領導都有以上類似的情況。而我卻是從我個人七八年的遭遇中體認出來的。「奴才進步化」，我不敢說我就是什麼人才。但我可以自信，絕不是什麼奴才。而前貴大卻有孔祥□、劉□乙、張廷休的奴才，被黨領導賞識了，「進步化」了，我安得不受打擊？我還沒被小夥子壓死，壓得還有點微微的抗拒性的呻吟，安能不是「自高自大」脫離群眾？〔註22〕

另有一文題為《張汝舟說：我談談民主黨派的「回顧與前瞻」》：

貴陽師院學院中文系教授張汝舟書面發言中說：我談談民主黨派的「回顧與前瞻」。首先談「回顧」。八九年來，民主黨派扮演了什麼角色，是什麼心情對待黨的這次整風運動。可能有兩種情況，

〔註22〕張汝舟撰、張道鋒整理《張汝舟手稿集4》，第534頁。

一種是博得進步人士的稱號，工作上得到比較信任和順手，因而今天雖滿耳聽到是拆牆填溝的呼聲，可是結合到本人身上好像沒有啥，心情比較安適，座談會上無話可說或很少話可說。大有若非有較多數的所謂「落後」分子，好像是「黨」無風可整了。另一種情況是八九年來，民主黨派對築牆挖溝確是起過一定的積極作用。黨的三大主義是比較普遍而莊重，民主黨派那樣接近，如熟視無睹，這只能得出一個結論──「非愚則詖」。尤其是在「三反」、「肅反」幾個運動中，民主黨派不能提出一些材料和看法幫助黨慎重研究避免一些可以避免的錯誤；相反虛構材料，落井下石，使黨在運動中犯了更加粗暴的錯誤。如果能這樣回顧一下，心情就不會那樣安適，必然要爭取在整風運動中補補過，不應作壁上觀也。

民主黨派在今天也應「前瞻」。誰都不能否認這一鐵的事實「沒有共產黨就沒有新中國」。政治、經濟、文化都非共產黨領導不可。共產黨領導雖也犯錯誤，但人們相信錯誤一改就會領導好的。「教授治校」，過去不但喊過，個別學校也行過，但文人相輕，專業各別，意見不一致，教授們不必護短，這是事實。只有黨才能辯證地認識「水火相反亦相生」，才能「整百家之不齊」，才能放手讓「百家爭鳴」而不至於亂。黨在今天誠然是「飛龍在天」，不如此不能放射六億人民史無前例的光耀。可是「飛龍在天」就鄰近「亢龍有悔」。黨提出和民主黨派「長期共存，互相共存」！民主黨派就要建立一種「士風」──重氣節而薄闒茸阿。爭取做黨的益友甚至是諍友，堅決不做佞友。毛主席自說是唱崔夫人的，唱紅娘又談何容易。可是始終安於跑龍套，畢竟不大光彩。我們應在整風中獻出每個人應有的力量。〔註23〕

7月26日，《貴州日報》刊發姜海風等六人所撰《「文學青年」真相》，指斥先生惡意中傷臧克家的詩。後蹇先艾發表《張汝舟為什麼攻擊臧克家同志》一文予以聲援，其文曰：

臭名昭彰的右派分子、貴陽師範學院中文系教授張汝舟在貴州省、市委統戰部召開的座談會上散佈過兩次反動的言論：一次是誣衊黨、反對馬列主義和辱罵進步人士的「三化論」（「奴才進步化」、「黨團宗派化」、「辯證唯心化」）；還有一次是惡毒地向民主黨派進

〔註23〕文載《貴州日報》，1957年6月12日。

攻。這些謬論早已經有很多人徹底地批駁過，在這裡不準備談了。我現在要揭露的是「張汝舟為什麼攻擊臧克家同志？」

貴州省文聯黨組進行整風，為了有效地克服「三大主義」，開了幾次座談會，歡迎黨外人士對黨領導文藝工作的缺點提出積極的批抨，原是很好的事情。張汝舟卻利用了這個機會，放起火來，除了恬不知恥地給他自己的詩文大吹大擂（這是他的慣技）之外，還在會上把臧克家同志的「在毛主席那裏作客」（見「詩刊」第二期）大肆攻擊了一通。他張牙舞爪地說：「一個人成了權威，壞東西就拿出來了。臧克家那首詩，我是很不滿意的。第一，情感不對頭，從詩中可以看出來詩人的情感好像是很激動的；估計臧克家該有四十幾歲了吧！那首詩如果是一個二十歲左右的年青人寫的，還差不多；因為臧克家應該早就見過毛主席的，因此這種激動的心情同四十幾歲的大詩人的感情就不合了，這種情感是不真實的；第二，臧克家的比喻手法太多；第三，詩裏有些口號，空洞、缺乏形象；第四，他把自己比成高爾基和馬雅可夫斯基有點肉麻。『在毛主席那裏作客』是一首壞詩，如果作者不是一個權威，這首詩根本就發表不出來。」很明顯，張汝舟主要的意思是第一條，其他的三條都是蓄意抬出來當陪襯的、作掩護的。

「在毛主席那裏作客」，據我們看來，不僅是一個很好的題材，寫得還是相當好的，主要是詩人的情感充沛、真摯，表達出了他和領袖會見前後那種像波浪一樣的激動的心情；有著強烈的感染力，我就讀了幾遍。怎麼能夠說它的感情不真實呢？不管是青年人、中年人或者老年人，當他會見偉大的毛主席的時候，心情都會非常激動，多會見一次就會多激動一次，有加無已，何況是和領袖促膝談心！

張汝舟為什麼會這樣仇恨那首詩呢，說穿了吧，他是別有用心的。在參加省文聯的座談會之前，他就煽動過一部分師院的學生：「我不寫文章則已，一寫就要抓住大的打。你們都該一齊起來去攻擊臧克家那首歌頌毛主席的詩！」因為張汝舟是一貫仇視共產黨的，所以他才在統戰部的座談會上大罵靠攏黨、入了黨的進步人士是「奴才進步化」，他還把我們歌頌建國八年來黨的豐功偉績叫做「拋售廉價的歌頌」（他自己在解放前卻大做其詩拍蔣介石、王東

原的馬屁。）你想，像他這樣一個反對社會主義、留戀國民黨反動統治的右派分子，還會贊成臧克家同志寫歌頌領袖的詩嗎？但是他像狐狸一樣狡猾，表面上卻又不露出尾巴來，便借了批評為名，來達到他個人的目的──反對歌頌黨，反對歌頌毛主席。

那天在座談會上，大家對他的那篇荒謬透頂的鬼話，無不表示極端憤慨。他看見省文聯沒有他的毒草市場，又才把攻擊臧克家同志的發言寫成了「文章」，投給貴州人民出版社右派集團準備創辦的「文學青年」去。姜海風等六位同志在《「文學青年」真相》一文中（見 7 月 26 日「貴州日報」）說，張汝舟的「評臧克家的詩」是對臧克家同志惡意的中傷，這顯然是不夠的，並沒有真正揭穿張汝舟的陰謀詭計。我們在這裡又一次看見了這個右派野心家的陰險醜惡的嘴臉！〔註24〕

是年，先生被錯劃為「右派」。未幾，院刊發表《竹筍──張汝舟的爪牙》予以嚴厲申斥。〔註25〕朱厚錕先生評價此事曰：「肅反擴大化，抓錯了人，張汝舟先生坐牢 10 個月，有人傷心，有人落淚。張汝舟的冤案，我朱厚錕傷心，李伯華落淚。」〔註26〕據先生女兒張葉芬回憶：「我父初到資料室，原指示在這裡寫講義：這都是合理的安排。《現代漢語》印發了一半，到資料室編寫結束。又命令我父管理線裝書，我父整理有序，編寫『重要版本書目錄』，用唐人小楷筆法寫的。後來又改命令：要我父管理洋裝中國文學語言書，不久又管理世界洋裝文學書，又進一步，管借書還書，我父都謹慎完成任務。」〔註27〕當時為先生辯護的主力「右派」學生代表共有十八人，分別為張耿光、張公達、張碩才、文博豪、曾祥洗、楊昌國、李萍、石廣全、羅曼雲、姚獻中、任相彬、胡中頻、汪陞富、黃調元、李士昇、萬伯平、陳占奎、張國光，占貴師大全校「右派」的近五分之一。為先生辯護的刊物有《竹筍》《激流》《路邊草》。〔註28〕為先生辯解之人亦慘遭池魚之殃，據何士光回憶：

〔註24〕此文載《山花》，1957 年第 8 期。

〔註25〕文博象《走出桃源：塵封的往事》。

〔註26〕見《光明磊落心胸坦蕩，知識淵博口筆勤耕──記中英文著名教授朱厚錕》，載《貴州大學教壇先導》編委會編《教壇先導》，第 67 頁。

〔註27〕張汝舟《復韓建芬老師的信》，見張汝舟撰、張道鋒整理《張汝舟手稿集4》，第 332 頁。

〔註28〕張國光《回憶張先生──在張汝舟先生誕辰百年紀念會上的發言》，載《張汝舟先生誕辰百年紀念文集》。

　　　　系裏有一位老教授，瘦弱的張汝舟先生，是一個右派分子，五
　　七年在貴陽一中的大字報裏，我就讀到過人們像《咒麻雀》一樣的
　　揭露他的文章，說他的包袱裏全是炸彈。一天學校裏貼出了一張布
　　告，說右派分子張汝舟低頭向人民認罪了，決定揭掉他的帽子。在
　　那布告跟前，我一不留神就說出了幾句惋惜的話，到了畢業分配的
　　時候，就被在場的同學舉報出來了。從此我就離開了這座城市，去
　　到了黔北的大山裏，如同詩人所說，那是一處蒼山如海、殘陽如血
　　的偏遠的鄉下。〔註29〕

　　是年，先生所撰《對中學文學課本注釋的一些意見》發表於《語文教學》
第 6 期。《再談屈原的生卒》發表於《文史哲》第 5 期。《(夏) 小正校釋》有
油印本面世。

1958 年（戊戌），先生六十歲

　　在貴陽師範學院資料室。

1959 年（己亥），先生六十一歲

　　上半年在貴陽師範學院資料室。

　　9 月，先生進政治學校學習。

1960 年（庚子），先生六十二歲

　　2 月，先生從政治學校結業，調至復校後的貴州大學中文系。

1961 年（辛丑），先生六十三歲

　　在貴州大學。

　　是年，先生撰成《聲韻學方面的幾個問題》《怎樣批判繼承清人訓詁學遺
產》《漢語語法發展史》。

　　11 月 24 日，張廷休卒。

1962 年（壬寅），先生六十四歲

　　在貴州大學。

　　2 月 24 日，胡適卒。

〔註29〕何士光《我與〈山花〉70 年》，見「坐地行者」微信公眾號，2020 年 9 月 1 日。

1963 年（癸卯），先生六十五歲

在貴州大學。

2月8日，林散之作長詩一首，題曰《二月八日，為舊曆上元節。夜遊玄武湖歸，新雪初霽，月明如洗，有懷汝舟，中情未已，作二十二韻報之》：

> 天風吹海月，照我湖邊宅。念茲江北人，來作江南客。今宵湖上游，中情有所適。春梅發早花，紅碧炫殘臘。水月漾湖中，鳧鴨飛拍拍。幾因形骸役，豈為賢勞迫。悠哉歲首心，延賞愧泉石。有思索心月，萬里遲消息。自非王子猷，何從掛帆席？昨得黔中書，風雪慰晨夕。獨贈花溪詩，相好示顏色。以此玄武波，印彼花溪月。感激平生懷，字字肝腸熱。人世真倉卒，驚心雙鬢白。一別三十年，期許負學殖。天地喜逢辰，洪鈞轉有力。此處正新春，歡騰上元節。眼見百花開，燦爛家與國。藉問花溪花，妙相如何得？更問花溪月，根境如何澈？花溪與玄武，領悟非瑣屑。先生實解人，一一為分別。

3月，先生摘掉「右派」帽子。儘管如此，工資待遇絲毫沒有恢復，生活極為艱難：

> 63 年摘掉右派帽子而停職停薪領生活費的處分絲毫不動。據葉蘆（張先生長子，時任杭州大學講師）說，貴大這樣做在全國是豈有此理！我是 60 年春從貴州政校學習結業後，從師院調到貴大的。63 年 3 月是貴大領導摘帽的。5 月發工資，突然在工資紙袋上「職薪欄」填個「八」字，降成什麼呢？是高級助教、低級講師，比我學生皮老師、比我兒子講師葉蘆還少二十元。師院語氣皇皇：「張某極右分子，停職停薪，留校察看。」察看了六年，怎麼樣呢？老師院教現代漢語 3 年，編講義，認真教學，做學術報告。到貴大改教古漢語，又調古典文學教研組，編講義，認真教學，多次做學術報告，昭昭在人耳目。既蒙摘掉了帽子，何以不惜鬆鬆手，對我這個八級極右分子的處分不動絲毫？〔註30〕

是年，林散之收到先生信函，作詩三首，曰《新居河南，喜得汝舟黔中消息，詩以報之》《二月八日為舊曆上元節，夜遊玄武湖歸，新雪初霽，月明如洗，有懷汝舟，中情未已，作二十三韻報之》《上元夕，懷汝舟有詩，得見賜和，情辭懇至，仍依前韻，以盡餘興》。其中第一首謂：「想思深處望南天，

〔註30〕見張汝舟撰、張道鋒整理《張汝舟手稿集4》，第 502 頁。

一入江南思更懸。雲外忽傳黔水字，燈前時認浣花箋。青林有夢五千里，白髮驚心二十年。江上草堂殘竹影，短窗風雨記從前。」此前先生與林散之已經二十餘年失去聯繫。

是年，先生作《臨江仙‧花溪春興》：

> 卅載生涯空自悼，頻年伏案低眉。乘風破浪素心違。有心難許國，虛下董生幃。大地春鶯驚曉夢，醒來面目全非。江南雖好不須歸。花間雙蛺蝶，時向老人飛。〔註31〕

是年，先生撰成《然疑待徵錄補》《談〈秋興八首〉》。編成《古代漢語》（上下）教材。

1964年（甲辰），先生六十六歲

在貴州大學。

3月1日，先生覆羅福應函，指導古代漢語的學習：

> 福應弟：
>
> 來信收到很久，太忙，拖到現在才覆，對不住！
>
> 你做的《古代漢語》勘誤，只錯一條，批註寄回。通過你兩次勘誤，具見你讀書認真，是很好的。但是這一些也都是雞毛蒜皮。不但中學教本，就連大學教本，中間嚴重錯誤還是不免的。要求一個青年教師能發現其中錯誤，本不是一朝一夕之功，也不是辦不到的。就拿王編《古代漢語》來說，貴大講義改正了它的一些錯誤，你可向貴大同學借一本對比看一看，通過獨立思考，明辨是非，會對自己有所提高，更主要的還是「紅專」路線，不能迷失，「紅透」更重於「專深」。要戒驕戒躁，服從領導，搞好群眾關係，全心全意聽黨的話，才有前途。
>
> 業務掛帥是不可能的，只是斷送自己的前途。渡對紅專問題有點認識，凡虛心向我問業務的，我都要提紅專問題，可能是無的放矢。
>
> 祝你進步！
>
> 　　　　　　　　　　　　　　　　張渡　64.3.1〔註32〕

是年，先生撰成《漢語語法管見》，給中文系學生做教材使用。

〔註31〕《貴州大學張汝舟教授遺著整理簡訊》（第八期）。
〔註32〕羅福應家藏稿。

是年，先生撰成年代學重要著作《西周考年》，將武王克商的年代定為公元前 1106 年，提出著名的「三重證據法」。《西周紀年研究》一書認為：「汝舟先生的《西周考年》上徵於天，下徵於史。『天』指曆點，『史』指古書記事，尤其重視實際天象。的確做到了信而有徵」。〔註33〕南開大學歷史系朱鳳瀚教授在評述中寫道：「張氏精通古代天文曆法，編訂曆譜方法較科學，有其創造性，自成系統」。《華夏文明》編者按語寫道：「張汝舟先生於聲韻訓詁、古代文學、古代哲學、漢語語法諸方面均有建樹。1957 年春天之後，在困難的條件下，研究古代天文曆法，終於建立了自己的體系。《西周考年》寫於 1964 年，考定武王克商在公元前 1106 年是其主要成就」。臺灣著名學者黃彰健著文寫道：「我覺得最值得重視的仍為張汝舟氏對《史記‧曆術甲子篇》所作的解說。我不夠資格評論他的解說的是非，這裡要指出的張聞玉依其師說，對武王伐紂的年、月、日的考定結果為：武王克商在公元前 1106 年。我認為，應定武王伐紂年為公元前 1106 年」。〔註34〕

是年，汪岳尊作《題張汝舟教授〈西周考年〉》:「史轍西周久亂真，陳因一掃重扶輪。大除民族虛無詬，快讀王年紀實文。並世知音懷郭泰，隔瀛俯瞰陋新城。傳家自有千秋鑒，彩筆何曾獨效靈。」

1965 年（乙巳），先生六十七歲

在貴州大學。

是年，先生編成《古代漢語語法手冊》，作為貴州大學古代漢語課程教材。

1966 年（丙午），先生六十八歲

在貴州大學。

5 月 16 日，文化大革命爆發。

1967 年（丁未），先生六十九歲

在貴州大學。

3 月 12 日，汪辟疆卒。汪國垣（1887～1966），字辟疆，又字笠雲，號方湖，又號展庵。江西彭澤人。歷任江西心源大學、中央大學教授，1949 年以後

〔註33〕張聞玉、饒尚寬、王輝主編《西周紀年研究》，貴州大學出版社 2010 年版，第 51 頁。
〔註34〕文見《歷史研究》1998 年 2 期。

任南京大學教授。先生於中央大學求學時期嘗從受業，並有詩懷之云：「雙湖語妙雜莊諧，點將詩壇逞好懷。愧倚門牆二十載，尚無清句敵誠齋。」〔註35〕

6 月 2 日，馬一浮卒。馬一浮（1883～1967），幼名福田，後改名浮，字一佛，後字一浮，號湛翁，別署蠲翁、蠲叟、蠲戲老人。浙江省紹興市人，中國現代思想家、詩人和書法家。

是年，林散之作《春日寄懷汝舟黔中》詩二首。其一曰：「離別張顛久，清狂思辨才。汗青殊愛惜，頭白滯歸來。草閣春仍好，花溪雲正開。分明兩地月，一為照同懷。」其二曰：「身世驚同夢，難忘七十稀。交因文字得，人自性情宜。黃竹憐詩骨，青山憶壽眉。遙遙託春思，時與暮潮期。」

1968 年（戊申），先生七十歲

在貴州大學。

7 月 2 日深夜，貴大紅衛兵來抄家，將先生十本日記全部抄走而失落，致使他平生逐日所記、包括「文革」兩年來的親身經歷，都全不可知。這對研究他的學術和經歷造成不可彌補的損失。文革後，先生在安徽老家去信索要曰：「給你們信多次提 68.7.2.半夜抄去的書、帖、筆記、信札，尤其名人墨蹟（80 元一本買的），要求能還多少還多少，回信隻字不提。」〔註36〕除了日記，先生還有十四箱古書，據邵川回憶，其祖父邵子退曾告知他：「吾友張汝舟先生已回全椒，他有詩書十四箱，哪天我帶你去全椒看望張爺爺，順便借幾本書回來讓你學習。」〔註37〕

1969 年（己酉），先生七十一歲

在貴州大學。

1970 年（庚戌），先生七十二歲

在貴州大學。

是年，先生作《寄懷稼宗》：「莫逆稱知己，於今四十年。雖傷千里隔，未害兩情牽。語壯眉常豎，心欽席屢前。明春且待我，燈下一陶然」。

〔註35〕張汝舟《二毋室論學雜著選》，第 315 頁。
〔註36〕見張汝舟撰、張道鋒整理《張汝舟手稿集 4》，第 487 頁。
〔註37〕邵川《要趁斜陽趕一程──懷念張汝舟先生》，載《紀念張汝舟先生誕辰 120 週年全國學術研討會文集》。

是年，先生因瞭解到王稼宗之孫王德群正自學中醫藥，故贈以《貴州草藥》。〔註38〕

1971 年（辛亥），先生七十三歲

上半年在貴州大學。

1 月 11 日，先生作《喜接夢蓉照片二絕句》：「何幸古稀逾二翁，夫妻雙健抱重重。更欣天外郵雛影，喜聽鄰姑誇夢蓉。似向爺娘一筆描，英姿颯爽透眉梢。越南八歲神授女，汝亦髫齡射大雕。」〔註39〕

1 月 26 日，先生之子張葉苔至貴陽寓所。

3 月 4 日，生產隊出具先生既往歷史證明：

> 張汝舟原是我隊人，從小讀書。讀書後一直在外工作，現在本家解放前人口六個，有五畝土地，三間房屋，在土改時被劃為貧農成份。父親做裁縫工人，母親在家勞動，本人社會關係清楚，岳父家貧農成份，其他叔伯都是貧農成份，並無其他情況。根據申請經我隊貧下中農幹部研究，同意回家鄉。〔註40〕

6 月 24 日，向學校打報告，請求退休返鄉：

> 我是中文系教師，今年七十三歲了，老伴已七十四歲，兩人都有嚴重疾病，身體極度衰弱，我近於耳聾眼瞎。兒女孫子皆遠在外省，兩個衰病老人生活上確實深感困難。所以今年三月初已寫報告交中文系革委會，申請退休或退職返家鄉（安徽農村），以便兒女們照顧。最近我們的身體更壞，恐有不測，徒添組織麻煩。特此再提出申請，望領導盡速審批，至深感激！此呈軍代組、校革委。〔註41〕

7 月 26 日，先生之妻王寬安起夜摔成重傷，歸鄉之念愈切。

8 月 23 日，學校同意先生返鄉，並派遣貴大人事處通知：

> （一）省革委政治部批示，張先生可以先走了。
>
> （二）夫婦旅費和家具書籍運費統統報銷。〔註42〕

〔註38〕王德群《張汝舟先生與我家三代人的百年友誼》，載《紀念張汝舟先生誕辰120週年全國學術研討會文集》。
〔註39〕此據先生 1971 年日記。
〔註40〕此據先生 1971 年日記。
〔註41〕此據先生 1971 年日記。
〔註42〕此據先生 1971 年日記。

8 月 31 日，在貴大軍代表許家儀護送下離開貴陽。

9 月 2 日，先生到金華，與其孫張立楷同住。

9 月 8 日，先生離開金華，與其孫張立楷同行。

9 月 10 日，先生抵達全椒縣古河鎮。

9 月 11 日，先生返回南張村故里，與多年未見的朋友親戚重逢。期間先生仍關心鄉邦文化教育，自費刻印教材，設館開講，鄰里有志於學者多往問業。期間先生先後擔任中國佛教協會理事、安徽省文史館顧問、安徽省書法協會名譽理事、安徽省詩詞學會顧問等職。原安徽省省長王郁昭時任全椒縣委書記，他聽章輝公社幹部彙報，從貴州大學回來一位老教授，是古代漢語、古代文學、古天文曆法方面的著名專家。1957 年被打成右派，一直堅持著書立說。當時正值十年動亂期間，王郁昭同志雖也沒有更好的解決辦法，但他特別囑咐社隊同志要盡力關照先生。〔註 43〕

12 月 17 日，接貴州大學韓建芬來信，交代工資事宜：

> 這次補發工資共 1710.49 元，扣去借支旅費未報銷部分 172.15 元，尚餘 1538.34 元，除去寄費 15.24 元，共匯去 1523.10 元。許家儀回校後共報銷 127.85 元。你們寄來的發票，財務科經手辦此事的同志因請假回家，代理他的同志說，既然此事不忙，就等那個同志回來再說。接著全校就忙著學習中央文件，因此許家儀同志還未報銷。代領補發工資的陳宗琳同志不瞭解這個情況，所以讓他們扣除。你們寄來的發票，是可以去報銷的，待報銷後再將所報銷的七十多元錢給你們寄去。〔註 44〕

是年，楊振寧回國訪問，並回家鄉合肥探親。期間欲拜訪先生，先生彼時尚處於「右派」之列，未能得見，楊頗引為憾事。〔註 45〕

〔註 43〕何本初《王郁昭與滁州高等教育的發展》，安徽省滁州市政協編《皖東文史·紀念改革開放 30 週年專輯》，安徽人民出版社 2008 年版，第 221 頁。

〔註 44〕此據先生 1971 年日記。

〔註 45〕馬先隊《回憶外祖父張汝舟先生》。

卷四　1972～1982 年

1972 年（壬子），先生七十四歲

在全椒南張村。

3 月 12 日，接張恒柏來信，言張興樓與合肥醫院相熟，勸先生由他介紹到合肥醫院治療眼疾。〔註1〕

4 月 27 日，寄《西周考年》予郭沫若，並附信一封：

　　尊敬的郭院長：

　　解放初期，多次承教，感荷至深！久違明訓，忽忽二十年，何以故？您院丁悟梓、呂叔湘、李昌厚諸先生，大運動前近二十年，未斷聯繫，鄙況他們比較清楚。

　　西南地區特別是貴州，中央是清楚的，您老也不會不清楚。往事已矣，不必提，也不值得提。總的一句，誰都封鎖不住光焰無際的毛澤東思想。69 年冬藍亦農同志到了貴州，大運動面目，煥然一新。去年八月底，貴州大學領導得省革委同意，派幹部護送我到南京，全部家具書籍運送到家。黨的年老多病養起來的英明偉大政策，何等感人！雖犬馬之力，亦當圖報。默念范老《中國歷史簡編》「西周紀年」採用日本新城氏之說，錯誤不細。似乎全國文化界一致遵循了。

　　您老主編的《中國史稿》獨不用新城說，中流砥柱，好像並未

〔註 1〕 此據先生 1972 年日記。

抵住（見拙稿《自序》）。因此不得不寄出拙稿《西周年考》向您老請教。從報紙上明知中央高級首長忙於國事，時間是十分珍貴。惟拙稿並不太長，如蒙賜閱一過，則不勝感戴。倘不得暇，請將拙稿前兩頁《自序》看一下，拙稿擲交您院歷史研究所或北大歷史系，幸能得到諸公檢查批評，亦所望也。乞示數行，至用盼禱！謹致衷誠崇仰的敬禮。〔註2〕

6月26日，質疑郭沫若《甲申三百年祭》曰：

郭老《甲申三百年祭》所收材料，許多不見正史。重要人物略舉於下：

1. 牛金星——丞相——河南盧氏縣舉人。

2. 劉宗敏——將軍——一文一武，職權最大。

3. 李信，後改名李岩，開封府杞縣人，天啟七年丁卯舉人，有文武才。投闖王封制將軍，位在劉宗敏下。（二品副權將軍，三品制將軍，四品果毅將軍。）岩弟（庠士）李牟封弘將軍，位更低了。金星陰告自成譖李岩欲反。自成令金星與岩飲，殺之。群盜解體。（見《明史·李自成傳》）《明季北略》《剿闖小史》皆言李岩、李牟兄弟同時被殺。

4. 宋獻策——通天象卜筮，牛金星薦歸闖王，拜軍師，河南永城人。與李岩成莫逆之交。宋獻策素善李岩，遂往見劉宗敏，以辭激之。宗敏怒曰：「彼（指牛）無一箭功，敢擅殺兩大將，須誅之。」由是自成將相離心，獻策他往，宗敏率眾赴河南。（見《明季北略》）

5. 紅娘子——李岩後妻。

6. 湯氏——李岩前妻。

無名氏《檮杌近志》：「崇禎末，流寇四起，繩妓紅娘子亂河南，虜杞縣舉人李信（即李岩）去，強委身事之。信不從，逃避。有司疑信，執下獄。紅娘子來救，城中民應之，信仍歸紅娘子。逆與李自成為兄弟，決意為逆。李信妻湯氏勸不聽，縊於樓，面色如生，未識何時死。乃出約隊，復入殮之，得絕命辭一首云：『三千銀界月華明，控鶴從容上玉京，夫婿背儂如意願，悔將後約訂來生。』

信得詩，大慟欲絕。」

　　《明史·李自成傳》:「杞縣舉人李信者，逆案中尚書李精白子也。嘗出粟賑饑民，民德之。曰:『李公子活我。』會繩伎紅娘子反，擄信，強委身焉。信逃歸，官以為賊，囚獄中。紅娘子來救，饑民應之，共出信。」

　　9 月，先生收到了韓建芬老師掛號寄來的就醫證明信，證明信是貴州大學革命委員會開具的，有效期為半年。

　　10 月 8 日，先生由外孫馬先隊陪護，乘人力板車到章輝集，偶遇村民何大，便一起購票乘公交汽車到全椒縣城，再轉去南京的汽車，並於九日晚到南京。祖孫和何大三人留宿於紅旗旅社。

　　10 月 10 日，先生先往江蘇省中醫院治療耳疾，後轉至鐵道醫院。

　　10 月 11 日，上午往老友姜子青處餐敘，下午遊覽南京雞鳴寺、臺城。

　　10 月 13 日，至洪誠寓所拜訪暢談，先生日記留下珍貴記錄:

　　　　怕自明上早課，趕七時前到了上海路，洪不久前跌傷右手，請病假在家。暢談一個上午。我提出要求:「過去在合肥，每聚談，你講八成，我講二成，今天我要求我講八成，你講二成」，他一笑應了。但他確實也變了，不似過去信口開河。而我說話比過去放肆。快談之下，情不自禁地把帽子向桌上一摜，說:「我今天要憑你這個人證，當我孫子（手指先隊），把兒女葉蘆、葉芬給我帶的這頂「自高自大」帽子摘掉。我不是要摘這頂帽子，給你帶這頂帽子，憑事實，你卻相當自高自大，目中無人。你在中大剛畢業，才二十多點，初到六女中，我畢業後，你才進中大，我在六中已教過幾年，有點名氣，訪你五六次，你屢不回拜。我不灰心，不計較你不遵一般禮節，還是多次到你處攀談，總是冷淡。忽然最後你熱起來了，信口開河罵自己混帳！你自己說了，「聽人說你聲韻學不錯」，我認為你是「黃門諸子」不敢沾。後來聽你談到林散之，我才開始轉變;後來考你把中大教授排個隊，你說王伯沆第一，黃季剛第二，吳梅第三，汪辟疆第四，胡小石第五。你說你排的與中大學生不同，他們說黃季剛第一，吳梅第二，胡小石第三，汪辟疆第四，王伯沆第五，我才決定你不是「黃門諸子」。這是你傲慢之一。解放前夕，你在中大當講師，舊時講師只教一年級。這時王、黃、吳三老已去

世，汪、胡二師還在校，你在一年級班上談到得意處，對學生說，「記下來，以後你就聽不到了！」置汪、胡二師於何地？僅舉兩例，你比我狂，狂也有理，不必戴「自高自大」帽子。但是我狂不及你，反被兒女戴這頂帽子，確實含冤多年，今天高興，當孫子面自主地摘去這頂帽子，是時候了。」這半天談得高興，尤其洪師母並未臥床不起，還在地下忙，一會兒到廚房指揮（請有保姆），一會兒出來倒茶奉煙，又和先隊密談，捲起褲腳讓先隊看，大概是說浮腫吧？總是初見面，這樣親密！她進過洋學堂，有害也有利，不像寬安那樣悁（去聲），忙一陣子，就躺在床上靠幾分鐘。〔註3〕

自洪誠寓所出來後，前往拜訪王氣中、張天驎夫婦。

10月15日，在南京紅旗旅館。洪誠、林昌庚、范培元等人來訪。

10月16日，一早乘汽車往和縣安廬拜望闊別多年的老友林散之。先生與林散之為莫逆之交，亂離之中不能往還音信。如今老友重逢，感慨尤深：

> 吾與散之別四十矣，昔日壯年，今皆白首。四十年前，余常到江上草堂，蓀若還是十齡左右小辮子姑娘，今已逾五十，早失所天，三男已成長過母長。安廬兩日，散之聲過於余，片紙傳遞，手不停揮，蓀若、先隊亦偶參加筆戰。情誼之隆，興趣之高，得未曾有。惟在南京自明處，庶幾近之。洪右手傷，說話快，我講八成，他講二成（我建議的），二成我也聽不完全，時間只半日，故遜色也。

因先生與林散之皆聽力不佳，故以筆談為主。筆談內容涉及諸多學術問題，頗有興味。茲抄錄於下：

> 張老：人生七十古來稀，萬里歸來一談，快何如之！在南京從昌庚打聽你住處。請筆答，我聽覺也不佳。

> 林老：你的眼，在南京看，醫生說是什麼病？有幾年了？是否受了刺激感染的？

> 張老：貴陽生活供應差，每日每人兩塊豆腐，每人每月四兩菜油，很苦，加上路上被女兒多吃了安眠藥，神經受傷。眼是運動中我在中學、大學教書同事、學生多，外調幹部全國都有到貴陽的，白天開會，夜裏寫材料，眼受了傷。

> 林老：張老，別後數十年，無他長進，唯於書畫上略有境界，

〔註3〕此據先生1972年日記。

詩於工部，亦有見地。你來南京多少時了？

張老：七天。

林老：住在自明處麼？

張老：住紅旗旅館。

林老：他還好麼？已經七、八年未見面了，真是傷心。衛仲璠還在否？合肥方面，還有幾個朋友在麼？我的情況，自明大概清楚。政治上平安，只是內人死了，我的耳朵就是因此聾的。別的沒有什麼。自內人死後，中央路房子辭了，在兒女處住，東西奔走，沒有定居。烏江舊處，已改變了。在旁邊蓋了幾間屋住，一切如常。大女兒蓀若在運動中受衝擊，現在已復職如常了。南京方面，仍要我回去。因書法上後起無人，要我對下一代領導起來，這是個難題。

張老：對青年循循引導，鼓勵多，指責少，標準放低一點。散原老人少壯時，有人呈他自己印的詩集，詭稱是別人的，請散原指正。散原直言不諱，指斥一番。此公回家自殺，散原引為大戚，終身不議別人詩。青年一般只受鼓勵，對指責不滿。洪自明大運動前寫點文章發表，中間有兩篇最出色。（一）杭大編的《孫詒讓》，紀念孫的學術，洪寫了一篇，二十年「三禮」研究之精髓，卓然可觀。（二）在《中國語文》上寫了一篇長文，駁斥北大權威一級教授王力，很精到。這兩篇文章洪寄給你否？洪在南大教古漢語，兼教學小組組長。他六十三歲了，五十歲以上在大運動後能教書還擔任領導，在全國是希見的。他一貫尊敬你，奉若神明。這次洪右手跌傷了，不傷也無空來，再三託我問候你。王駕吾你知道否？王煥鑣，字駕吾，杭大教授，南通人，徐昂弟子，范伯子再傳。為人正直，詩文書法皆可觀。他是自明中學老師，自明極尊敬他。與弟友誼也深，帶來他兩封信，請你與蓀若如實評價。駕吾哥書法如何？古文如何？通信也能看出一點古文水平。駕吾少余一歲，少王兩歲，也老了。他於自明是師生，又同是王伯沆先生得意學生。你知道伯沆先生否？

林老：尺牘寫的很好，有境界。他的書法我不敢虛譽。用筆滑，氣味又薄，似未從晉唐下過工夫。王伯沆是南京中大名教授，詩文都佳，僅次於黃季剛先生。駕吾比之伯沆，猶遜一籌也。吾見如此，

你看如何？君子愛人以德，不必空譽，於學術無益。

張老：伯沆先生嚴禁駕吾、自明不要作詩。自明只談詩，不作詩，才分所限。駕吾解放後作詩，只作古詩，還只作五古，還算能藏拙。五古功力可見，以文為詩，畢竟才情不足。俗人罵昌黎以文為詩，實際才情充沛，俗人不瞭解也。兄以為如何？

林老：駕吾詩，能從平實處說理，頗見功力，但距離少陵，尚隔幾層。比之近世，似無可愧。學詩必才氣與功力具備，才能作詩，才不落案臼。五古實不易作。駕吾詩深犯以文為詩，吾兄詩經常亦犯此病，此最大難關。昌黎還了得，千古一人，只有駕少陵而上之。此雖過分之言，豈是以文為詩者，學少陵還能貌似，昌黎是不可貌似的，至今也沒有一個學昌黎能學得好的。北宋山谷、後山，畢生學昌黎，也只能在軀殼內遊弋耳。伯沆先生詩文，我都見過，溫雅不凡。書學顏平原，兼從唐人墓誌醞釀而出，氣醇可愛，雖不及古大家作品，實近代之佼佼者。可惜我未同他見過面，與吾師張栗庵是朋友，當時常談到他。

張老：伯沆師給我一封信，替我改了兩篇文章，皆另作一篇錄後。我十分珍愛，被紅衛兵抄去。

林老：王國維謂詩宜有境界，吾覺得駕吾詩所少者境界。選詞亦欠錘鍊，不能如少陵之精金，百鍊而成，千古學杜者，只有李商隱（義山）一人，如明之空同輩，尚有跡象，徒形骸耳。王國維謂詩以七絕（五言絕在內）為最難，律詩次之，古詩又次之，此護短的話。他不能詩，講皮相語。詩以古詩為最難，律詩次之，絕詩又次之。李義山學杜，是指的律詩，不是古詩。古今學杜者很多，義山、山谷、荊公、空同，皆是學杜成名的。學律詩能杜，深處無如義山，其次後山、山谷，亦稱殿軍，然皆不如荊公。古詩學杜者唯荊公一人而已，空同輩貌似耳。

張老：我認為詩有時代局限性。建安風骨，後人難繼，時為之也。嗣宗、太白五古繼之，亦不全同建安。七古鮑參軍開端，李、杜、韓、蘇、黃各逞其才，發為偉觀，余子則遜色。七律沈、宋發端，杜大發威力。宋人山谷、後山、簡齋、遺山得其一體。清人姚惜抱七律清潤，為文所掩，鄙見如此。散原七律是晚清殿軍，不消

說。伯沆先生在散原精舍教過書，陳、王交誼甚深，師友曷可少哉？胡亂說說，賢父女批評。

林老：你說詩有時代性，誠然！所謂「各領風騷數百年」也。我那一本紀遊詩，我曾問過一位蘇州老友范煙橋，請他提出意見。他當時說，你詩作得好，蘇州有幾位詩人，我都給他們看了。他們說，詩是作得不錯，只是歌頌古人太多，歌頌今日太少，我深為心服。

張老：徐悲鴻畫如何？

林老：是近代傑出家。

張老：李叔同出家為弘一法師，藝術有無成就？

林老：他的畫我未看到，字看到很多，有功力，氣味很高。豐子愷是從他學的。豐子愷畫得很好。看到豐畫的弘一法師像，好得很。豐在運動中鬥死了。

張老：印光、弘一，確是高僧，是真和尚。

林老：李叔同出家，真能當頭放下。他是個留日學生，是音樂名手，後出家，專治律宗。他對印光大師極推重，為密看印光一切行持，在靈巖住了三年，看到印光三年如一日，一絲不苟，弘一佩服之至，即欲皈依印光。印光不肯，說「你已成名了」，不肯收。印光和尚是個有道高僧，我生平最崇拜他。他住的蘇州靈巖，瞻謁他的遺像。他的文集四本和嘉言抄兩本都有。另外太虛法師注的《心經》和其他幾部《心經》，還有《八大人覺經》《楞嚴經》《淨土十要》等等，在這次運動中燒了，現在面前一本佛經沒有了，令人難受。稼宗面前還有經書麼？《心經》，我很愛讀，可惜未能讀熟，可能稼宗能背得過來。你可寫封信問問他，若是記得，望他抄一份給我，並望將他的通信處告我，以便今後通信。

張老：《八大人覺經》深入淺出，你讀過覺得怎樣？《六祖壇經》讀過沒有？

林老：《六祖壇經》看過，《八大人覺經》我很愛讀。丁福保注的，很好，是集諸語，以經注經，很精詳賅博。

張老：伯沆先生篤信佛法，但不和比丘、居士來往，只和印老通信。實際上，真畫家、真詩家、真書家是極少數，真和尚、真居

士也是極少數。各種學術文章，騙子占極大多數，幾千年就是這樣。群兒咄四傑，杜公斥之「蚍蜉撼大樹」，也罵李杜，昌黎斥之，千古就是這回事。騙子多，真才少，寡不敵眾。昨天我說「騙子還會有三五十年好運」，革命不能一步登天。慢慢來，騙子會越來越減少，真才逐漸不致十分沉淪，我輩皆不及見也。

林老：稼宗近來身體如何？每天做些什麼事？家中還剩有書麼？他今年七十有幾？

張老：他的身體比你我好。他到我家三十多華里，步行的。念佛，念《金剛經》。書「四清」全部燒光。虛七十有七。

林老：我兩個兒子昌午、昌庚和二女荇若都跟他讀書。當時他在油坊集江浦中學教書。我一度同他見過面，人多，未有多談。我在他宿舍睡了一覺，以後就未見過面了。人事匆匆，歲月如馳，皆老了，總想和他見一面談談。他同你一樣，喜歡研究佛學，大概是喜歡淨土宗，皈依印光大師。能把佛念好，是有享受的。我江浦有個朋友，叫鄧西亭，是專心淨土的，後在本縣獅子嶺兜率寺削髮。他很好，像稼宗一樣。我在江浦時，不時同他見面，我很受他的益。他纂集一部佛學的要旨，四大厚本，封面是我題的字，恐怕這次燒了，可惜！子退，他很好，很淡泊。自解放後只受過一次衝擊。他的絕詩作得好，溫柔和藹。我在烏江，經常同他見面，他也不時到我家談談書畫。他也喜歡畫山水、小品，少年未用過工夫，無根底。他的兒輩都很好，他跟大兒子生活，他自己無工作，沒有收入，靠二兒子寄幾元零用。

張老：昨天在南京見自明，提起他初見鄧君，非常佩服，寫信給我說「鄧是林散之一流人物」。我那時認不得鄧，我回洪信「不要亂說，林散之少有人可比。」那時鄧是教授，你是蒙師，我就斷定自明錯了。後來我和他交往幾次，評他「雅得太俗」，自明也服了。鄧衡權，南京人，浙大教授，有詩書畫名，著有《顧堂集》行世。

林老：「雅得太俗」這四個字，千古未聞，奇論也。我每天要睡睡，有時要上下午都要睡，精神不行了。記得麼，從前在江上草堂，和你及章敬夫談到深夜，不知疲勞，現在只能八點多鐘就要睡了，這才知道我們老了。章敬夫是死得不知下落。兒子早死了。主要因

他兒子死，他不願活著，又加上受到種種壓迫。他性情古怪，是活不下去了。在死前在和縣同他見過一面，本冬就不知死在什麼地方。

張老：敬夫遭遇很可痛。他的詩文我未見，但有真眼。考據工夫深。他的《荀子札記》我見過，每條標甲、乙、丙、丁。甲必存，乙可存，丙可棄，丁必棄。凡甲、乙各條，附王念孫《讀書雜志》無愧色。現在通考據的，僅一自明，可歎！

林老：敬夫雖能看文章，有瑕必見，逃不過他眼，但他不能動筆，才氣弱，詩不能作。

張老：敬夫遭遇，我很難過。栗庵先生家子孫如何？伯熙是否還在？昌庚侄說，你能步行二十華里。我只能走十華里，還吃力。近一年血壓正常，久坐頭昏疲倦。老了，不容諱言。但在南京，與自明談兩個上午，全未休息，也毫不累，興致豪情不異當年。老了，注意休息營養。五十年前烏江兩個教蒙子的少年，目空今古，氣吞八荒。今在盛世，白髮聚首，不應衰縮。我平時九點多睡，不死板，到十一點也可以。什麼時候睡，聽兄便。

林老：明天再說，我有病吃藥。

張老：你在院內打拳，我從窗內看了，很純熟柔和。

林老：我學的是楊太極，是從南京一位名手學的，又從揚州各地訪問兩個名手。

張老：我當年學太極拳，動機不純，是混學分。當年體育不及格不能畢業。我哪種球都不會打，只好學太極拳。師教之諄諄，我聽之藐藐。楊派印的書我看過，理論與李先生同。「意識領先」這一點，打的時候，就順著程序心念每一將打的動作，同念佛數數和禪宗參話頭的作用相似，對不對？

林老：對得很！就是要抓住話頭。不過講是如此，做起來就難乎其難。有些人講得理論不絕，打起來毛病百出，就是出了十大要領之外。為什麼要注意十大要領？就這樣不行呢？太極拳是個練氣動作，十大要領，就是控制著不使氣上犯，要氣沉丹田，入於氣海，一切雜念不能讓它亂起。講很容易，做起來實在難。我為了太極拳，花了不少時間，從師訪友，費盡苦心，不是馬馬虎虎學點玩玩。我已經學了十五年了，最近兩年更有心得。邵子退被我教會

了，並且打得很好，很沉靜鬆柔。他常說，這確是一種性命之學，終身不離它。

張老：《西遊記》全是架空，沒有事實。《儒林外史》《水滸》《紅樓夢》等都有事實根據，筆者加點渲染罷了。《水滸傳》無言不武，《紅樓夢》有字皆香。《聊齋誌異》，蒲公不愁吃飯不得餓，在書齋裏去想鬼呀狐呀，寫了這部大書。我親自聽說這個人是忠實之士，說的狐的事，一在蚌埠，一在梁園，確鑿不疑。我早這樣想，蒲留仙交遊廣，見聞多，聽的異聞多，逐年記下來，故曰《誌異》。所以今天持問，栗庵先生與狐仙往事，證余推測《聊齋誌異》之大不差。《閱微草堂筆記》《子不語》亦同類耳。

林老：我遠遊時，住在長安，遇到一次狐仙事。與齊堅如（德國留學博士）同時遇到。他是個新知識分子，不相信這一套。自這事發生，他才有點相信，不敢否認了。關於長安遇狐事，我睡一下，再細細寫給你看。去年齊堅如來信，還提到此事。齊現在合肥安徽省農學院，是副院長或教導主任？關於栗庵先生事，一時寫不了。他的書法高得很，胎息晉唐。他常對我說，讀書要做一個真讀書人，不能用假學問騙人。世上讀書人，大都是騙子，騙功名。所謂真讀書人天下少。又謂做學問要三四十歲定下來，有了方向才好做下去。若在這時做錯了，虛名已成，年齡已壯，別人就不好進言了。把古人和其他一切人看得很微，這就誤了一生，不能脫出此境。我學畫，就是這個過程，就是張先生把我介紹給黃賓虹，得到了名師，才轉入正途，不然，就糊裏糊塗，自以為是，誤了一生，至死不覺悟，真可歎也。

張老：栗庵先生文章，不落桐城窠臼，卓然成家，考據深邃。據你和敬夫說，張先生讀書所得，批於書眉。張先生書損失，國家文化財富，極為可惜！中央大學聘過張先生，先生未去。聽你們說，伯熙通《內典》，可能也是家學。安慶胡淵如先生，中大老教授，長於老莊、理學，也好詩文書法，也有名，你知道否？張先生是真進士，胡先生是真舉人。

林老：張先生著作，都損失了。他一生學問，大部眉批，有《四書札記》，《諸子箚記》。《四書札記》我處有的，這次損失了。《諸子

箚記》未印出，稿本不存在了。張先生通《內典》，長子伯熙更精，尤精老莊之書。《莊子箚記》我曾抄在書頭上，收存家中，這次也損失了。伯熙善談，過於其父，有些未經組織著述，都損失了。所以有些名家在未死之前，即將本人平生著述印出來，免於損失。張先生他不肯這樣做，認為這是可鄙的事。我們曾幾度建議他，要在生前搶印出來，他不以為然，這是個失著。他除經學文章和諸子評論，還精於醫學。他的醫學極精明。我有一次大病垂死，是他救活的。他有幾本驗方，是他平生看病積下來的，也未印出來損失了，他家是一無所存了。這個人在安徽、江蘇兩省是難見到的。他是博極群書，眼不停看，筆不停寫，人要請他看病，總要用大車接，一邊是人，一邊是書。他在百忙中，總是要看到半夜書，未明即起看書。

張老：昌庚說，他那裏有幾箱書，烏江損失很多。我的書經過三厄。一、民國二十二年合肥水災；二、日本侵入；三、「四清」。這次回來，大小還有十四箱，可能比你和自明不少些。還有三十多種書畫，半數是珂羅版，半數石印，將來送國家。你處存多少？此次回去，抄目錄給蓀若，她要，就送她。

林老：我的書籍，主要江北損失多，尤其是舊刻碑版字帖，全部都遭破壞，點點無存。南京處，存放在畫院的，被紅衛兵搶光了（因抄畫院附帶抄走的），僅僅放在林學院庚兒處兩櫥尚未損失，但已經零亂不全了。你處如現存書畫方面，尚有什麼品種，能否將目錄抄寄來看看，果如我目前尚需用的，請割愛送我一點，其餘不要的就不必了。我的書籍，談起來很傷心。國家對我們有恩，不忍心再談。我有一本明拓禮器、明拓《石門銘》和《石門頌》、初拓《爨龍顏》、三奧本《聖教序》、明拓《張猛龍》《賈使君》、初拓六朝墓誌和唐墓誌八厚冊。至於書籍方面，有許多明刻本如《史記》《漢書》《全唐詩》《杜詩鏡銓》（望三益齋本），金陵官書局刻本乾隆本《七經》和御纂《七經》，同文本《通鑒輯覽》，都遭揩屁股用了。真傷心！今天不願談這些話。

張老：我的書經過三厄一部分，大部分是我交的，實際是四厄。第四厄就是紅衛兵抄去一部分這內中宋元明理學書，一般是《四部叢刊》《四部備要》。《四部備要》不值珍惜，我有八種清人名家墨

蹟，經過張開老鑒定的，可以不疑。內中梁讞墨蹟被紅衛兵抄去，是真的，不免可惜。還剩有梁國治墨蹟一本，未經開老鑒定，這次帶來，請你鑒定。梁山舟、梁讞、梁國治並稱「三梁」。梁國治是翰林，官很大，與乾隆和詩。此冊前面有他應制之作。

林老：寫的雖不如山舟，但不假。

張老：我認為此冊有帖味，碑味少，不如山舟，我相信。

林老：館閣氣味太重。我總想到合肥去一趟，看看老朋友。將來到合肥，再轉到你家，同稼宗見見面，再由全椒回南京。目下因兩腿酸痛，不能多走路，醫生說是坐骨神經痛。現在吃中藥，略好一些，未能根除，不能遠出。一俟好了，即當攜蓀若女同完此願。今後請你多寫信，以結暮年筆墨緣。

張老：今天我不是八千里外的張汝舟，是一百四十里外的張汝舟了。交通又方便，從巢縣轉汽車到欄杆集，到我家只五華里。五十多年，老是我訪你，你和蓀若一道回訪我一次，該可以吧？

林老：你到合肥，看望尚啟東，他是久病的人。在去年來信，說不能起床，病複雜得很。他自己是個名醫，也不能看好，勉強維持現狀。省裏對他是非常重視，原來只看半天病，都是外省外地人找他看，無法辭卻，都是外地朋友介紹去的，只好扶病起來。單是我每年要煩他好多次。都是鄉裏人，託我介紹的，無法辭卻。做個名醫真苦，名累人了。他幾次想來我處玩，不能如願。你這次見到他，虔誠地替我問候他。

張老：我的話，未答覆。你比我體強。

林老：明年春暖，有機會的話，我同蓀女一同到你家，再約王稼宗來，把四十年前在我家江上草堂的興趣，作一番狂言讕論，卻是人生最高興的事。

張老：暮春三月最好，暑天太熱，葷素菜供應又少，不便。

林老：要是把洪自明拖去更好。

張老：他有課，不能請假。從巢縣轉車到欄杆集到我家五華里。從合肥到肥東縣轉車到高亮公社，到我家十華里，是公路平坦。

林老：你家現有幾間屋，能否容納下這些狂人？

張老：我家有六間草屋，去年新翻的，高敞寬大，明窗淨几。

有煤爐，沒有電燈，罩子煤油燈。

　　林老：果能如願，《儒林外史》上人物齊全了。這不是雅得太俗，而是雅得要命了。兩個聾子對話，筆飛墨舞，有趣，有趣！〔註4〕

是日，先生又致書邵子退：

　　子退老友：

　　到南京從昌庚訊問近況，一切樂觀。今日到和縣訪散之父女，過烏江未能下車約你。公事不能耽誤，這是第一要事。業餘畫點畫，寫點詩，等於下棋嘛！是可以的。蒙若示我大作四絕，清婉可誦，佩佩！第四首有寄託：「多種向陽花」。葵花營養價值高，比種桃柳強。尤其向陽花，暗指毛主席紅太陽。做這樣舊詩好！

　　　　　　　　　　　　　　　　　　　　　　　弟張渡上

　　　　　　　　　　　　　　　一九七二年十月十六日夜於安廬

　　是年秋，先生作詩一首寄予邵子退：「生平不解藏人善，佳句逢人到處誇。不植夭桃與楊柳，門前但種向陽花。」〔註5〕

　　12月12日，趙樸初簡介胡志明《詩鈔》，並有和作一絕，先生佩仰之餘，興和一首：

　　《國風》是我詩壇祖，時代不同應變風。

　　今日必須「詩有鐵」，敵人有膽試交鋒！〔註6〕

　　12月31日，張葉苔至南張村。葉苔自七八歲離開南張，四十年未歸。

　　是年，林散之作《代函十首贈張汝舟》：

　　江上匆匆憶草堂，秋燈寒夜話更長。卻憐一別江南路，生死歸來兩鬢蒼。（汝舟自烏江別後，由湘入黔，已四十餘年矣。）

　　君耳大聲我更甚，一番對話仗毛錐。慰人手腕同康健，燈下雙雙筆似飛。（君耳已聾，余耳更甚，兩人相對，全憑筆談。）

　　陋室堂前花似血，歷陽城外月如霜。思人不盡秋風感，自愧多藏已厚亡。（予藏書事變後全部喪失。）

　　同受國恩同受寵，不成名器不成坯。千金買骨涓人重，況是琳

────────────────

〔註4〕韋童整理《兩個聾子對話錄》，載林散之研究會編《紀念林散之先生誕辰110週年文集》。

〔註5〕邵川《我愛向陽花》，載《紀念張汝舟先生誕辰120週年全國學術研討會文集》。

〔註6〕見先生1972年日記。

琅屈宋才。

未能涓滴報天恩，空負微名江上村。知在欄干詩思好，共將心血薦乾坤。

文章自有青萍價，譁眾要名實鄙夫。真讀書人天下少，願公立說繼鵝湖。（君深於樸學，著有《夏小正箋釋》，待刊傳世。）

擔囊長去八千里，故土違離四十年。誰謂相逢不相識，書生狂態尚如前。（君昔年在合肥中學任教，與全椒魯默生稱張顛魯狂。）

盧植猶能抱一經，讀書種子賴斯人。愛他讀罷無多事，日飲千鍾筆有神。（君與青陽洪誠為至友，洪善飲，亦精於樸學。）

屏屏弱女感恩情，擬列門牆授一經。好待明年三四月，堂前叩首拜門生。

馬氏帳前羅弟子，鄭公門下有詩婢。應憐墜緒茫茫日，不付蘭蓀卻付誰。

是年，林散之又作《臨江仙·和黔南張汝舟》：

豪氣未除人老矣，平生幾度橫眉。蠹魚心事各相違。最難湖上月，猶照讀書幃。念絕花溪張子野，清詞想入非非。煙花五月看春歸。癡人書字懶，辜負雁南飛。

1973 年（癸丑），先生七十六歲

在全椒南張村。

2 月 20 日，為林蓀若畫題詩：

文化千秋業，何瓊一臂擔。挑燈形影只，著墨鬼神歡。豪興幾忘倦，永宵未覺寒。江山無限好，傳與萬方看。

3 月下旬，先生外孫馬先隊赴巢，從王恩雨處得亡友李吉行七律一首，並未付郵，讀之不免感悼，錄存之。詩曰：「卅年塵海音書絕，一夕南鴻迅羽投。傷逝每令煎百慮，開緘頓遣破千憂。小山叢桂遲芳躅，北渚歌聲記倏逝。頭白著書今就否，殊方何事苦淹留？」李吉行，字和兌，中央大學中文系畢業，曾任國立東南大學文學院講師、安徽公學國文教師。抗日戰爭爆發後，執教於重慶中山大學柏西分校。1947 年任嘉山縣立中學校長，兼任中大及江南大學中文系教授。建國後歷任嘉山中學和滁州中學校長，喜書法能詩。〔註7〕

〔註 7〕見先生 1973 年日記。

5月19日，覆王鼎三信：

鼎三弟：

四月十三日信，收到好久了。

來書說你上月到貴陽開會，聽項先生說，省委已正式批准貴大、師院七名老教授退休，有我在內。復云：「又據聞組織曾一再強調『老教師歸隊』，也有私人說要請先生返黔。貴州形勢仍未明顯好轉，生活供應困難很大。先生與師母都年高，以靜養為宜。必須這邊領導有明顯特殊表示，派專人去接，方可返黔。如鄉居醫病困難，是否可移住南京或合肥。」情切誼深，考慮周到，至為感動。但「特殊表示，專人去接」是要的，而不是主要的。主要的是貴州尤其貴大方面形勢有相當明顯的好轉。否則重複上當，吃二道苦，就不必了。將來住城住鄉，在皖在黔，未來事不能說死，看客觀形勢發展而決定，主觀願望是白費。

老弟說，我與師母都年高，以靜養為宜，而事有大謬不然者。葉芬是個小學負責人，開會多，並無固定場所。今天在公社，明天在大隊，後天又在鄰社鄰隊某小學，遠的十多里，最近的三五里，有時夜22點才到家，家務背上二老沉重包袱，在服侍方面，雖多由孫子們負責，而醫藥、補品、糧食、紙煙……一切一切，哪一件不要她操心？小學她一貫負責，得到領導和群眾好評，在這種黨群鼓勵下，任何重擔，也說不得。她也年過五十了，我不免心疼，要她每晨吃兩個雞蛋，她和師母一樣，捨不得吃，捨不得喝。就這樣，村內近房一個侄子，還不斷給她刺激，造成葉蘆、立楷（杭生）與葉芬之間，互不諒解，形成家庭內部矛盾。今年三月才摸清情況，家庭不平靜，二老心不安，毛病就出在我這位侄子身上。他比葉蘆大一歲，當過多年大隊書記，現在還是大隊副書記。家庭看看就是兩年了，還未平靜。責任也不能完全推到我這位侄子身上，葉蘆「偏聽則暗」，葉芬「挺不住氣，好吵」，兄妹互不原諒，影響二老身體心緒，他們彼此不考慮這方面。只是出問題，葉芬很難過，金華方面不知道，也不怪他們。我的這位侄子是極苦孩子出身，文盲，年紀快六十。由於學習差，舊社會迷風土俗，破得不夠，又加上不瞭解金華、南張雙方經濟情況，自以為近房，又是黨員，要站

出來講「公道」話，結果，很不好。這些家庭瑣事，本不足談，但我們關係不是一般師生關係，承你關心我和師母「以靜養為宜」，這點情況，不能不說一點。

其次我從「靜養」想起「動養」，動而心安可以養，靜而心不安還不能養。有些人也許說「張某又在搞唯心論了」。不妨婉言回敬：「先生，我不是搞唯心論，精神治療是近代醫學所提倡的（靜坐），何況我是老高血壓患者？」醫家對高血壓患者有四句口訣：睡覺要早，吃飯莫飽，走路莫跑，情緒莫惱。四句中最後一句尤重。我以事實說明。去年九月上中旬，我到南京、合肥治眼。在南京住六天，到和縣林先生處過兩天，到合肥住三天，其餘連途中共半個月。在醫院候診，與老友暢談，公共汽車，車站又不在旅舍與醫院、學校門口，要走一段路，半月之內不睡午覺，白天、晚上也不能像在家靠著，只能坐著。這在我算是「動」了，而血壓並沒升高。由於老友相逢，洪先生分別了 19 年，林先生分別了四十年，雖勞一點，興致高，當然「情緒不惱」。反之，我和師母睡在家裏，還說不「靜」嗎？可是由於心不安，發點脾氣，就出毛病，事例具在。

我的工資，昨天匯到。項先生之說，已兩個多月了，可能已成過去了。這封信希望靈活分析，分析我的看法是否正確，給我幫助。「特殊表示，專人來接」是次要的而不是主要的。主要看貴大形勢是否有相當顯明好轉，已如前述。又如「我不要求進級加薪」，這是我一貫不追求地位工資的素養。可是我拿一百零幾元，趙拿一百八十多。如果那裏領導不考慮這個問題，群眾也不提出這個問題，又從何處看出「形勢有較明顯的好轉」？還不是烏煙瘴氣？我和趙較量，我無恥，但這是一個關鍵性問題。機警而不鬼祟，警惕而不萎縮，這是多年老君煉丹爐裏煉出來的，這要感謝他們幫助。上面已說「孫悟空的煉丹爐，該有千把乃至幾千度高溫，我被投入的只是普通的火爐，至多百把度高溫，所以收穫不大。收穫不大，有點收穫。」過去你和洪先生、科模早有了幾次勸誡，我不接受，就是我死抱著「不鬼祟」與「不萎縮」，不懂「機警」與「警惕」。但我不悔，話長，不說了。〔註 8〕

〔註 8〕見先生 1973 年日記。

8 月 19 日，張盛榮為先生抄寫《夏小正校釋》。

8 月底，中共十大召開，江青、張春橋、姚文元、王洪文在中央政治局結成了「四人幫」。

10 月 1 日，林散之女婿李秋水作五律二首，並言：「余卅時便慕汝舟先生之名，此詩稿請蓀若姐斟酌後能轉呈汝舟先生幸甚」。詩曰《呈張汝舟教授》：

> 海內張夫子，堂堂一代師。嘔心精解字，揮塵偶吟詩。春發花溪早，帆懸牛渚遲。我從對話集，博雅見鴻詞。

> 萬里黔州路，歸歟賦遂初。爬梳兩鬢雪，裳括五車書。門下多才俊，盤中只筍蔬。低徊沁水上，樂事客耕鋤。〔註9〕

10 月 23 日，高朋夫婦來先生寓所，並說：「你過去是我先生，今天也是我先生，今後還是我先生。」〔註10〕

1974 年（甲寅），先生七十六歲

在全椒南張村。

5 月 1 日，先生作《祝五・一節用主席詩文吟成一絕》：「雙投歐美一還東，抽劍崑崙三截同。能向人間見上帝，移山自古有愚公。」〔註11〕

7 月 26 日，先生讀李約瑟《中國科學技術史》，寫下評論文字：

> 李約瑟教授是英國著名的生物化學家，著有非常著名的《胚胎學史》。但李教授精通漢文，對中國古代科學技術用力三十年，1954 年他的《中國科學技術史》首卷出版，大家公認是當前國際科學史的權威。以後每一卷續出，已有五卷，都得到學術界的重視和稱許。他以七十四歲的高齡，精力充沛，預算以十年時間，完成《中國科學技術史》最後兩卷。《中國科學技術史》舉凡數學、天文、地理、物理、化學、生物、工程技術、社會背景等，無所不包括其內。

> 他研究從第一世紀到十八世紀期間，由中國輾〔註12〕轉傳到歐

〔註9〕邵川《李秋水先生藝術年表》，見安徽省和縣文化館主辦《和縣文藝》，2020 年第三期。

〔註10〕見先生 1973 年日記。

〔註11〕見先生 1974 年日記。

〔註12〕輾，原作「展」，誤。

洲的重要技術發明，可以很清楚地列舉的，已有二十四種以上，其
中在中國已發明使用已千年或五百年至少百年，才傳到歐洲。三十
年代很多人以為只有西方社會才有科技，歐洲人是天生地比別人多
些聰明才智的。李博士以為有這種想法的人，真是愚不可及。他雖
不止一次地說過，在現代科技登場前的十多個世紀，中國在科學技
術方面的積聚是遠勝西方的。李博士見識高人一等，才能發出正確
見解，寫成不朽名著。他除學識廣博，對歷史有興趣外，他還有一
顆正義的心。李博士不像其他一些科學家一樣，將自己封閉於實驗
室裏，不問世事。在三十年代期間，他是激進派科學家之一，極注
意科學在社會和政治上的影響。一九六八年他在劍橋大學演講中，
公開地承認，假如他較年青，他一定參加在美大使館外反越戰的示
威。

　　正由於李博士有一顆正義的心，所以他能夠實事求是，說公道
話。不但論定從第一世紀到十八世紀中國科學技術對世界貢獻之
大，並反對五十年前中國提倡師事西方，他說，歷史證明是荒謬絕
倫的。他又估計中國今後科學技術，中國一定不會照搬外國的辦法，
而是結合自己的一貫的特色，找出一條新路來。它的經驗會使全世
界受益。前年 11 月 19 日《參考消息》傳錄英國《泰晤士報》丹尼
斯‧希利一篇訪華報告。內中有這句話：「中國的確有可能在二十
一世紀建立一種像它在一千年以前那樣具有特色的給人以深刻印
象的社會與文化。」李博士已出版的五卷《中國科學技術史》及今
年四月的演講，把希利先生的推斷更確實地表達出來。長世界文化
革命之威風，滅超級大國橫行霸道之志氣，可見除一小撮頑固派，
全世界二十億人民，人同此心，心同此理。希利先生說，中國「政
治方面的成就是一場真正的革命。而這種脫離政治的情況，在今天
的西方乃是一種共同的現象。」李博士也說，「……在政治方面，
要防止出新的特權階級及回覆到官僚統治。他們對於中國黨的各項
運動、各種方針政策，多麼深刻領會！」他們有一顆正義的心，關
心世界，不是封鎖實驗室裏的書呆子。所以李博士對中國前景，承
認有困難，但他非常樂觀，說，「中國以往所面對的困難，有目前國
家所有制之下，是一定能解決的。」李博士在英國未得博士學位，

由來英法的博士不像美國那樣濫給。今年四月香港大學邀約李教授
來搞講學，贈給他榮譽博士學位。〔註13〕

9 月 29 日，先生之妻王寬安去世。先生悲痛萬分，撰輓聯曰：「鬥霸鬥
修，名傳眾口；再接再厲，追步芳蹤。」王寬安（1898～1974），生於巢縣（今
合肥巢湖），一生在南張村生活二十餘年，在湖南生活七年，在貴州生活二十
餘年。為人坦蕩，密友甚多。〔註14〕五歲喪父，勉力承擔家務。樂善好施，
常言「苦己不漫人」。〔註15〕

10 月 5 日，張葉芬撰寫《先母七十七年》。

10 月 6 日，馬先隊撰寫《先祖母追悼會紀要》。

11 月 17 日，收到貴州大學韓建芬來信：「噩耗傳來，悲痛萬分，張奶奶
竟與世長辭了！她一生儉樸勤勞，為人耿直、慈祥。這不幸的消息傳給鄰居
們知道時，個個歎息，回憶起張奶奶生前的種種美德……張奶奶死後舉行了
如此隆重的追悼會，我們得知後感到一點慰藉，她老人家應該好好紀念。」

先生讀吳幼源、黃秉澤合撰《試論曹雪芹的尊法反儒思想》，有評論曰：

這一段話好好玩味，才會讀《紅樓夢》，才會讀一切優秀古典
作品。也才能會創作文藝，會說話。一個人天天要說話，要行動，
天天在表演，本人接觸的「場面」和「情節」。「大中見小，小中見
大」，帝修反頭子，是大人物，天天表演大的醜劇，自以為得計。
我輩小人物，天天也在表演，不能從報刊裏「大中見小」，那自己
也就不會「小中見大」，吸取經驗教訓，小人物也會不斷常演小醜
劇，而不自覺而已。好在小人物，危害不大，但「小丑」也逃不脫
群眾雪亮眼睛。懂這一段話，不但會讀書，會搞創作，會讀報紙，
把新人新事，「大中見小」，做一面鏡子，照照自己，加強識力，提
高階級愛憎。如果說報導是別人事，與我無干，那就太可惜了！可
愛的八點鐘太陽，哪會要我十九點太陽的老朽饒舌呢？〔註16〕

是年，先生居南張村。平日故里鄉親不斷前來串門，尤其是中小學教師
經常來問學請教。先生此時便放下書本，熱情交流接待。從先生回鄉的零星
日記中可見，登門問學求教的多半是附近章輝、石溪、大墅公社，鄰縣肥東、

〔註13〕見先生 1974 年日記。
〔註14〕馬先隊《先祖母追悼大會紀要》，馬先隊家藏稿。
〔註15〕張葉芬《先母的七十七年》，馬先隊家藏稿。
〔註16〕見先生 1974 年日記。

巢縣中學，以及南張本村的中小學教師、文史愛好者，如金永祥、張盛榮（肥東一中）、章輝中學馬姓、王姓老師等。稍遠的有六安師專傅軼群、南京一中范培元等。〔註17〕先生的學識與人格魅力使得遠近前來聽課的人深深折服，據張盛榮回憶：「我等久聞張教授大名，早有仰慕之心。今天得親聆教誨，實乃三生有幸。老人的深入淺出，化腐朽為神奇的教學方法，令我等歎為觀止，尤其是張教授的人格力量更深深地感染著每一位聽課老師。」〔註18〕

1975 年（乙卯），先生七十七歲

在全椒南張村。

7 月 10 日，先生致書謝業廣，提及《儒林外史》之研究：

> 業廣老弟：
>
> 別後數月，未通音訊，傳說你校承擔「儒林外史研究」工作。校內任務緊，上面對此項工作，並不急催，所以「評法批儒」工作，在半停滯狀態中，是不是這樣？
>
> 別後不久，從大墅張校長那借了《儒林外史》，細讀一遍，寫了近兩萬字的《儒林外史提綱》，內容見給劉家祥同志一封信，此信由先隊帶到古河發給老弟看一下。現需要參考改寫，大大的改寫《移家賦》一段，初步指出吳敬梓政治思想的進步作用。
>
> 奶奶逝世後，裏資過大，向西南老學生每人借了五十元，但按各人經濟情況，兩年內還清。這內中有昆明一位子孫患胃潰瘍，須大量輸血開刀，他愛人來信，不能坐視。
>
> 老弟急代籌三十元或五十元，交先隊匯出。明年春節後，暑假前分兩次還清，不誤！
>
> 祝
>
> 全家好！
>
> 汝舟
>
> 75.7.10〔註19〕

7 月 26 日，先生於愛妻去世後，猶自傷悼，作《從一個亡兒葉葦的舊書

〔註17〕見先生 1974 年日記。
〔註18〕王延起《緬懷張汝舟先生》，載《紀念張汝舟先生誕辰 120 週年全國學術研討會文集》。
〔註19〕謝德川家藏稿。

包想起》，文曰：

亡兒葉葦，我們生的子女第五個，乳名老五。虛歲 10 歲在藍田讀國立師院附屬子弟小學四年級，書包裏藏著他的作業幾本，語文教本一冊，中國地圖一冊，毛筆一支，成績冊一張，玩的彩色紙幾張。

這筒舊書包，充滿了寬安的血淚，是我今年清明掃墓三節新詩裏的一句「我們五十八年患難夫妻」的一個活生生的資料。子孫保之，永遠不要忘記「我們五十八年患難夫妻」！

那時雖在抗戰中，花書包可以買到，花布可以買著縫一個，寬安竟然找一塊黑粗布，縫一個小小的黑書包。有此母即有此子，小五孜並不比別的同學和媽媽吵，要花書包！

我們愛兒小五孜患水花轉肺炎，醫生說，「盤裏西林針有特效」，那時藥都是外國貨，奇貴，買不起，眼睜著望愛兒死去，舊社會傷心慘目，有幾個像我們「五十八年困難夫妻」！

聯想到我的愛女，是我們最小的孩子，乳名六姐。虛歲四歲，秋天因去年暑天避日寇，道途伏下病根，患痢疾。那時有一種鴿子蛋大黑色丸子，特效，是德國貨，特效。吃兩粒，吃不起，眼睜著看我們聰明活潑可愛的六姐死了！我們最可愛的小孩女小築，已經回到杭州，一年春天發水花轉肺炎，葉蘆來信說，我只對寬安說；「小築發水花」，不敢提「轉肺炎」。舊社會我們的老五死了，新社會我們的小築活了！新社會，痢疾不是死症，先父與六姐卻都因痢疾而斷送了性命，舊社會給我們夫妻腦子上刺上深深不可療治的創傷！今天寬安已解脫快十個月了，拋下了她最關心的老伴！老五未滿周歲，臨終抱著寬安頸子說：「媽！我對不住你！」六姐更小，不滿四周歲，那麼聰話，寬安說「我六姐真純，就叫葉純吧！」我同意，因他們兄姊學名都有草頭，所以叫「葉蒓」。她死了，我們生六個孩子，天老爺給我們一個沉重打擊，萬分傷心，無能保住愛女的生命！寫六首「哭蒓女」絕句，第一、第三首是：四齡弱女解承歡，粉拍雙腮漆潑鬟（音蠻），最是天長催午飯，母言待父笑倚欄。又，苦連苦藥誤吾兒，煎罷諸兄（葉芬在乾城，不在家）掩鼻離；母謂父言須飲此，吾兒滿口一匙匙！看！多麼聰話！呂家菜園

門前葡萄架下站著我六姐，遠遠看到我回來，就一跳一蹦，笑到廚房，笑聲送到門外，說「媽！父回來了！快些揭鍋！」又一幅畫面，面帶愁容的寬安，手捧一碗藥，拿著匙羹，說：「六姐！父說的，吃了藥就好了」她滿口滿口地喝了一碗藥。無能的父母，對我們六姐說謊，騙了他吃苦藥，吃了藥並沒有好。「吃了藥就好了」的藥吃不起，還騙了我的愛女，今天曬書，翻出小五孜一個小小黑書包，萬分感傷，寬安遠矣，獨自揮淚，這一幅酸心淚，對誰彈呢？更有誰聽我的話像六姐？更有誰像小五孜說：「媽！對不住你。」相反，大兒子說他「對起媽」，女兒違拗，兄妹正在火並，短兵相接，好像是八代冤仇！灑一下眼淚，他們愛鬧，自己搬磚打自己腳，干我什事？寬安，你安息吧！我不悲傷！但「太上無情」，我敢談什麼「太上」，實能是無能，是「太下」，又不忘情，不是老傻瓜！「硬頭鯽」自找麻煩，害了自己，也害了孩子們，這是不能免不了的了，不然也不夠格叫「硬頭鯽」。我這樣說，硬頭不會服氣，茅針戳一下就跳，越跳茅針越多。總是一母所生吧？遇到這麼一個不識趣、不聽話的妹妹，身為高級知識分子，忿恨從何而生？這麼大勁頭，打倒一個小學教師妹妹，雖勝不武！本是兄妹二人，識見淺，度量窄，只見己之長，擴大人之短，於是形成矛盾，地隔二千里，各逞英雄，本是兩個幼稚孩子互投瓦片，不值一笑。可是被別人利用，「山雨欲來風滿樓」，吹得小峴山亂擺，兩硬頭鯽是不是有點覺悟？自己說：「XXX挑撥我姊妹不和」，為什麼多次遞小辮子給他抓？茅針戳一下，就大發雷霆，「以後我不理他！」強丫頭！呆丫頭！你不理他，他理你，前天晚上他來了，「山雨欲來風滿樓」，「樹欲靜而風不息」，小妹說「大大不通世故」，真是知母莫如女。滁水裏硬頭鯽吃苦頭，可憐！錢塘江上的「左」派大學教師，被人利用，遠在二千里外唱得勝歌曲，算得意嗎？可笑！雖勝不武！寬安解脫了，我卻指不得死，寫道這裡，硬頭鯽送給我《參考消息》，我活著有點味道，所以捨不得死。見到黑布小書包，百感交集，但是我還要活下去！〔註20〕

9月21日，先生致王稼宗函：

〔註20〕見先生1975年日記。

稼宗兄：

九月十二燈下的手書敬悉！熱情亢直，一如少壯，誰信是八十老翁寫的？

熱情在哪裏？君家三代對張盛榮老師的幫助，來函甚詳；「熱情」，張老師很感動。其次「公美」、「仲尉」這個小問題，又是兩次函提的。兄不以為煩，第一次花一天半，第二次花兩天工夫，用放大鏡幫我忙，一般朋友，尤其八十老翁肯這樣做嗎？「池裏摸魚」，魚縱未摸到，為朋友這種「摸魚」精神，是可感的，也是可佩的！至於「亢直」，用南大洪教授的話說：「王稼宗金剛怒目」，弟不才，五十年只覺朋友之溢美，向我金剛怒目瞪眼睛的只老兄一人，次數僅有三次（連這次），瞪的對，瞪的大膽，一般人做不到。就拿四十年前說，歪好是最高學府畢業，安徽最有名的盧中教書，而一個教蒙館的對他瞪眼睛教訓，受者不但受，而且不忘，還幾次寫信給延起，對那兩次瞪我眼睛，至少提過兩回，如實記錄。目的希望「孝子賢孫」像祖若父。這種亢直品質，不能做過油滑混世的人。亢直也要看對什麼人，兄也是知道的，這次瞪我眼睛，還不是當面，話也說的婉轉一點，嚴厲不減。老兄鸚鵡之喻不恰當，使我聽很詫異，究竟從何得來？下面還要我把尊箚再看一遍，看了兩遍，我實事求是，只認八分錯、分兩分給老兄，尊箚那段全抄在下面。凡是打點的地方，是我看信疏忽，對朋友信看得疏忽，讀文件讀報刊還不疏忽？這是個大問題，該打手心！凡是打浪號的是：老兄在文字上有使我疏忽之處，包下來，也不恰當。

尊箚那一段：邵老說他這個虛名，是自己找的，怪不到別人。而林老卻賞為見道之言。其實並不奇，無所謂見道不見道。這與僧人回答鸚鵡說，可是聽者不同，是非大異。鸚鵡從此不語，因而獲釋，難道能教林老裝瘋嗎？徒傷其自尊心，引起恨張恨李，所以你見此情況，立引《筆論》中語：「一切諸法，緣會而生」。給以有力的回擊，是適當的。林老詩書畫三者兼長，何以書法獨售，緣會也，詩畫二者，緣未具也。

打點的「而」、「卻」兩個虛字，就疏忽看過去了，這兩個虛字，

就駁邵老，也駁林老了。「難道」這句疑問句，就是不同意林老學鸚鵡。一個「徒」字也疏忽放過了。簡直是駁斥邵老也是駁斥林老了，更把《肇論》作進一步發揮，有說服力，我統統都沒提，反而提「鸚鵡之喻不恰當」，兄詫異，今天我也詫異！這樣說我把十分錯包下，包下來也可以嘛，假如把問題交給一個人是謝老師、張老師都可以。他們也應該，不能我包下來，就下結論，也應該提一個問題：張某教語文，又研究語法、修辭，何致看信這麼馬虎？

如果仲裁不提出這個問題，「供」多少「信」多少，還不是修正主義者？所以把我十分錯誤分兩分給老兄讓張、謝兩位，乃至延起、先隊、德群，倘若延芬、典策、葉芬有空參加仲裁也好嘛。分給老兄那兩分呢？

打浪號的，邵老的話是錯誤的，不按實際情況講風涼話，而林老卻以為「見道」見什麼道，見形而上學的「道」。何以老兄說：「無所謂見道不見道」？說話走水了！要說是「聽者不同，是非大異」他們本沒引用「鸚鵡之喻」，老兄引之，使他們思想混亂，引這個「喻」是多餘的，打浪號的，我忽略「難道」二字，但上面已經有點煙霧。

這句話上面要加一句才能沖淡上面那兩股煙，林老受黨的深恩，他是人不是鳥，如果不說話，難道要……？」由此及彼，教國語的，張老師昨天交來的信，也有含糊的話。說「李贄四書注，沒有貶詞，可能是作定論？」他開始不清楚，我就傷了腦筋，要想一想：是李贄的注沒有貶詞呢？還是這本書照例有個「出版說明」沒有貶詞呢？因為從「可能作定論？」這句五字打問號，當然是後者，前頭就要交待清，免得看的人傷腦筋。被老朋友瞪了眼睛，回不了手，卻給新朋友一棒子，可笑！

祝

闔第健康快樂！

弟渡　謹覆〔註21〕

是年秋，門下弟子周本淳往南張村先生居所探望，追念往昔，感慨遂深。

〔註21〕王德群家藏稿。

1976 年（丙辰），先生七十八歲

在全椒南張村。

是年，「四人幫」被粉碎，文化大革命結束。

1977 年（丁巳），先生七十九歲

在全椒南張村。

1月6日，收到《歷史研究》編輯部來信，拒絕發表先生《西周考年》一文：

> 張汝舟同志：
>
> 您的大作《西周考年》我們已收到多時，後來我們又請北京專治古史的專家看過，大家的印象是：您老古曆法這方面是頗有研究的。但是不足之處，把立證依據放在西周銅器斷代這方面，因為您所依據主要是郭老的《兩周金文辭大系》，由於此書是幾十年前的作品，特別近二三十年來，銅器不斷出土，研究方面也隨之有所前進，例如有的過去被認為是上（早年）的，可是考查的結果〔註22〕是西周晚年的，也有過去認為晚的不是老則可以把其年代提前。如果根據不確切的斷代校準來推算西周之方是年，當然其結論就可疑了，基於這些原因，我們對尊稿不打算錄用。當然我們感到您老這方面花費了巨大的勞動，作過認真的研究，這都是值得肯定的，希望以後能對我們的刊物繼續支持。大稿隨信附上，請查收為荷。
>
> 此致
>
> 敬禮！
>
> 歷史研究編輯部
>
> 77 年 1 月 6 日〔註23〕

4月4日，覆孟醒仁信：

> 醒仁老弟：
>
> 得書久未覆，因有信託張盛榮老師春節回家赴你校訪問，昨天他來說他沒有去安大，所以今天才復。
>
> 我吃了一輩子粉筆灰，從來沒想過誰是我的得意門生。去冬在

〔註22〕結果，據文意補。

〔註23〕見先生 1978 年日記。

肥，老弟與景紹熱情接待，尤其景紹，四十三年斷了聯繫的人，與老弟對我一般無二，幾次冒寒風進城，幫我不少忙，是想不到的。在八中相處，那時難師難生，如同一家，至合肥六中，僅乎師生課堂見面。老弟畢業後，幾次通信於西北大學，告訴我，你是魯迅研究紅旗手，我很高興，你從故紙堆裏爬出來了。你到安大後告訴我，說我有個學生叫周景紹，我回信只說他是六中的高材生，連一個「代問候」也沒寫。一個四十三年沒有見面的，和他拉師生關係有什麼意思？而今天，景紹如此，就出乎我的意料之外了。

今天，我和老弟與景紹，從國家文化著想，要建立一種新關係。周總理《十大政治報告》說：「本世紀末，中國要成為一個四個現代化的強國。」現在到本世紀末，只有二十三年了，兩位老弟是可以看到的，這個我見不到了。哪一個人只要有「愛國心」，瞻望前途，必然歡欣鼓舞。如果沒有「愛國心」，還談什麼階級感情，還有什麼資格「棒打四人幫」？一切按國家需要與本人身體，能做多少，做多少，腦子里保留一些自私自利思想，一切完蛋。

所謂新的關係，要搞團結，不要搞分裂，要建立人與人之間這種新的關係。更重要的是破私立公，做一個全心全意為人民服務的人，到本世紀末，這二十三年中，要有一個躍進，在這段時間裏，任何一個公民都要努力做一個中國的新人。我雖老，但活三年、五年、三月、五月，也要向大海裏投一點水。我這塊廢銅爛鐵也應該投入世界革命、中國革命的大熔爐中，也可能鍛鍊成一顆小小螺絲釘。如果想得一個老當益壯，「老驥伏櫪」的虛名，還不是追求名利的四人幫一夥？先生老了，這一點還是懂的。「利令智昏」是二千年前司馬遷提出來的一句格言，而自利自昏頭的蠢人，還是層出不窮的。「文人相輕」，自古為然，各以所長，相輕所短，甚至也提了近兩千年，到目前，大小部門，搞不團結的還是有的。這是什麼緣故呢？自利自昏頭的蠢人，頭腦子昏了，眼睛花了，只看自己的長處，看不見自己的短處，只看見別人的短處，造成一個單位不協調的氣氛。資產階級唯利是圖，大家都知道，毛主席號召「毫不利己〔註24〕，專門利人」，一般人也熟悉。棒打四人幫，肯不肯棒打自己腦子裏的自利自私思想，先

〔註24〕己，原作「自」，誤。

生自勉，希望兩位老弟共勉。我們今後，搞好新關係，這一方面，互相勉勵，互相促進是必要的。業務方面，互相幫助，也是必要的，但是次要的。我也不知能活幾年，身體雖衰，但沒有嚴重的，可以致命的慢性病，活三、五、七年是可能的，就在這個短暫的時間裏，只要有點報國心，近在咫尺的安大，又有兩位互相瞭解的兩位老弟通通信，寄點講義幫助我，每年能有一次會面，或者我進城，一切看條件允可不允可，一切看教育革命需要不需〔註25〕要，決不能憑主觀願望，造成人力財力的浪費。此信，請轉景紹看一下。

許昌儒同學從你那裏借了十元，他寒假來說，先隊臨走退回，他用了，現在還了沒有？

又景紹的朋友王同志借給我十斤糧票，請你們代還一下，不久，託張盛榮老師送上。祝

健康進步！

汝舟覆〔註26〕

4 月 12 日，致書貴陽一中譚科模：

科模弟：

去年暑期，接到你一封信，感到一些不快活，寫了一封長信，因為拿不准，你思想有這麼大波動，是什麼原因，所以，這封未發。毛主席逝世，我的情緒很悲痛。九月十八日，在我們大隊開大會聽中央天安門追悼會。業芬等體念我身體吃不消，勸我不去。我說：「今天情緒壓不住，你把鋼筆和信紙擺好，我在家把我的心情告訴鼎三。」後幾天，又把給你的信改寫一下，打算一道寄出，結果未辦到。主要原因還不明了。你最近的處境，恐怕對你提的意見是無的放矢。今年春節後，得鼎三信，他說對老弟「愛莫能助」，我很詫異！3、4 月間我掛號復鼎三一封信，信中關於你也說幾句話：大意是說老弟與鼎三是唯一的知己朋友，「愛莫能助」，叫我怎樣理解呢？我只說：「科模是正派人，不能說愛莫能助；老弟把自己情況告訴我，我們還要『助』下去。」不知這封信鼎三轉給你〔註27〕

〔註25〕需，據文意補。
〔註26〕見先生 1977 年日記。
〔註27〕你，據文意補。

沒有，立即來信（望掛號），因為農村信轉到大隊，大隊人多手雜，常有遺失。

最近，貴大一位同事來信說：趙主任、朱先生先後逝世，學校開了個隆重的追悼會。這件事，在我看來，理所當然。趙、朱兩位先生既然解放了，毛主席指示，幹部逝世「炊事員也要開個追悼會」，何況大學主任和老師呢！這叫做從公心出發考慮問題，分析問題，如果把老的問題——張趙矛盾之類——糾著不放，就不免心裏有不平之感。這就犯違背辯證法的發展觀，走上唯心論的形而上學了。從貴大最近傳來的消息，衡量老弟去年夏天那封信，使我作上面的推想。不然的話，「害之者熱……」、「誹之者熱……」這一類的話，又從哪裏來的呢？現在，我推想，貴陽還有少數人不知道我，已經回故鄉了，對你散佈這一類話，估計人不會多。估計畢〔註28〕竟是估計，估計錯了希望你糾正，不要見怪。

無論如何，思想疙瘩自己去解。一切從國家利益著想，少從個人或親友方面，思想上沒有解不了的疙瘩，不要把自己的看法估計高了，把客觀現實估計低了，不妙！安徽有句土語，「看山打柴」。我認為，這句話有一點唯物辯證法的意味。引申之，就是說，見什麼人說什麼話，在什麼地方說什麼話，到什麼時代說什麼話等等。我更推演一下，不但看山打柴，也要本身的條件打柴：例如，打柴人，老少男女力氣不同，用的工具是鈍刀，或是利斧，又不同，那麼打什麼柴，也就不同了。毛主席教導，社會複雜，人的腦子也要複雜一些；凡事多想想，問一個「為什麼」？上一個月，我復鼎三信關於奉勸老弟，「家庭成份好，不足恃〔註29〕，二十年工作有點成績，不足恃，有進步的親友不足恃，已經加入進步組織，入盟或入黨，也不足恃……恃『名師』入室弟子，那就太可笑了！」恃什麼呢？學習馬列主義、毛澤東思想，清洗腦子裏存餘的不夠純潔的東西。個人的榮譽得失用不著本人去計較，先生老了（79），本世紀末中國要成一個四個現代化的國家〔註30〕，距離現在23年，我

〔註28〕畢，原作「必」，誤。
〔註29〕不足恃：原作「不作是」，誤。下同，徑改不注。
〔註30〕國家，據文意補。

是看不到了，老弟和鼎三是可以看到的。在這方面著想，你們有責任對國家獻出幾點血汗，這是正經事，鼎三春初的來信，說什麼等他兩年退休，「無責一身輕」，才能實現東遊計劃，我覆信用柳宗元筆法，「始而駭，中而疑，終乃大喜」。但不好說終乃大喜，因為沒有足夠的根據，只來一個「終乃提一個不成熟的估計」，一個多月，沒接到鼎三覆信，可能是我估計錯了。這封信轉給鼎三，有什麼說什麼。我在華東看的革命形勢很鼓舞人心。各省的發展形勢不平衡，但不會有大的差距，千萬不要對環境不滿。李俶元先生不是在貴州嗎，他八十多歲了，申請退休，鼎三是黨齡很高的黨員，有負責參加安順二中領導班子，年不到六十，怎麼提出退休的想法，先生老了，雖然看不到中國成為一個社會主義強國，但家鄉副食品供應充足，加之業芬和孩子們服侍周到，身體還很健康，血壓正常，三年多了，失眠症也好了，別無任何慢性病，特別是心臟好，醫生都說我還可活十年。先生是一個盲目樂觀者，多活一天，是幸福。多少有點陳舊知識，要通過你們接下來，也可能在文化戰線上起一點廢銅爛鐵的作用。主觀願望能體現多少是多少，用不著自己考慮。這正如鼎三說「隨遇而安」，這不是莊子混世哲學，而是毛主席教導「一切事不符合客觀實際，就要失敗。」

　　正由於政治水平低，又不願意隨心亂想，又沒有掌握到對方，客觀事實，只好憑以往一些現象去推測，就不能達到對方的發言，只所以然是什麼原因。一個月前，復鼎三的信，到現在沒有得到覆信，什麼原因，不願亂想。給鼎三信的大意是說鼎三與老弟，有些人說是我第一第二號得意門生，我也只好默認。最近五年，我有一點業務水平，不得老弟與鼎三幫助，帶到棺材去，主觀認為有點可惜。曆法天文，是科技，聲音訓詁也是科學性的東西，詩詞重要的新詩，能對文化起點作用，毛主席把文化與武裝並立，看成革命的大軍。老弟與鼎三都是年富力強，又有一定的政治水平，師生合作，幾乎能對國家，能對社會主義建設能添一磚一瓦。對兩位老弟說，我這一點愛國心是有的，將來完全看客觀，不但我不強求，你們也不要強求，「隨遇而安好」了。我同鼎三談過，「警惕不等於萎縮，機警不等於鬼祟」，鼎三來信，信封寫業芬，我也只好照辦。在我看，

我的警惕性很差，這樣做免得一小部分人疑神疑鬼。我還不相信，人間還有這麼多的人疑神疑鬼！

老弟去年夏天，有組排句，並且你諷刺一位□，我回信的稿子，現在還在，沒提到的□，內心很不贊成你提這一類人。現在，大家都解放了，同時人民內部提這些人有什麼作用呢？太小氣！這一類人，你說害我者均……

既然說「害」老弟，你付之一笑，相信黨，相信自己，怕什麼，你如果被少數害倒，活該活該！

「隨遇而安」，一笑置之，還不夠，重要的在少計較人，多鍛鍊自己，為國家獻點滴力量。

同無聊人計較無聊事，沒有出息！

要說的很多，希望你們以後來信，通訊處你們信封上寫：南京——全椒章輝公社田埠初中馬玲玲收。

疑神疑鬼的人，不要增加疑惑，增加他們的疑惑是我們的罪過，他們愛懷疑多少天，他們有權，由我們引起，我有罪。我們還搞什麼詭秘？信千萬不要燒。毛主席說「要團結不要分裂」，無緣無故，對毀我者、害我者，內心有反感，又怎樣搞好團結呢？不知不覺，自己滑到「三不要」一邊，很不好，姑妄言之，姑妄聽之，希望批評。

祝兩家健康，快樂進步！

汝舟覆

77 年 4 月 12 日燈下〔註31〕

4 月 22 日，接王氣中書信：

汝舟兄：

春節後，接連奉到手書並詩，比即分送自明、散之閱讀，咸以老友興趣之豪，精力之旺，不為耳目所限，為之慶幸。詠史寄散之之作，散之深有感喟，請天臒為鈔一份。未及送去，又得手書更正題目，因重鈔一遍送去，那知散之已回烏江，尚未歸來。原期見散之後再作覆，所以拖延至今。乞恕，乞恕！

頃接葉守濟函，他去冬回合肥，在醫院牆報上讀到老兄批「四

〔註31〕見先生 1977 年日記。

人幫」詩，想即抄示者也。「四人幫」不過歷史上一撮小丑，在當今正確領導下，已如春天的冰雪，當旭日而冰消瓦解矣。老友之詩，其旭日之一芒乎？葉兄在西北大學，去年退休，故作東南之遊。

尚待見到散之後再寫。敬頌

健吉！

氣中 1977.4.22

天朦附候〔註32〕

4月27日，先生致書弟子周本淳：

本淳老弟：

四十年不通音問，忽然蘇北飛來一函，情如昨日，喜可知也！兩首新詞《臨江仙》，語切事實，詞句工穩，大有詞味。一般詩人作詞，「句讀不葺之詩耳」，不足取。老弟次韻我的《臨江仙》，四十年前往事湧上心頭。那時難師難弟，情如父子，本不足奇怪。值得回憶的「矮屋絳紗」裏，一天來一個張振鴻，老弟對我說：「夫子之門，何其雜也？」我說：「他是少華派來偵察，怎麼能拒絕？」我話如此說，心中暗暗高興，居然有「子見南子，子路不悅」的敢於鬥爭的學生！我記得清清楚楚，你當然不會忘記。我們的矮屋絳帳裏大多是打狗腿子隊里人，老弟更顯身手，那天張振鴻要不是在我家恐怕免不了吃苦。高一部主任夏廉英到我們高二部，被學生大吼大罵，夏抱頭鼠竄而去。高二部對於這麼一個大職務、大人物敢於當面唾罵，這種風氣國立八中其他十部是沒有的。八中學生不少進了貴州大學，我也去了。在解放前夕反飢餓運動中，安徽學生都在學生會會長史健（滁縣人）旗幟下搞運動，結果史健和金春祺（全椒人）犧牲，坐牢的八九個。淮上健兒「名不虛傳」！這種性格，在舊社會要吃虧的。南大洪先生說：「幾千年舊社會一下子就改造好啦？」但在新社會吃點虧，不會有性命危險，一切自責，都體念國家，不必較量榮辱得失。老弟有才氣，有膽量，我知道。但遇事挺不住氣，缺乏涵養，我有點擔心。七二年秋和七五年秋，我到南京。我問范培元，他說你還在農村。去年冬在合肥見了顧紅，我又問，他說你們夫婦曾經一道到過合肥，我才放心。大寨精神就是踏踏實實。毛

〔註32〕馬先隊家藏稿。

主席教導——科學是實事求是，來不得半點〔註33〕虛偽和驕傲。先生老了（79），還覺活一天改造一天，老弟還可看到本世紀末中國成為一個四個現代化的社會主義強國。今後二十三年每一個人都要想想，怎樣為國家獻出力量。老弟古典文學基礎是有用的，好自為之，為國效力，不考慮個人地位問題，是所望也！

附寄《盲翁近稿》一份，希望不要亂傳。我對你家景紹說，亂傳「無益有害」，老詩人嘲笑「戲染髭鬚學後生〔註34〕」，新詩人可能要生氣，什麼陳規爛格，五絕、七絕、七律還想混進我們的園地！」老弟以為如何？

從你給林老的詞，好像你們沒有見過面，所說「湖上拜其顏」，恐怕是你許願吧！林老不輕易寫字送人，你通過什麼渠道「南天一紙遙頒？」其外人能得到林老的□□沒有，你同林老的關係始末，詳細告訴我。

單人耘兄、馮遠明兄，我想不起是誰誰，你代我問候，並把他們的情況告訴我。你愛人是何處人，什麼文化程度，幹什麼工作，有幾個孩子？望告師母。

祝

全家快樂進步！

汝舟覆〔註35〕

6月13日，先生又致書周本淳：

本淳老弟：

上月底接到你的長信和詩詞，內容十分飽滿，十分振奮！新時代活的這樣痛快——婚姻美滿、子女進步，朋友誼深，工作忙碌，詩文、寫作、藝術卓然可觀……這一切在你們同門中也不多見。你們同學中，有科學院研究員，有大學教師，有中學教師，有其他文化工作人員，這些不必比量。新時代一切工作都需要取得不平常的成績，才能夠在本世紀末「中國要成為四個現代化的社會主義強國」的這二十三年中獻出每個人的力量。先生老了，五、七年還不

〔註33〕「點」為奪文，據文意補。
〔註34〕此句出自劉禹錫《與歌者米嘉榮》，原句作「好染髭鬚事後生」。
〔註35〕見先生1977年日記。

會死，也要和諸位老弟不斷聯繫，有些殘稿零篇，加上你們的學歷，在中國革命熔爐中也許能煉一顆兩顆小小螺絲釘。這一點，為國憂思，老弟以為如何？

上月 29 日，離家到合肥治眼，30 日與小妹乘三輪車到安大，在周景紹家午餐。先後見到醒仁老弟與外文系楊稀明老友，從九點談到十六點，我喉嚨都啞了。也是四人幫打倒了，彼此可以暢所欲言。醒仁想調你到安大，同去的一位世侄吳慶稀在面（合肥三十一中教務主任）。大家有同感，醒仁雖熱心，有兩重困難：一隔省，二蘇北未必放。希望老弟置之度外。

老弟希望到肥，約醒仁、軼群到我家，彼此有想不到的快愉，越早越好。近在今暑，遠在明正。從合肥車站買票，乘兩小時車到巢縣的蘇家灣，然後轉車，半小時到欄杆，欄杆到我家只五華里。表侄王恩春在欄杆管理市場，汽車上下，他都在場，你們下車由他領你們到我家。從蘇家灣到楠杆公路不大好。如果久雨之後，你們不要在蘇家灣下車，直接買票到全椒古河，同樣當天下午有車到章輝，路好。次孫先隊在章輝醫院擔任院長，小孫女三妹在供銷社工作，章輝到我家十華里，公路已修好，不過還未通車。你們到章輝，也許有大隊、生產隊拖拉機把你們帶到家門口，後一條路線好一些。

王務蘭同學在美從事分子研究。兩年來有無聯繫？中美郵電關係是否有困難？望告。盡可能你和他通信。葉蘆現仍在浙江師院，高血壓嚴重，一男五女，大孫女、三孫女已結婚，有孩子了。長孫杭生，尚未結婚，三個小的孫女也都高中畢業，表現尚好。在南張三個孫子各有優點（小妹最狂，她愛好英文，聽過兩年廣播講座，又愛好文藝），她很贊成周叔叔的詩詞，我給她講了大作《送幼子參軍》，談藝術技巧方面所謂「鍊字、鍊句、煉意」。舊詩要求工〔註36〕穩，進一步要求詞意，通過爐火錘鍊。所謂「鍊字」、「鍊句」主要是為「煉意」。班超投筆從戎，遂平生志，被你煉成一句「得遂從戎志」。「丈夫亦愛憐其少子乎」被你煉成一句「丈夫憐少子」。「久煉成鋼」一句俗話，被你加一個字，煉成一句好詩「純鋼久煉成」。上面對一句「寶劍常磨利」，很工整，似從荀子「金就礪則利」化出來

〔註36〕工，原作「公」，誤。

的。開頭用班超典故為少子點身份，為新中國兒女爭光彩；「新朋壯汝行」，把舊社會徵兵「哭聲震斷恒陽橋」的意思就反映出來了。這就是煉意。中間兩聯教訓子有方，甚為得體，也算是煉意。結句更好，為本篇透露思想性，「真馬列」一個「真」字，反假馬列的旗幟就很鮮明。「慎勿務虛名」，正是防修的最要害的語言。隨便這樣說說，未必全是，希望你給小妹補充改正。以後來信只稱「汝舟師」或「汝舟吾師」，「汝舟夫子函丈」把先生推回三十年尊敬。四人幫垮臺，思想大解放，老弟解放到這樣稱呼等於推先生當古董店老闆，我不幹。我愛和小朋友在一塊，多是初中學生，我對他們說：「毛主席封你們是七點鐘太陽，我老了，等到一口氣不來，就是晚上七點鐘太陽，落山了。活一天，我學習一天，活幾年是幾年，一口氣還在，我總是下午五點鐘太陽。」老弟，你相信嗎？「老驥伏櫪，志在千里」，否則白吃人民大米。希望你來信，多辯論辯論，發揮你四十年前敢說敢講的風格。文言可以，要打標點，詞也要打標點，減少小妹的苦痛。我的眼睛76年春節突然惡化，不能看報，寫信也歪歪倒倒，近一年半寫的詩、長信等都是小妹和一個表侄孫幫忙。最近在城裏看白內障，還沒有成熟，到秋天復診，一開刀，就能看報、讀書、整理稿子。即使秋天還不開刀，急什麼，我對業苔多次說：「悲觀在思想上是腐蝕劑，在生命上是殺傷劑。」很多朋友說我是「盲目樂觀者」，我說「我盲目樂觀好」，縱不滿意，我先快活一段時間。後來失望，我還要盲目樂觀，不發牢騷。老弟，你還相信嗎？

　　祝全家健康快樂！代向單人耘同志問好。

汝舟〔註37〕

7月22日，中共十屆三中全會決定，恢復鄧小平工作。

7月26日，先生致書汪岳尊：

　　岳尊契兄老友：

　　其次在城，隆誼深情，全家感紉！

　　解放前，我輩暢和，兄處有全稿，深以為幸。希全部抄寄為感，另默生詩我處並無一首，尊處能寄一二更感。

　　大作《采桑子》，孫女小妹愛好文藝，朗誦再三，弟略為解釋，

〔註37〕見先生1977年日記。

告之曰：「汪爹爹是老詩人，你只欣賞他新詞，而不瞭解老詩人的藝術手段，要注意用詞，連珠式的步步緊的奧妙，更要知道詩中有畫。這次統戰會，實際就是「治全抓綱」，上兩句「治國抓綱」、「治皖抓綱」，兩個顯峰，後面帶一個藏峰，「治全抓綱」懂舊詩詞的人，可以看出下句「重掃烏雲見太陽」，不要忽視這個「重」字，是說掃「四人幫」以後，來一個批判，宋佩章等用一個「重」字，把這次會議精神和盤托出，以外還講了一點，不囉嗦了。三十年前拙和大作，有一句「天下石才讓八斗，魯郎與子各平分」，默生四斗完了，兄用新詞的藝術手段還用的上。兄的四斗應該還在，一笑。

敬暑安

弟張汝舟上〔註38〕

7月27日，覆名醫邊正方信：

正方契兄老友：

七月十四號大箚及佳什今天才收到，大隊積壓兩周，不知何故。在縣與會六天，獲益甚多。而醫界二公助我更多，大作文情並茂，誠為老手，甚佩，勉和，表示敬意，希指正。

回里後，不解藏善，逢人說項，引起鄰村對我公傾慕。適村中有王光應同志，年 39 歲，黨員，在肥東縣城工作，患氣管癌，上海、南京皆言不治，弟冒昧多事，為作一箚，由德群專呈。不知王同志已否到縣？公診斷如何，感激不啻身受，拙和另紙奉呈。敬祝

暑安

弟張汝舟敬〔註39〕

12月31日，王稼宗因火災遇難。王稼宗（1896～1977），名昆儒，法號慧則，安徽全椒人，為先生同鄉。王氏性格耿介，仗義執言，先生在全椒擔任塾師期間受辱，曾為先生鳴不平。先生在中央大學就讀時，王氏亦資助先生頗多。

1978 年（戊午），先生八十歲

上半年在全椒南張村。

〔註38〕見先生 1977 年日記。
〔註39〕見先生 1977 年日記。

1月25日，先生作《次韻業廣侄〈奔喪〉》四首：

一

馬廠名師王，心喪詎免傷。賜也獨盧墓，六年盡斷腸。

二

摩詰盛唐王，良朋邊與汪。培植賢孫後，乃祖道益章。

三

從學已升堂，死生事之常。誠能化悲痛，庶不負門牆。

四

紅光照路行，光明正大尊。太陽散分熱，分光自不沉。

1月30日，先生復汪岳尊信：

岳尊詞兄老友史席：

大箚又蒙重寫，感愧交集！歠生遺詩似乎僅存三首，不能投之糞土。尊作也才氣奕奕，兄則方逾而立，才已如此，來書頗以舊作不足重視。弟則以為歷史局限，爾時能馳縱毛錐，無塵土氣，即不易也。兄今日之《采桑子》讀的容易。口語吐出革命意旨，而舊的藝術手段，卻在其中。已與孫女二妹講，尊作指點一下，她好藝，也學學寫舊詩，新詩運用革命言語，但必有舊詩詞藝術手段，庶不致口號標語。

邊老之詩，功力甚深，其聽廣播絕句結句「抓綱治國政策明」一句，用新詞入詩，林散老無此大膽，邊老此絕句，用新詞正說明「聽廣播」感奮之故。弟當時尚未聽得「十一大」文件，勉和四首，未能將「抓綱治國」之雄偉政策有所發揮，遺憾。所以讀別人之詩，未瞭解對方作詩之背景，雖同時亦多忽略。讀古人詩更不容易，即在此。而兄以為何如？

王稼老不幸逝世，我輩皆痛悼。業廣侄《奔喪》四首，甚真切動人。弟和四首囑轉，二公賜教，不知已達請覽否。詞雨兄有悼詩，望一讀之。轉告德群，問曾向林爹爹、尚爹爹報喪否，尚知詩是否能詩，兄當知之。散老得靈訊，不致默默，可斷言也。

去年十月尾，赴省治眼，左眼已開刀，有效。因故未達醫士預期「可以配眼鏡看報」，約兩三月後到省再看。今天能親筆寫此數紙，不負去冬良醫之功矣。更可幸者，十二月中旬，回家過古河，

約業廣侄到馬廠與稼老作三夜之談，不料竟成永訣。嗚呼哀哉！來
書孫女讀，耳不靈，似乎談到年齡稱呼問題，疑問兄何至如此？三
十年前大作詩題，已經是「和默生」「和汝舟」，有的問題，古人不
可及，但事可比。李白比杜甫，孟郊比韓愈皆長十餘歲，是稱兄道
弟；南大洪城教授，小余十一歲，也是稱兄道弟。惟稼老長我三歲
〔註40〕，便反之，弟我而自兄。社會習慣，稱豈不知？如此，是視
我如弟，親之也，甚可感。弟在貴陽，延起稱「張大伯」，弟即舉
稼老真情，改稱「張大叔」。

先隊在德群處聽，他念二老悼詩，先隊問何為「破三三」，我
說：可能出禪宗內典，我略解其義不知來源所出。等我代問邊爹爹，
希邊老示告，小朋友喜歡追根，這是好事。

祝春節快樂！

弟張汝舟覆〔註41〕

2月2日，唐君毅卒。

2月12日，先生作《己巳八十初度》：

謾嗟八十老無成，伏櫪猶能三五聲。

湘水殊工沉傲骨〔註42〕，黔人卻解恕狂生〔註43〕。

著書覆瓿難千卷，覓句閉門未半籯。

稍喜卅年逢盛世，紅光照我認前程。

是日，又因懷念王稼宗，疊前韻作律詩一首：

稼宗之稼已西成，且用歡情代哭聲。

況近長眠能一面，應將濃誼付多生。

深知哲嗣承家學，定傳高風納破籯。

子孝孫賢非溢美，今天畢竟是初程。

4月5日，中共中央批准中央統戰部和公安部《關於全部摘掉右派分子帽
子的請示報告》，決定全部摘掉右派分子的帽子。

5月10日，先生覆黃雨亭信，內中談及諸多詩學問題：

〔註40〕歲，原作「首」，誤。

〔註41〕見先生1978年日記。

〔註42〕此句自注：「指屈原，余何足比擬古人？惟窮骨略硬，似不遠遜賢者。」

〔註43〕此句自注：「湖南只住六年，貴州住近卅年。」

　　雨亭秘書契友：

　　兩奉手書，疏來作覆，屢向汪老稍帶致歉意，非徒懶也。足下精究書法，得名師稼老薪傳，不似邊、汪二公可用病老恕也。昨日新友張盛榮老師傍晚抵舍，言次日赴縣求邊老復診，因汪老邊老先後賜函，只得燈下寫封稍長信致邊老，談及汪老與足下。寫完自看，不禁大駭！直似初入學之蒙童能書。有些描改，皆孫女小妹之筆，止雛鳳活於老鳳聲。一塌糊塗！次日章——古之間因抗旱，汽車不通，又回楊塘，下星期到縣復診。復邊老函談感冒事，一周後容有變化，邊老只考慮原擬方不發病，不拘令節，皆可服；病根拔則受點涼也不致感冒（此去要邊談）。此還可轉邊、汪二老一看；星期天張老師等呈給邊老那封糟糕信，中間胡亂論詩，足下可指正。大作絕句，將林老原句「如遊龍」（改〔註44〕）為「似遊龍」，好！林老是五絕，大作是七絕；黏法五絕不拘，七絕則不可失黏，所以足下之改一字，對。林老如果說「走筆似遊龍」則稚弱矣。「走筆如遊龍」名門閨秀，大踏步而出，風致大方。昔傳「絕句」者，絕「七律」之中兩聯，用首尾兩聯也，繆說。近人據六朝已有《絕句》，皆五言四句，爾時律詩尚未見詩壇，不講黏法，所以「五絕」仍是最簡短的古風耳。妄談，筆諸新老詩友教之！

　　大作起二句可觀，後二句晦澀。昌黎云，「辭不備，不足為成文」，詩亦然。正新華書店出幾本四〔註45〕詩《詩選》，足下購取，反覆熟讀，亦當工余飯後消遣耳。足下以加工書法，可望有成。陳葆弦同志來兩詩信，因為是陌生的朋友，第一封信已覆。他附寄若干首詩詞，我稱他為「老手」，可能眼不瞎。但初交，又已經通過謝業廣老師介紹，他們還算有師生關係。今天我這個盲翁，故病又發，一動筆就弓在弦上，控制不住。陳君賜和拙作《八十初度》的頷聯「南山早我親張子，東海先出哭魯生」，對仗工實是巧合，很不容易。

　　評人詩有斧鑿痕，是說才力不足，用力太大耳。陳詩有此病。其詩含（頷）聯工則工矣，用力很大，不能抹殺。病亦不應掩飾。

〔註44〕改，原作無，據文意加。
〔註45〕四，疑為筆誤，或為「古」字。

寫詩自注，是允許的。不注出處，讀者也能從附近詞句推出大義，如邊老挽稼老詩句：「禪力破三三」，業廣問我，我說「我不懂，待問邊老」。實際，通過「禪力」，則「三三」必是禪學上工夫，用典何害？拙作疊《八十初度》韻懷稼老，首句「稼宗之稼已西成」，通過「稼」字，「西成」必是稼穡的收成，知道東、西、南、北「代表」春、夏、秋、冬，那「西成」就是「秋收」，何必強「尚書堯典」「平秩西成」呢？

　　宋代理學書，我亂翻過不少，特別是張載，我在大學寫過一篇論文《橫渠學說評價》，細讀《正蒙》、《理窟》，特別從《理窟》裏，說明橫渠重視科學，糾正儒家「重道輕技」之偏見。但我只知道朱熹在白鹿洞，紫陽院講學，不知道橫渠在南山講學，看不懂「南山早我親張子」，怎麼知道「張子」指「張載」？下句也不好懂。魯仲連只說「秦為帝則寧赴東海而死耳」，一時東海如魯生還聯想不起來。仲連投海，東海哭之，欠根據，哪詩句欠「穩」。

　　「輕率流滑」，也是詩病，大家放翁就不免此病，詩太多了。話不能說死。「戒輕率」，那人稱黃山谷詩「點鐵成金」，又怎麼講呢？這個「點鐵成金」不始於山谷，還要推到宋詩三宗（山谷、後山、簡齋）的一祖（老杜）。我偶而和孫子孫女講講舊詩，尤其孫女小妹，狂得該打，她說「報紙上新詩，沒有味道，沒有舊詩有味道」。我說：「你讀幾首舊詩？」她不服氣，要我講點舊詩詞。我講杜詩一句「黃四娘家花滿蹊」，除「蹊」字你們不懂，換個「路」字，「黃四娘家花滿路」，任何小夥子、小姑娘都能寫出來，誠然沒有什麼味道。可是下接一句，「千朵萬朵壓枝低」，何等力量？妙在用一個「壓」字，如果說「千朵萬朵開滿枝」，就成狗屁了。我沒同她說，「這叫做大詩人『點鐵成金』的藝術手段。」壯年之後，在合肥六中教書，被編者拉差寫一篇《讀黃山谷詩》，提到這一點。我引山谷詩句，「頭白眼花行作使，兒婚女嫁望還山」。「頭白眼花」、「兒婚女嫁」多麼平庸！當然是鐵，如果把前兩句後四句一口氣讀完，這兩片鐵就成金了。如同作畫，重在映襯。一般詩人，沒有膽子敢用「鐵」，因為沒有把握使它成「金」。李白才大無匹，他寫了四句詩，只二十四個字，前三句都是「鐵」，沒有後一句就不能變成「金」

了！詩就是他寫的一組七絕《橫江詞》的第一首——人道橫江好，儂道橫江惡；一風三日吹倒山……這三句初中學生也知道「道」當「說」字講，「三日」當「三天」講，「儂」蘇州話就是「我」。「人說橫江好，我說橫江惡，一風三天吹倒山……」還不是「鐵」。如果把「惡」字換成「暴」，下邊接一句「白浪高於霸王廟」，那就「鐵」上加「鐵」了。而李接一句：「白浪高於瓦官閣」，就把前三片「鐵」化成「金」，句句得勁。為什麼？歷史、地理，有時有用。這些常識，教科書也不講，注李白詩的也不注。讀者對這首詩就不能深切欣賞。據我住南京五年，住烏江三年，知道「橫江」就是烏江隴子上霸王廟與對江採石那段江。唐朝瓦官閣在南京城內，瓦官寺裏一個塔，幾丈高，距烏江幾十里，在烏江能看見一半。「白浪高於瓦官閣」，不但說浪的高，而且浪的遠，一連三天，這幾十里江，船舶停開，這種恐怖局面，多麼嚇人！霸王廟就在江邊，又不高不遠，形勢就顯不出這麼兇惡，詩就平淡無奇了。信口開河，付之一笑可也。

旬日前縣委黃主任光臨茅舍，他參加這次全國科技大會，把大會的陽光送來，鼓舞了我，囑我將拙著《西周考年》交章輝公社張書記，送呈代印五、七十份，由我向國內名大學名教授寄散請教。此稿早交張書記並寄一函致黃主任，打印應該是繁體字，不能用簡體字，因為多引用古書，尤其銅器的銘文，用簡體字不合適，不順眼。不知全椒印刷廠有困難否。南京不遠，印刷廠規模大，當有繁體字的字模，或□□幾個。有困難，油印石印亦可。請抽空往見。

黃主任希望此稿早日能由我郵出。盼覆！

去夏為章輝公社星期業務學習寫成講稿，已加修正，不日寫成清稿，送縣教育局余局長斟酌，此稿如〔註46〕何使用，由余局長與章輝張書記、章校長定〔註47〕，星期在何校再試一下，我無主見。月終赴〔註48〕省醫院配眼鏡，或能恢復視力。去年冬左眼未開刀，是不能動筆的，今天寫信寫文，不須口述請〔註49〕人代筆。

〔註46〕如，原作「必」，據文意改。
〔註47〕定，據文意補。
〔註48〕赴，原作「付」，音近而訛。
〔註49〕請，原作「列」，據文意改。

告慰親〔註50〕友及各領導之關心賤恙。

　　祝健康快樂！

　　　　　　　　　　　　　　　　　　　　　　汝舟敬覆。五.十

6月1日，先生夜夢王寬安，作《臨江仙》一首：

　　戰鼓咚咚參盛會，依然吐氣揚眉。重申邪正兩相違。忿呼除四害，一醒悵空幃。五十八年夫婦裏，認渠倒是為非。一朝追究咎何歸。太陽紅似火，難羽亦高飛。

6月12日，郭沫若卒。郭沫若（1892～1978），本名郭開貞，字鼎堂，四川樂山人。中國現代著名作家、歷史學家、考古學家。1949 年後任中國科學院院長。

6月16日，先生致書呂叔湘：

　　叔湘尊兄惠鑒：

　　違教忽忽十餘年，人世似乎又經一次天翻地覆，尊兄與丁、李諸公進一步受到國家信任。全國科技大會上百歲專家大有其人。本世紀末只有二十二年，諸公為國家宣老，並非幻想。弟僻處鄉隅，耳目不靈，未便以瑣事干瀆。榮芬老弟來書，轉致諸公雅愛，以為能欣度幸福之晚年。而卻出意外，一則舊籍（合肥）新籍（全椒），謬取虛名，問道於盲，應接不暇。其二則世代貧農，生平濡染，端人為多，報國之心，不啻「七十正當時」也。謹呈本年在社隊與暑假中學老師互相研討之講稿四份，分寄尊兄與丁、李、邵賜教。近一年多新舊體詩詞，擇錄一二，幸教之。暑後省內二三高校，遣專人光臨茅舍，聘任顧問，破碎古學，既蒙不棄，只得傳會江淮之上，沿廟掛單，似此殘年，值博諸公一笑。

　　尊兄最近到蕪講學，失之交臂，未能一面，深為悵悵！皖報所載消息，已向皖中老友索在蕪大著《三講》，尚未答覆也。榮芬來書，知您院已新編大學教本《現代漢語》，曾向您索閱，煩惠我一編為禱。

　　目光甚差，早晚赴省診治，醫者言可復光明，情不自禁，不能待矣。蕪箋草呈，草率不敬，特請中學語文老師代抄，詩稿則請青年同學代抄。親筆請教，當在不遠，勿念！如蒙惠賜大箚及您院編

〔註50〕親，原作「請」，誤。

著之大學《現代漢語》，幸能早日滿願，使我暑期在社隊五天討論語文教法減少錯誤。切盼！切盼！

敬頌著祺！

弟張渡〔註51〕

8月21日，覆安徽師範大學滁縣教學點陶家康信。信中提及正在主講章輝公社教師培訓班的情況：

家康同志吾友：

接讀手書與大著，深用欣忭。今夏先後淮北市安師大分校中文系主任陳獻之同志及您校張校長到我家，略知兩校教師隊伍大為可觀。而兩校中足下與淮北校吳孟復先生早聞名，年亦最高，皆為宿學高手。讀大著，因近日為章輝公社暑期業務學習，為中學語文老師講五天課（實際每日上、下午各學習三小時，老師們學講義二小時，我答疑一小時），臨時，老師們要求講《古漢語語法》，只得壓縮原五天學習計劃，加長答疑時間，留最後一天講《古漢語語法》。時間甚短，而講稿份量幾乎等於講現代已編印的講稿。只得邊寫老師們邊抄，來不及印。最後一天只講怎樣學習《古漢語語法》，由老師們在教學實踐中邊教邊學。

大著卻在這段期間收到，只得部分涉獵，覺得大有學術氣味，名不虛傳。有實學，講義也是著書；無實學，著作也是抄書——信口恣談，幸教之！夕史聯胞之弟，只因無教學實踐，加之記性差，雖清代歷史名家二章二梁，只記得梁玉繩《史記志疑》、梁章鉅《諸史然疑》，似乎《制史叢話》《楹聯叢話》亦其所作，及他賣「破銅爛鐵」故事，二章則只記得章學誠《文史通義》及湖北、和縣兩種省志、縣志，而遺稿被馬國翰盜去印《玉函山房輯佚書》之章□□〔註52〕（已想不起他名字）。「八十不稀奇」，對之有愧，清代有三部

〔註51〕見先生1978年日記。

〔註52〕此處當指章宗源（1752~1800），字逢之，浙江山陰人。清代學者朱學勤（1823~1875，字修伯）在《增汀匯刻書目》認為，《玉函山房輯佚書》原係章宗源編輯，馬國翰購得其稿，據為己有。皮錫瑞《經學歷史》、胡元玉《漢魏六朝為〈說文〉之學者幾家考》也有類似說法。對於這種說法，河北學者蔣式惺在光緒十三年（1887）全面整理馬國翰未刊著作稿本時，專門題寫後記《書馬竹吾玉函山房輯佚書後》為其辯白。

全史箚記，通論全史我也翻過，但今天只有趙甌北《廿二史劄記》版本尚好，當面交。

　　書仍在家中。其餘只記得錢大昕《十七史商榷》，其三種著作與書名皆不省記，可笑可歎，幸告我。正由於我通過這三部名著，獨推趙公書史識最高。書經四說，獨專意保存之。在這方面，功力差，又未經教學實踐，還是一個老外行。向諸老師特別是足下請教之日多，兩校領導過分獎飾，老師們過分推重，萬分不敢承！

　　來書云：歷史學中的「年代學」，我完全外行。可是所知道武王克商之年，就有十多家，其中有半數我不曾過目。自稱「外行」的，所學這麼詳盡，超過研究多年「武王克商之年」的我，多麼駭人！前文所謂向老師們請教，難道不是現實嗎？董作賓《殷曆譜》我翻過，定武王克商之年為前 1111 年，則採用唐代大曆法家僧一行的《大衍曆》，拙著已提出糾正，茲不必論。而董氏《四分一月說辨正》可能即辨正王國維「月相四分法」。他是怎麼「辨正」的，拙著則不應掠美。尊處如有材料，益我多矣！

　　致敬禮

張汝舟敬覆〔註 53〕

10月13日，先生去書滁州師專張華三、孫貴凱：

　　華三、貴凱二位老師：

　　安師大《現代漢語》講義，我不知道今天這門課分三個學期講，但就前半部（1～4 章）提了一點初步意見，供主講老師參考，分三年改進，第一年改動十之一二，第二年改動十之二三，第三年另編一本比較簡括、正確性較強的一本《現代漢語》。把讀呂叔湘先生大作《漫談語法研究》及二十年發表在《中國語文》第二十五期一篇拙文《對「語法講話」提點意見》，感到我上次提三步改進，另編一部《現代漢語》，不免畏首畏尾，真老了，對最近《參考消息》透露本世紀末四個現代化提前十年完成，一切怎能拖拖踏踏慢步前進？謹呈拙作《對「語法講話」提意見》許多語法問題大膽提出了，一直二十年不解決。呂先生《漫談語法研究》給了我們方向，加了我們勇氣，但也有可商量之處。今天提什麼「老大難」？應該解決的

<hr>

〔註 53〕見先生 1978 年日記。

問題，二三十年不解決，「老」則有之，然而舊勢力既成為「權威」、「學閥」，他們力量大，「二百」方針在劉修、林賊，特別四人幫「臭老九」帽子下，壓死了多少實才實學。在華主席領導下，小人物意氣風發，「老大難」，今天「老」則有之，「難」則烏有，「大難」更沒有。我們教學生就有一個一年級學生（課代表）向我提個問題：「他在哪裏？是個句子，介賓詞組怎麼詞組，怎麼成為謂賓？」我說：「你幫助我，添個例句，漢語沒有介詞啊。」誰能料到在華主席為首的黨中央光輝下，不產生幾百幾千幾百萬個嶄新的人才，黨的老中青「三結合」政策，重點在青年，五十左右的同志起橋樑作用。我輩要承認已是廢銅爛鐵貢獻點滴。

現在《現代漢語》詞彙部分可能講畢了，將來是否加印補充教材，以後討論。以後要講修辭部分，安師大編的教本我翻了一下，寫得不壞，比語法部分問題少多了，比張志公寫的《修辭概要》進了一部。所謂修辭格加了一些，前面的「概說」，第一第二兩章比較有用。特別是第二章第三節「造句方面常見的缺點和錯誤」對同學寫作有幫助；語法部分也有此優點。呂先生說：「很多語法著作裏的例句是平穩有餘，貼切不足。」安師大這本教材，有不少這種情況，只得以後逐步推敲討論而改正之。安師大這本教材第一章第一節「詞句的選擇」前引毛主席、魯迅兩個例句。毛主席這一例句也只是「平穩有餘，貼切不足」，大學生還看不懂？毛主席還會造病句？我認為換個例句好一點。「我和白求恩同志只見過一面。後來他給來過許多信。可是因為忙，僅回過他一封信，還不知道他收到沒有。對於他的死，我是很悲痛的。」毛主席的信件，通訊員同志還會遺失？這種情況毛主席還不明白。只有選用一句「還不知道他收到沒有」，才表達出白求恩給毛主席許多信，主席只回一封信已經遺憾；又怕他沒收到，一句話頂上去，「對於他的死，我是很悲痛的」，筆力萬鈞，革命感情萬分沉痛。修辭手段之高妙，藝術性之強烈，引這個例句似乎要貼切生動得多。教本這一章，舉毛主席、魯迅先生兩個例句後，舉了江青一個例句。同志們不要說白骨精了，誰編講義都會刪掉，何必提呢？我看提一提有益，提高我們警惕，不開動腦筋，人云亦云胡亂著作編講義。「奇文共欣賞」，例句不但不貼切，不平穩，

而且是病句。這本書未必是安師大本店自造，該店有四五個老匠（將），肯定是不教現代漢語的。是不是。「李玉和救孤兒東躲西藏」，而「敬愛」的江青「同志」常常為一字一句的推敲，不惜心血，廢寢忘食，把原唱詞改為「李玉和為革命東奔西忙」。看！原唱詞「救孤兒東躲西藏」，孤兒指陳烈士獨女兒改姓名李鐵梅充當李玉和女兒。在那種白色恐怕下，李玉和冒亡〔註54〕身的危險去營救鐵梅，勢必東躲西藏，是何等樣的無產階級感情？改為「李玉和為革命東奔西忙」，可是「為革命」三字多麼空泛，只能說「東奔西走」，而「西忙」是不是生造的病語？正由於語文水平太低，才會胡亂引用四百多字一大長段的「歌誦」。這本講義是74年10月出版的，到現在恰編四年。這四百多字的反面教材，讓同學看一下，讓他們大吃一驚：四年前學術界受四人幫迷惑如是之慘烈，四人幫不粉碎怎得了！〔註55〕

10月18日，先生作《談中國詩的前途示權成、玲玲》：

（一）舊體詞和七絕有前途，七律也有前途，但不要問，難學。毛主席七律應熟讀。

（二）舊格律、新詞句，有前途，範例即汪老《采桑子》及盲翁二十首《棒打四人幫》，有前途。

（三）民歌體，七個字，八九個字一句也行，押韻，不講平仄，大有前途。範例是趙時榮《贈小蓉》及盲翁《煞住三八風》。

（四）自由體，只押韻，句子不拘長短，每首句子也不拘多少，要認識不容易，要求組織密，詞句新鮮，有內容，感染力強，大有前途。範例見59年春《民間文學》。詩云：

女兒三天不在家，想壞家中老媽媽。

媽媽找到工地上，遍地高爐冒火花。

抓住小夥子問：「你可認得高露霞？」

小夥子回頭笑哈哈：「媽媽媽媽你來啦！」

是年秋，先生致書陳葆經，言及詩詞對聯：「麗子老侄，佳作典雅，茲錄

〔註54〕亡，原作「忘」，誤。

〔註55〕見先生1978年日記。

解放初學習十絕句之一，幸不哂鄙俗，從典雅中解放出來」。

11月4日，先生致書周本淳：

> 本淳老弟：
>
> 得上月二十八日手書，欣怦之至。欣知林、洪二老不忘舊好，可謂卓絕，□幸知鍾山九一高齡，老人尚健在人間。謹恭繕一箋，煩由徐老託鍾先生外孫掛號代寄，以示鄭重，拜託拜託！頃得滁縣安師大教學點電話，明後日準來車接葉芬。工作已調去，歡迎諸友先到琅琊，赴寧問題當面決定，淮北市安師大分校今冬明春，勢在必往住月餘，不可爽約。劣箋一立軸，煩由林老父女轉老炊。老炊非凡俗，老弟有所聞否？即頌
>
> 風生講席！
>
> 汝舟　一九七八・十一・四〔註56〕

12月6日，王氣中來信曰：

> 汝舟兄：
>
> 日前趨晤，親見老兄體健勝昔，欣慰無既。回來那天，因塌了下午四時班車，直候到晚八時五十多分鐘才搭上車，到家已快十一時矣。因為欣慰滿懷，樂不知疲，又久而後入睡。
>
> 鍾先生直到三天前始得暇去拜訪，正好當他午睡未起，不便煩擾，匆匆談了幾句話。他說已有信給你。他住的是自家老宅，地址是「內橋灣中山南路438號」，在一中附近。據其大世兄說：他的老太在七一年已逝世，當時住在上海二世兄處。因乏人照應，於七三年回到南京。他精神尚好，每日吃七兩飯──早餐一杯牛乳，一兩麥包，中餐和晚餐都各吃三兩飯。飲食定量正常。其藏書大世兄不清楚。
>
> 本來還要去看林老，一直還未得暇，俟下周再說。
>
> 為著研究生讀《詩經》，正指導他們檢取漢、宋、清人和近日注本，斟酌損益，編一部《詩經簡易讀本》。不求繁博，以簡易為主；不採選錄，以全讀為主。其中涉及古韻部分，惜不能得兄就近指導。當俟書成，專程請教。
>
> 讀《史記・太史公自序》一文，盼能有所指正。

〔註56〕見先生1978年日記。

　　周本淳早回淮陰。此公精力充沛，亦有才華，若能養以沉潛，深藏若虛，或猶可望光大。否則，「勞人草草」，不免可惜。

　　洪事且淡忘之。譬如行軍，放下包袱，輕裝前進，走我們路。不必因此而受不必要的干擾。

　　此間有吳某，弟不相識，據聞他對《西周考年》有看法，主要是所據地下材料不能核實其為誰器。此君將從下放地回城，俟探知其住處，當為一訪之，以聽其究竟。

　　葉芬能幹孝順，老父賴以善度晚年，可謂人生之慶。前日頗擾她，為謝謝！

　　專此敬頌

著祉！

弟氣中 78.12.6〔註 57〕

是年深秋，弟子周本淳前來拜望，並在回憶文章中說道：

　　1978 年深秋我取道南京，到林老處說明去看張先生，問林老有沒有什麼事。林老說代問候起居。從南張村回來，我特地向林老詳述張先生的近況，並告知看到了三十年代林老送張先生的一張條幅，還把林老題的五言律詩默給林老。林老非常激動，從裏屋取出寫好的《八十自述二首》：

　　餘生今八十，奮發憶華年。謝朓江山興，王維書畫緣。仙范天外有，奇句手中撚。時學東方朔，偷來不費錢。

　　食得神仙字，蠹魚有舊魂。書叢千頁過，池水一時翻。河漢思牛女，機絲誤子孫。誰言名教罪，未敢負天恩。

　　　　丁巳初冬書於玄武湖畔。聾叟時年八十。〔註 58〕

是年秋，安徽師範大學滁州分校聘請先生為顧問教授，給青年教師授課。〔註 59〕先生的來到，打破了教學點高職稱師資的零記錄，使師資匱乏的滁縣教學點倍感榮幸。一時間無論在教室宿舍，還是飯廳操場，談論教授成了焦點話題。滁縣教學點學生大多來自基層，見過教授的寥若晨星，對教授充滿

〔註 57〕馬先隊家藏稿。

〔註 58〕周本淳《往事歷歷憶林老》，載浦口區求雨山文化名人紀念館編《林散之書學軼事》，江蘇美術出版社 2015 年。

〔註 59〕程在福《要趁斜陽趕一程——紀念二冊師逝世一週年》，載《貴州教育學院學報》，1987 年第 1 期。

了神秘感。先生來到不久，給兩個中文班上一次大課。「那天兩個班同學早早就來到大教室。張教授在家屬攙扶下，緩緩走進教室講臺，在已擺放的籐椅上落座，面對同學開始說話。老先生未用講稿，講的內容大意是說中國文化博大精深，學生應刻苦努力，方能得其萬一。十年浩劫，耽誤了太多時間，需只爭朝夕，把損失的時間補回來。大約半個小時後，張老結束說話，由家屬攙扶走出教室。張老的即席所言，並無什麼新意，加上濃重的全椒肥東交界處口音，多數同學也沒怎麼聽清。但大家卻十分興奮，張老結束講話後報以熱烈的掌聲。」〔註60〕

是年秋，先生致書邵子退：

> 七二年秋，過和縣訪老友散之，問故人近況，蓀若示老友甘棠四絕句，余激賞「但種向陽花」二句。今賤目復明，寫一絕句贈子退詞兄哂正：生平不解藏人善，佳句逢人到處誇。不植天桃與楊柳，門前但種向陽花。

> 七八年秋汝舟呈稿

1979年（己未），先生八十一歲

在安徽師範大學滁州分校。

1月1日，滁州地區文化局局長花純儒拜訪先生。先生在滁州師專，兩代弟子前往請教。先生示坐榻旁，即問：「現在學術界當務之急是什麼？」未等弟子從容覆命，他就急切地說：「第一，要搶時間。我們國家錯過的機遇太多了，落後太遠了，要把失去的時間搶回來，這要有幹勁。第二，要搞科研。教學上路子靠科學，國家振興也靠科學，不搞科研是緣木求魚，還要有遠見。」〔註61〕

1月7日，先生復王氣中長信，談《七月》、鍾泰事，評其贈張葉芬七律及其近著《談太史公自序》。

1月9日，復李健章信：

> 健章老弟：
> 去冬得十一月十八日手書及大作二詞與《現代漢語》上冊，至

〔註60〕胡中友《我當信使邀名師——兼憶張汝舟先生授業誨教片段》，載《紀念張汝舟先生誕辰120週年全國學術研討會文集》。
〔註61〕李風程《大師科研散記》，載《張汝舟先生誕辰百年紀念文集》，第18頁。

感且佩。耀先、長孺諸老友皆患劇病，來書云：「現老年教師，非病即忙。」余已八十有一，較黃、唐二老略長，尚在「不病甚忙」之數，藉慰。老弟且自笑也。因忙之故，以致老弟與老友王駕吾、衛仲璠、項英傑諸教授，得書逾月不暇復，非知契誰能信之？大作二詞，情致纏綿，風格超然，不知你校棻詞女猶健在否？或不以鄙言為謬也。全椒科技局刻印拙著《西周考年》五十份，本其意旨，寄國內著名大學歷史、中文二系各一份，印太少，雖北師大與南開，亦付缺如，但即此已足，使國內〔註62〕重點大學文、史二系，尤其歷史系，知新城之說大有問題，編印講義，對祖國信史西周開端、西周十三王、昭王、共王、懿王、孝王、夷王年紀不考。趙宋以後史家憑空妄擬，又不統一，何足徵信？今上徵天文，中據銅器，下參信史，略無齟齬。並有《史記魯世家》對列，作《西周紀年徵》，昭然若揭，附錄於後。又附印《推算定朔演草舉隅》於後，供好學有志年猶未艾者，即可依樣學會推算定朔，不但可以檢查拙著是否正確，而有此小小技術，也許能為祖國《科技史》作出一些貢獻。前年《參考消息》先後報導：英、美二大專家各著《世界科技史》，對中國祖先成績表揚不遺餘力。但所表揚，皆中國科學家早已論定者，如「指南針」、「圓周率」、「勾股」、「火藥」之類。只星曆方面，少所陳述。因中國人對此未有深究，外國（包括國內）史家只能根據專家之定論，有所稱述。吾國最近星曆專家如朱文鑫、董作賓、浦江清等，名則成矣，立說未盡精審。「二百」方針，幸四人幫已基本擊潰，全國學術界不僅是文史思想大解放，在華主席為首的黨中央領導下，各抒己見，向四個現代化而奮鬥。余年現八十有一，情不能禁，敢與老弟一發狂言耳？

　　去年八月初寄出拙著《西周考年》，今已近乎半載，反映甚少。何以故？文係諸公以為歷史問題，非己本行，可置勿論。史係諸公以為歷史上偌大問題，駁之不易，承認又不免為難——何物老傖，肯定之，置己之權威於何地？所以近半年得到反映，只文係三五知契，殊不稱意。南京林、王、洪三老，溢美之辭，不足介意。蕪湖師大衛老來書云：「大著使子駿低頭，靜安卻步」，說明衛老年高多

_____

〔註62〕內，據文意補。

病，僅閱開卷四個論點而發此言耳。

杭大駕老來書云：「大著《西周考年》以未究心史學，自況戴盆何以望天，非敢有絲毫簡慢之心也，惟兄諒之。」實則駕老只少余一歲，八十高齡，正任文系主任，老友說幾句謙語，輕輕推去，可以原諒。更有合肥六中與湘西八中諸學侶，一則曰：「看不懂」，一則曰：「游、夏不能贊一辭」。諸君皆主講上庠，實則「看懂」、「能贊一辭」。惟年皆六十左右，老學生說謊偷懶，又何足怪？獨老弟年過六十，又膺係務，亦忙亦病，只閱拙著之《自序》與《再序》竟能慷慨進言：「自序及再序，似可改作，無關著作要旨，均可以從略。」至為允洽！

去秋上海《中華文史論叢》編輯部向南大王氣中教授徵稿，氣老轉拙著推薦。該編輯部早來信聯繫，因忙，不暇考慮私事。寒假中當將卓見轉去，刪去《自序》及《再序》，由編輯部寫簡短介紹即可。如稿退回，氣老建議，由渠負責印二百份再度寄出。果爾，自出專冊，由氣兄或老弟你一「序」冠首，「自序」、「再序」亦當削去。老弟以為如何？黃、唐二公代候。仍煩惠寄最近《現代漢語》下冊，《古典文學》後一部分，《古漢語》七八年度用書，老弟須保重，瑣事可煩係內年輕教師代勞，後當圖報。祝

令弟健康、快樂、進步。

汝舟 79 年元月 8 日〔註63〕

1月12日，先生覆王駕吾書信：

駕吾尊兄史席：

去冬十一月二十八日手示敬悉。音問斷絕十許年，一旦開朗。對東南友好之存沒〔註64〕……特別衡叔兄既逝已久，尚蒙國恩，開會追悼，深用感慰！不知酈嫂尚健存否？子女亦如賢伉儷膝下群芳爭秀歟？

滁縣地區誤採虛聲，從僻鄉糞土中揀此廢鐵。校雖新創，而群英交集，大抵年未五十，學富力強。弟衰敝健忘，雖素習知之古人古語，幸得新友就詢，被稱「顧問」，豈不汗顏！所幸華東三五先進

〔註63〕見先生 1979 年日記。
〔註64〕此句不完整，句後似有未盡之意。

大學諸友好，不我遐棄，惠贈最近78年度三科講義——現代漢語、古漢語及古典文學。

貴校尚未一援手也，尊兄曷勝悵惘！忍視弱弟有折足覆餗之虞乎？現在急需編寫講義，主講老師又不肯東抄西襲，雜亂成編，必待先進兄弟學校有所借鏡。切盼尊兄早日囑年輕老師有所惠贈。此間中文系之黃主任，南閩佳士也，因公到寧，曾見貴校學報《語文戰線》，前函曾附寄雲從兄一紙，託代訂購。兄身膺系務，亦老亦忙，故託雲從分勞。雲從既不分勞，想亦太忙。想一紙詢《語文戰線》編輯出版部訂購一年，示知刊費寄費幾多，定致匯奉。至荷至荷！敬問

著祺，並問大嫂安好及諸侄進步！

弟張渡敬覆

79年元月12日

1月16日，王氣中作詩呈先生，題曰《曉徵口號呈汝舟兄》〔註65〕：

未能訪戴慚風雪，〔註66〕怪底書山著意招。〔註67〕乘興不辭趨遠道，疏星淡月照天高。

1月31日，蔣禮鴻來信曰：

汝舟丈道席：

前奉尊著《西周考年》，繼得駕公令即齎來去年十一月十五日手教，屬既忙且□，又不知尊址所在，牽延未有一言奉覆，負罪良深。近始克至河南宿舍見駕公詢得尊址，至尊作詩詞近稿，駕公擱置何□，不能檢獲，遂亦無法拜讀也。吾丈寄來《西周考年》後，即已分送駕公、亮夫先生，至任心術？兄已於文化大革命中患肝癌不起，言之增欷。晚近年惟奉教訓，於史事茫然無知，遂以無法致其芻蕘，幸蒙諒之。《語文戰戰》舊由語文組兩教師編輯，近者改由現代文學組一人、寫作組一人編輯，晚偶而寫一二小文，以俞類偽名刊載，實不干編輯之役。至發行則主之杭大教學革命組，近聞限制恭嚴，外省概不訂閱。幸俟得見主其事者時問實，再行奉閱，至創刊號則

〔註65〕馬先隊家藏稿。
〔註66〕此句自注：「原定十二日趨晤，為風雪所阻」。
〔註67〕此句自注：「行前得兄快箋」。

已無可得矣。另有語言教研室編《現代漢語稿》兩種，雪深未能詣郵局，俟時復奉寄，非云有用，聊以求教而已。此頌

　　新春健適！

　　　　　　　　　　　　　　　　　　　　　晚禮鴻志

　　　　　　　　　　　　　　　　　　　　一月卅一日〔註68〕

2月26日，覆周本淳書信：

　　本淳老弟：

　　來書及林老、昌午去年佳作，並收到。去冬曾接一箚，並無兩信，遲復為歉！

　　最近曾到寧否？是否再謁鍾老？據氣老云：鍾老大運動初，不肯隨聲附和，任意歪曲鬥爭文史館館長，拂袖而棄副館長，退出上海市文史館。尋歸南京祖上之敝廬，一切生活，只靠子女云云。而徐老之高足，鍾老之外孫以及鍾老子女都不應默默，可以申訴，但萬不可令老人知也！老弟素有俠骨，並不須本人挺身出頭代鳴不平，可與徐老商量，促鍾老外孫與全家商量此事。幸留意焉！

　　老弟57年事，申訴有結果否？去年冬55號中央文件下達，附發中央57年十月《劃右派分子的標準的通知》。無論如何，我們師生不合劃右派分子標準，必須改正，恢復我們政治名譽。不平則鳴。駕老來信說：「蔣雲從升教授，葉蘆升副教授，理所當然。」

　　頃聞醒仁也已升副教授，老弟實學高於孟、蘆，副教授如不到手，「理當然」乎？不平則鳴！先生老矣，不計較這些。葉芬挺不住氣，去年十月底去信到貴州省委會替我申訴，申訴家屬皆有權。兩個多月，他們不理。今年春節後，本人寫材料申訴，由學校打印三份，用學校黨委會公函分別寄貴州省委會、貴陽師範、貴州大學兩校黨委會，如再不理，那就豈有此理了！一切勿念！

　　許多信沒有工夫覆，更不談來詩不和了。最近情不能已，寫兩首另紙抄寄，一笑。

　　次韻散之老友去年書寄古風一首，兼謝惠贈《江上詩存》

　　八十也過一（余少林老一歲，今年也八十一），於國嗟何益！

　　惠我千首詩，開懷理禿筆。

〔註68〕此據馬先隊家藏稿。

挺生百代應，繼者華主席。

吾輩雖老矣，挖則有潛力。

附原唱：

今年八十一，為學日求益。字字見精神，慣用長毫筆。

橫掃四人幫，擁護華主席。誰謂我耳聾，批鬥有餘力。

口占一絕，約散之老友遊滁

此邦林壑足煙霞，當日歐公親口誇。

苦憶倦遊聾耳健，可能乘興訪瑯琊！

錄去冬舊作：

散之老友惠贈《江上詩存》，疊《八十初度》韻致謝

庾信文章老更成，青燈不住苦吟聲。

天安門上真豪也，飯顆山頭太瘦生。

國病歎年爭富歲，我提敝笥負空籯。

故人既惠資糧後，定踏長征萬里程。

3月3日，先生致書《中華文史論叢》編輯部：

《中華文史論叢》編輯部負責同志：

拙稿《西周考年》（番號稿字290號）承南大王氣中教授推薦，您刊研究發表，已得您部來函，同意研究，並約我與您部不斷交換意見，具見為發展文化事業有濃厚熱情！由於協助中文系老師們編寫教本，遲遲未與您部聯繫，甚歉！拙著《西周考年》被壓近二十年，不能與讀者見面。

去年秋初，全椒黨委會科技局刻印五十份，囑分別寄國內著名大學歷史、中文兩系各一份，徵求提出意見。大半年收到反應不多，歷史系幾乎一聲不響；中文系大都是朋友熟人，溢美虛贊，甚非符全椒黨委會刻印拙著之本意。此不足怪，既是著名大學主講古史者，必是著名專家，對這個區區大學小教授提出這麼大的祖國歷史上二千多年不決的問題，只好付之一笑了！頃知《文史》也復刊，《文史》與您刊，似乎即南北（北京、上海）對峙之兩大大刊，名重一時。王氣老推薦拙著，供您刊補白，私以為幸。三個月您部尚未退稿，可見編輯諸公之對來稿審慎不苟的態度，正在研究討論之中。切盼多慎重研究一段期間，提出多方駁義，允許投稿人答辯，真正

貫徹黨中央「二百方針」，此乃現代迫切要求實現四個現代化，澄清四人幫在學術界推行封建法西斯的蠻橫的殘餘〔註69〕勢力，大幸大幸！去冬王氣老來滁，面談有人說：拙著引用金文年代，與諸金文大師擬定的不合云云。此種建議，大可不理。諸家所擬的金文所屬年代，只憑銅器花紋及一部分人名而定。根本沒有肯定落實的年代。拙著據金文及信史（《詩經》《書經》《逸周書》）四十一個曆點，肯定某器為某王某年某月之器。用精密的曆法（授時曆），否定了三統曆，否定了三正論，否定月相四分法——古有遺說，今乃加以論定。否定三統曆，始於齊何承天、梁祖冲之；否定三正論，起於宋人，見《困學紀聞〔註70〕》翁注。月相四分法就是王國維誤信三統曆而「悟」出的曲說。因此沒有這三個「否定」，西周信史之年代，詩經之《七月》，楚辭之《離騷》就講不通。不定一個「失閏失朔的限度」，這四十一個曆點，就得不到正確利用。正可根據今天比較精密得出的銅器年代，審查過去諸家所擬定的年代，孰得孰失。反而要據過去諸家所擬的年代來懷疑後出的比較正確。「前修未密，後出轉精」，這句話，是從中國學術史上得出的結論。如一味信古疑今，是反歷史發展的錯誤思想，必須批評。建議您刊對拙著多研究討論三五個月，可有何害？武漢大學中文系系主任李健中同志，來信說：「大著《自序》及《再序》內中無關著作本旨的詞句，可以刪節，吾師以為如何？」我同意他的意見，自己自吹自擂，不好，建議如果研究拙作可以問世，請刪去《自序》及《再序》，前面加您們幾句《編者按》。

　　此致

　　敬禮！〔註71〕

3月7日，先生覆蔣禮鴻信函曰：

　　雲從契兄史席：

　　接一月二十一日手書及您校所著《現代漢語》，深用感荷！駕老來書云：「項自明、雲從皆晉教授，葉蘆晉副教授，理所當然。」

〔註69〕佘，原作「愚」，誤。
〔註70〕聞，原作「學」，誤。
〔註71〕見先生1979年日記。

－116－

方今在林彪四人幫扼殺下，真才禁錮，學風大壞，不但兄與自明，即小兒葉蘆，幸皆晉級，確是理所當然。吾皖安師大中文系張滌華兄湘西八中老同事，今晉教授，安大中文系孟醒仁，駕老高足，葉蘆同門（浙大）晉副教授，當亦「理所當然」。竊自思惟二人方之五十年前，錢公駕老之在南雍任助教，二公之文之學，與當時所謂教授、副教授者，其間差距奚慮九牛一毛哉！更以四十年前。兄在湘中國師任助教，其文其學視教授張、周諸公又如何？湘大楊樹達丈部聯教授也，兄與筆戰，勝負又如何？南雍遷蜀，中文系主任伍公聘兄，仍是助教。但伍公揚言於眾曰：「吾用助教錢，為中大聘一教授。」在林彪、四人幫之破壞學風影響下，是非顛倒，如伍公能從實學分辨名位，海內不多。駕老云：諸友晉級，理所當然，餘則以為兄尤卓卓。事事昭昭，已如上述。非華主席光照九州，則無以見天日！下走蟄伏竊鄉已逾七載，自分今後與學術界了不相涉。不料全椒（祖宅解放後劃歸全椒）黨委黃主任自北京科技大會歸來，光臨茅舍，取去被壓二十年之拙著《西周考年》，打印五十份，囑寄國內著名大學文、史二系，請求指正。去年八月初分別掛號寄出，迄今已逾半年，反應不多，史係則幾乎一聲不響，文係則三五老友浪投溢美虛譽，非所敢望。獨山西大學僅乎神交朋友，少餘兩歲，來書云：「詩七月、六月數百年未解決問題，今得解決，難得難得。」拙著此公曾一過目，語較實實。兄與駕老忙，不敢深怪，而輕輕以「外行」二字拋拙著於紙簍，四十年厚誼深情，竟不若素昧平生之高教授，不負心焉，傷之！合肥六中、湘西八中從遊學侶，對拙著或則曰「看不懂」，或則曰「游夏不敢贊一辭」。不足怪，諸學友年皆六十，且或過之，主講上庠，帶研究生，說「看不懂」，豈非說謊偷懶？兄與駕老是朋友，更不敢怪。如能擠三小時翻一翻拙著，定有以賜教。不情之請，乞諒。

　　現忙於協助主講教師編寫教材，已得鄰近先進大學如您校、南大、武大等惠寄大批現用教本，使本校編印工作，多所借鏡，不特全校師生深感受賜，而忝稱顧問者，亦庶乎稍減覆餗之憂，尚希更寄您校本年用之《古典文學》、《古漢語》，迫近祈禱，定作努力，不負嘉惠。不久當呈一二請教。《語文戰線》已承駕老代訂一年，

想此間中文系主任一年刊費已匯杭。您校語言組所編刊物,酌惠一二,甚盼!前論實學與名位,頗切事實,凡能在深學上有所滋潤,自不以名位縈懷耳。靜霞學長雖僅 53 年春一面,但從錢公處已深知之。渠又出夏公之門,大運動前夕,所發表論易安居士大作,切理愜心,甚佩。

敬頌

著祺!並問靜霞學長好。

弟張汝舟敬覆

79 年 3 月 7 日〔註72〕

3月16日,《釀泉》刊物創建,先生賦詩一首:

我年八十一,歡欣說少年。《釀泉》今索句,何能竟默然?

民八西一九,「五四」浪迫天。吾皖除省會〔註73〕,到處似寒蟬。

椒陵雖小邑,鄉校敢領先〔註74〕。米長學生會〔註75〕,校刊我主編。

校刊連期發,期期討權奸。一篇最辛辣,余所執筆焉。

觸起豪門怒,一狀到省垣。省垣黑示下,霜飛六月天〔註76〕。

開除米會長,貧兒反保全〔註77〕!鬥爭六十載,愈老愈揚鞭。

反修反霸須徹底,紙熊尚在禍未已。「教訓」越南十六天,正告天下凱旋英!

舉世歡騰喧誦聲:「中共紅旗高高起,到處玩火卻自焚,天下蠢人哪有此?」

老驥尚有千里志,何況《釀泉》二三子?勉之勉之廿二年,三育過硬德智體。

本世紀未顯身手,我在泉下亦色喜。那時諸君倘回憶,這首長

〔註72〕 此據先生 1979 年日記。

〔註73〕 此句自注:「安慶」。

〔註74〕 此句自注:「鄉校指縣立全椒中學」。

〔註75〕 此句自注:「米光炳,字星如。」

〔註76〕 此句自注:「關漢卿《竇娥冤》云:『竇娥冤死,六月飛霜。』」

〔註77〕 此句自注:「省垣黑示下,全校老師大怨,曰:開除小顏回,吾等皆退職。豪門被迫,余以記兩大過了事,而米兄亦竇人子,又係少數民族回族,無力自救!」

歌非率爾。

底是老與中、青合，要向大海投滴水。「滴水投海永不乾」，雷鋒之言乃真理！

4月1日，致書衛仲璠：

滬上來書，已達，忙不即覆，乞諒！此間中文系下學期開古漢語，正與準備主講的老師商量討論編寫教材。可是最近教本，茫然無知。您校《古漢語》上冊，我已看到，講通論，《緒言》很不錯，是誰主編？全部內容，與王了一主編的有多大變動，是不是通論方面，刪了「官制」、「天文曆法」……若干部分？「文選」似乎不能刪掉，據您校《古漢語上冊》「緒言」。兄可能一向主講「古典文學」，聽說今年兄負責培養古典文學上古部分研究生，但古漢語講義誰主編，煩一問最近用的尤其今後是否在中央領導下開過若干次《古漢語》教材討論會，是否已經討論出一個新標準？急切請吾兄幫忙，對愚弟力微任重（顧問），一援手焉！附呈：覆氣中信，及近為創刊《釀泉》題一首長詩，以見弟雖力竭聲嘶，還有點衝動，覆氣中信最後一句「老友共勉」，所謂「老友」除氣中外，不敢妄攀名流。四十年神交如兄，與氣中有三同，同鄉、同搞古董、同為國家扶植後進，有互相打氣，互相交流意見，對國家交下任務，不致交白卷，這是可以吧？區區之意，如此而已。《復氣中信》中，有「近人某甲」與「現在某乙」，兄可推知所代何人。近人某甲之所以望重一時，始作俑者豈非大著《離騷集釋》也乎？我們《離騷》講義已付印，並引「衛瑜章」說，但極少引現在某乙說；近人某甲說，更不必引，因為某些先進大學講義，直用其說，不舉其名，則近人某甲就用先進大學講義，又提個什麼呢？兄一笑置之。可也！注許書序，平行本，只某君注朱駿聲《說文通訓定聲》序，我有，他種不省記，待查。敬頌

著祺！〔註78〕

5月9日，寄邵子退信：

子退詞兄惠鑒：

七二年秋在安廬，蒗若持一紙散老近作七律二首，後記「此二

〔註78〕見先生 1979 年日記。

首頗滿意，四叔點頭。」余驚問「四叔何人」，蓀若舉大名，且示大作七絕四首，清妙可誦。最後一首結句「不種夭桃與楊柳，門前但種向陽花」，不禁拍案叫絕，即上一紙寄懷。得承書云：「蓀若轉來大箚，不勝雀躍，張先生尚在人間。」少許勝多許，「張先生尚在人間」七字，無際深情，寄遇重視。孰料八十衰翁，深受國恩，又作馮婦，兄為我慶「尚在人間」，散之詩句「盧植猶能抱一經，讀書種子賴斯人」。顧處士云：「不作無關世教之文」，兄與散老，非欺人歟？如不略有建樹，何以對國家？何以對老友？不盡欲言，敬希面罄。〔註79〕

5月14日，先生作《懷烏江邵子退》：

老炊是奇士，教授非俗人，所以五十載，人遠卻情親。

自古賢不肖，曷以職位分？毛薛賣漿者，侯生老於闔。

三賢沉在下，不負信陵君。平原君養士，豪舉安足云？

老炊欣守灶，教授喜應門，妄生差別見，世論徒紛紛。〔註80〕

5月21日，王氣中來信：

汝舟兄：

昨午一函促駕，諒可先此達，今日清晨，洪誠突然光臨敝寓，告以山東一新刊物索稿，殷孟倫兄推薦了他的那篇稿子，並附兄《西周考年》，以備考查。他來徵求我的意見，說說與其以《西周考年》備考查，不如請殷兄一併推薦在該刊發表。他不知兄是否贊同，自己又體弱，不能寫信，所以就弟相商。我當即以請殷兄同時推薦對。告以此段公案已經醞釀多年（當然不是赤裸裸的話），但能同時發表，諒兄亦不會見怪。洪去後，弟靜思此情，大蓋他的稿子是一定要發表了。《西周考年》是否如所言，得以一道發表出來，還不可知。全椒打印之本，不知兄以前曾否寄殷孟倫兄？倘能找人將校正過的打印本謄清一下寄殷兄，並諄囑一下，似可靠性較大。這次謄清本，最好仍將序言及附錄（二）節去，《西周年表徵》或如舊制，或別為獨立論文，請卓裁。弟意若將《西周年表徵》獨立出來，前面加上一段說明，不必費大力，就可作專題發表。此篇可一併請殷兄推薦。上海方面照常進行，不必聲張。再者，洪如真有

〔註79〕見先生1979年日記。

〔註80〕見先生1979年日記。

悔意，兄與弟當本與人為善之訓，一切如常。至於「知心」，則當別論可也。

　　信到，如可撥冗，請即命駕。請葉芬把房間稍作安頓，準備在南京多過幾天。行前，如時間可能，請先函知日時，以便到車站相迎。如時間倉猝，請電告行期。電文擬附如下：「南京北京西路二號新村（1-302）張天臞（上下）午到寧，葉芬」。

　　來時，請把必需參考的古天文曆法手頭資料帶來。徐復兄曾談過，兄如來寧講學，他可建議南師中文系請就便去講授。兄此來，雖係私人交遊，萬一他要勞駕講學，有此準備，就不致臨時翻檢。

　　當然還是以訪友為重，不講學最好。諸待晤談。敬祝　安吉！

弟氣中

五月廿一日晨〔註81〕

　5 月 29 日，先生作《己未夏南京逢女弟彭守漪、劉兆瓊，詢知四十年前學侶佳況，喜賦短句一律致意》：

　　　當年泚水上，絳帳列群芳。義而富且貴，何妨豔不香？

　　　瀟湘移北闕，寶玉客西疆。聚散何須問，紅旗處處揚。

　7 月，先生撰成《曆術甲子篇淺釋》，解讀了四分曆法的基本法則，兩千年來讀不懂的「天書」終見天日。貴州師範大學易聞曉教授撰有《學院春秋賦》〔註82〕，中有句謂：「全椒精研於曆數」，即指先生深諳天文曆法。原貴州大學、貴陽師範學院先生之一百零八名學生聯名上書《關於張汝舟教授「右派」問題的申訴報告》，由貴州省委統戰部蔣南華執筆。

　8 月 5 日，先生作《新聚義廳》詩：

　　　貴州聚義廳，梁山少三名。四人幫餘孽，蟹將與蝦兵。

　　　黑旋風三斧，斧到各逃生。華嶽紅光耀，何處可藏形？

　　　弟兄更努力，投入新長征。公理禁私誼，萬里有前程。

　　　二十一世紀，世界歌升平。

　又作《二毋室家訓》三首曰：

　　　（一）

　　　小蓉小宇小蘭，黔中戰鬥方酣。

〔註81〕馬先隊家藏稿。

〔註82〕收入易聞曉《會山堂初集》，齊魯書社 2015 年 8 月版，第 122 頁。

爾祖爾母爾父，精神倍受摧殘。

如今華嶽高山，我家三處開顏。

太公老無深愧，重任加諸爾肩。

有國有民無我，搶事決不搶官。

（二）

先隊玲玲琍琍，一心培養正氣。

試聽黔中戰鼓，四凶餘孽伏地。

一顆鏍〔註83〕絲釘，在大型機器。

立功更立功，切莫計私利。

（三）

姐與妹將生弟，我家冤案層層。

爾祖雖已昭雪，爾父呼天無成。

但仰華嶽高峙，全家定見光明。

切望爾曹爭氣，不墮清白家聲。

是年夏，先生與徐復、周本淳共同前往南京天青街拜會鍾泰。臨別，先生與鍾泰外孫王繼如言：「將與汝外祖再會十次」。不久鍾泰駕鶴西去。〔註84〕

9月21日，王氣中來函：

汝舟兄：

十八日函，諒已達覽。

兄要索取的《古典文學》《古代漢語》《現代漢語》幾種教材，現已找到三種；《中國古典文學作品選》兩冊，《古代漢語基礎知識》一冊，《現代漢語文法知識》，都是在「四人幫」控制或影響下不成體統的東西，而且是七手八腳搭湊而成的貨色。弟沒有過目（即使過目，也是白搭），現在也沒有興趣來看它。你硬要來抓，不過如此而已，你□□□□把它帶上，現在因事不可能有遊山雅興，到滁又不可能當天回來，只好作罷。且把這幾本不像樣子東西寄上。我看你可翻可不翻，不過奉命塞責罷了。安師大所編，我雖未見，想來未必比這些壞；可能還要高明些。（其中《古漢語基礎知識》，不知

〔註83〕鏍，原作「羅」，誤。

〔註84〕王繼如《鍾泰〈春秋正言斷辭三傳參〉整理弁言》，載虞萬里主編《經學文獻研究輯刊》第二十七輯，上海書店出版社 2022 年版。

是何校寄來徵求意見的，你用不著，請擲還！恐原主追索也。）

《西周考年》，送歷史系和洪誠的都早轉去。散之蒙面不易，尚未轉達，當不斷跑跑，以達雅意。

昨上海古籍出版社《中華文史論叢》來約稿，我已將尊著推薦。你如同意，請徑〔註85〕《西年〔註86〕考年》一份至「上海紹興路五號上海古籍出版社《中華文史論叢》編輯部」，或由我寄給他們。我以為兄的其他尊稿，都可陸續寄給他們。惟在寄去之前，囑小妹們抄份複稿，自己保留。

在滁要呆多少天？想來還要北上渡淮。諸希珍攝！敬祝

安康！

弟氣中上，九月廿一日

天瞳附候

安師大滁縣教學點的詳細地址，乞示知〔註87〕

9月23日，先生致書殷孟倫：

孟倫契兄學長文席：

不通音問，忽忽二十年，「四人幫」妖氛裏，安容我輩團結？七一年夏，亡荊突患右偏癱。承貴州新領導發出魯達的聲音，對一小派「人物」說：「你放這老兒還鄉去！」並專使護送到寧，託運十四箱古書到原合肥今劃歸全椒之祖宅，今為全椒人矣。

去年冬，安徽師大滁州分校謬採虛名，聘充顧問，明知覆餗堪慮，只得勉力圖之。與領導粗擬規劃，從五家大店（先進大學）販貨，三年後寫三部像樣教本。五家大店皆有密友，即南大有氣中、自明老學長，杭大有駕吾老學長、永鳴契友，武大有李健章老弟。此三校所用這三種教材，原文寄贈，獨中山大學有王季思學長及山大有吾兄尚未聯繫。因屢得氣老書，文駕幾度過寧，年且八十，為國宣勞，何敢多所煩瀆？七月中因事到寧，初見徐復教授，一見如故，邀到南師院為研究生講聲韻學，並約國慶節後校慶約兄與我參加。《中國古代天文曆法表解》昨已寄寧。幸不久得在寧把晤，能否

〔註85〕「徑」當作「寄」。
〔註86〕「年」當作「周」。
〔註87〕馬先隊家藏稿。

屈駕過我？先到瑯琊，兼為此間師生作片刻談，講二小時話，一傾化雨？不勉強，以體力為限，幸即賜覆。

貴大現派送一名教師張文玉同志來滁，渠受「毒」甚深，酷好聲韻文字之學，到滁此次使一仰光儀，證章黃遺風末派，亦可幸也。渠聞貴大同學周復剛弟之受教門下，是十人中九個魯人，一個黔人，與兄推屋烏之愛有關，使張生滿載而歸，感同身受。近作《談談〈豳風‧七月〉》及此間中文系二下學生一稿附呈，煩轉《文史哲》編輯部，不錄不怪。見面匪遙，即頌

著祺！

弟張渡謹啟〔註88〕

10月3日，先生致書周本淳：

本淳老弟：

得書大快！嗣接《活頁文選叢刊‧徵稿啟事》，更驚！解放前，開明、中華皆有活頁文選，抗戰中長沙公益出版社（移在藍田）亦有活頁文選，皆印發前人佳作，嘉惠學人。你校乃採集當時文史佳作，任讀者各就所專採用，免定購全刊，僅取一二，對經濟、對精力皆為浪費。此則活頁與海內著名刊物爭奪市場，必然化雨普施。非在四化紅光普照之中，安能見此鴻圖？非有八指頭陀乳育下之狂妄沙彌參與其中，何能誰能有此不可思議的設計？信如是也，則方丈維摩室容萬千問疾菩薩，又何「荒山小廟」之足云？未受沙彌戒而穿海青的狂生，今亦垂垂老矣，現亦在六安「荒山小廟」。今後可能與老弟東西對峙，對國家四個現代化有所貢獻。

冬飲師一聽問業者語言支離，輒驚問「你吃誰的開口乳？」今接大箚，不須驚問，只提出吃八指頭陀開口乳者兩個狂沙彌。未受沙彌戒而穿海青，狂何如也！軼群也住小廟，今春堅託兩位教語文課的赴馬鞍山參加安徽語言學會召開的學術會議，過滁看我。談次，極贊軼群之學之品。二君一出北大，一出川大，談吐雅馴，似非世俗之人，工於互相捧場以自重也。二君皆年逾四十，軼群必有足以感召之處，不能不令我想起他吃過的開口乳。兩位老師說：「傅先生雖開葷，基本吃素。」軼群來信，愧損之至，以為垂老無成，殆不

然也。已約今暑把晤，今暑太熱，未能返南張，居所未定，改在深秋，幸即將此信轉野廟另一個狂沙彌為盼。清代淮安是府，六安、滁縣皆為直隸州，何得云「荒山野廟」？湖南有二位八指頭陀，今師是後起。一個文盲篾匠，出家走遍華東，親近許多高僧，以華嚴二法師。全椒現有二大名醫。曰邊正方，年七十有六，工詩善畫，與林老訂交，尚在，身著袈裟，住燕湖叢林時，《草堂詩存》有詩紀其事。又一是汪岳尊，來滁見過。全椒名醫邊老正方，林老《草堂詩存》有詩紀之，尚在解放前邊老著袈裟時訂交時作。後充九華外當家，托缽到和縣，有病者請診，法師開一貼，病者託人請栗庵先生審核。張先生見之大加賞識，邊老醫名，大振皖東，有此一段姻緣。七六年夏在全椒把晤，我說：「解放前不出家，不是英雄；解放後不還俗，也不是英雄。」他作詩不避禪語，兼說：「佛法開慧，醫術利生。」我與林老說過：「以出世法，辦世間事。」此乃普財童子五十三參之微義也。性一法師，湖西文盲篾匠，走華東求法，追隨華嚴大師慈舟，「無為而無不為也」、「聖人不凝滯於物，而與世推移」，何可自潔？凡與國計民生有害者，必絕之耳。傳聞北京一老揚言曰：「我老婆可以離婚，唯心論我不放棄。」也可能是張東蓀先生。不粉碎四人幫，沒有言論自由，一切學派文化都被窒息。其文科學有素養者，不但被棄，反而遭殃。往事已矣，眼向前看。瑯琊寺已遭四人幫之阨，象教已無跡可尋，何來大德克副狂沙彌之望？

　　姑掛號郵寄近著《九歌新釋》，幸勿恃一堂之批准，而由法眼菩薩之鑒定耳。《耕耘》第二期，頗有起色。《釀泉》二期，也將與讀者見面，定郵寄以收「相觀而善」之效。

　　《耕耘》二期，以重要地位載周伯萍先生一絕句，從其署名，附記所在，及其與總理關係，疑伯萍即令兄本厚，而詩有宋味。令兄之筆，據五點推測：（一）非連理枝頭無此好言。（二）必是周總理門下健者。（三）署「伯 X」可能與老弟為「伯仲」。（四）後署「寫於阿爾及爾」可能即「阿爾巴尼亞」。（五）此作宋味很重，老弟你於宋詩也許連理。不知所推測有當否？幸告！初期見李一氓將軍大作冠於篇首，甚怪。詢知解放後李將軍乃蘇北主要將領之一，此詩之被推重，自可釋疑。二期見周大使□之作，也大驚。受推重僅次

於李將軍，而所作大為逕庭，妄作五點推測。四點可能取信於人，最後稱為宋味甚重，非裏手又專攻文論如老弟者何必取笑於人？姑妄言之。

「曾親教誨縈回久」，與周總理的關係，受教你，時間長，七個字完全足清。「無限哀思遣卻難」，由上句受教你，世間長，才能頂上「無限哀思」。「遣」、「難」是兩個謂語，中間用個轉折連詞「卻」，何等老辣！「景〔註89〕仰前行勤亦學」回應樸實，首句「受教」，妙在「景仰前行」四字，搶盡司馬遷《孔子世家贊》「高山仰止，景行行止，雖不能至，然心嚮往之。」「前行」就前面的「景行」，將《詩經》兩句抽出四個字，伏司馬遷讚語，自比史遷，尊總理為聖人，妙在意境，字裏行間，有跡可尋，不是唐首〔註90〕，妙在神韻，可意會而不可言傳。收句「餘生盡效登攀」必以此句作結，云不是虛悼。自託諸葛，承總理之大業，應有此抱負。「登攀」二字，與上句隱伏的「高山」呼應。據所見言之，未必當也。《耕耘》二期，荒蕪先生詩二律，一五言，一七言，甚可觀，似較老弟佳什稍勝。舊詩，古體最難，近體五律最難。唐宋惟王、孟、青蓮為五律神品，少陵、眉山為妙品，閬仙、後山為能品而已。老弟五律頗工，雖私與老弟信口批評「可比肩前輩，除林老外。」近作二律，似不逮荒蕪，但亦可取。詩人有作，不可不隱約自占身份，但不可逾分。左太沖當其詩賦未動江關而步武班孟堅。張平子作《三都賦》，為二陸所譏嘲。諺語「春雪主旱」，因值輔弼週年忌日，託標「瑞雪」，描出「天人共祭」的先賢遺愛之遠，意境甚高，身份自在，庶免逾越不自量之譏。荒蕪二作，一題「有贈」，文中所贈之人甚明，亦以下位關注國家，不能妄附顯貴；一題借明題主名，卻運用燕策故事，託為古人頌古之作，影射時事而已。命題不苟，老弟荒蕪之作，異曲同工。我常對人有「豬八戒吃人參果」之誚，口過口過！諸君已犯綺語，戒之戒之！老朽更應受惡口之誅，罪過罪過！

此祝！〔註91〕

〔註89〕景，原作「謹」，誤。

〔註90〕「首」疑為「道」之誤。

〔註91〕見先生1979年日記。

是日，先生與張聞玉談及陳翰笙所撰對聯：「亮節不因時顯晦，高懷豈與世低昂。」〔註92〕

是日，先生又復顏冬申信：

冬申同志：

大劄敬悉。將許逾恒，非所敢任。少時負笈南雍，對蘄春黃先生之學，略聞一二，耳食而已。足下博聞強識，二十年困阨，著作甚多，所謂塞翁失馬，安知非福者也。拙著《詩經韻讀舉例》足下據此讀《注疏》，本是「舉例」，足下竟能隅反，文玉推重，絕非率爾。舊稿多所遺佚，倘尊處與米生處不論印本鈔本，掛號惠寄，是所至感。米生與文玉中學同堂，又久住貴師，目擊其中人事幻化，識破人間所謂邪正之餘，歷歷分明，大增智慧，反面教材，曷容忽諸？希代致意。匆此即頌。〔註93〕

10 月 16 日，蔣禮鴻來函曰：

汝舟丈道席：

前寄奉《杭大學報》一本，想已塵覽，頃奉十四日暨近詩三章一一持悉。先師捐館，亦有哀辭馳獻，別紙錄。政其家秘人不發喪，來信云禮。先生晦跡藏用，與世相忘之素抱，竊謬此所為者是也。凡沐先師之澤者，送一花圈，致一唁函，其所以為報者，蓋不在是矣。

前獻一樽，以吾丈高齡，宜適飲食、謹杖屨、節思慮為要。竊觀吾丈子平生，蓋子張、孟軻一流人物，近時尤意氣風發，時以高才自見，其於遯世不見，是而無悶，疑為有間。其有憾於先師喪儀之簡，蓋以此乎解？專作詩人未嘗不可，有所吟詠必鉛印分致，竊以為過矣。《詩》云：「予懷明德，不大聲以色」，敢效蒙瞽，維吾丈裁焉！專此敬頌

道履綏吉

晚蔣禮鴻志　十月十六日〔註94〕

是年秋，張聞玉赴滁州從先生問學，1981 年返回。傅軼群作《己未秋謁

〔註92〕此聯載《光明日報》1979 年 9 月 27 日。
〔註93〕見先生 1979 年日記。
〔註94〕此據馬先隊家藏稿。

二毌師滁縣》二首：

> 先生有福伴泉林，黔客今為譙郡人。
>
> 吾道迴車文鬱鬱，醉翁亭畔臥陽明。
>
> 東倭侵我難回首，避地南荒老一經。
>
> 四十年來沾化雨，此生矢志立程門。

12月1日，殷孟倫與王氣中、徐復同訪先生，並共遊琅琊山。殷作詩一首：

> 分襟白下冊年長，攜手南譙鬢已蒼。
>
> 同學少年餘幾輩，出遊佳日惜流光。
>
> 高談驚座情猶在，雅詠懷人樂未央。
>
> 難得四翁三百歲〔註95〕，銜杯明月共相將〔註96〕。

先生次韻一首，題曰《次韻孟倫學長見贈之作》：

> 冊載遭逢論短長，浮沉無計問穹蒼。
>
> 高軒過此消餘悸，皓月迎人耀滿光〔註97〕。
>
> 鞭策若非來全面，老殘何以報中央。
>
> 師門遺教堪傳後〔註98〕，於是保之頌我將〔註99〕。

是年12月，先生為安徽師範大學滁州分校所編《九歌新注》完稿，在此書末尾作一結語，總結《九歌》研究之前史曰：

> 《楚辭》，尤其屈賦部分，上繼《風》《雅》，下開辭賦、駢文，
> 是中國文學史上卓越的一段。全書注釋，自王逸以下，卓然成家的
> 如宋洪興祖、朱熹以至清代王夫之、蔣驥、屈復、林雲銘以及當代
> 姜亮夫、馬茂元諸教授。只注屈賦部分或零篇者，如宋錢杲之乃至
> 清錢澄之、李光地、戴震、龔景瀚、王闓運、馬其昶以及友人衛瑜
> 章教授。疏釋之多，逾於九經，可謂盛矣！而《九歌》尤為奇古。

〔註95〕此句作者自注：「汝舟今年八十有一，氣中七十有八，士復六十有九，餘則七
十有二，合計共三百歲，可謂巧矣。」

〔註96〕此句作者自注：「是日安師大滁州分校領導招飲於瑯琊寺中之明月觀。」

〔註97〕此句先生自注：「是日夏曆十月十四日。」

〔註98〕此句先生自注：「孟倫士復正在南大講四周訓詁學，昨今在此亦分別為諸生講
此學。」

〔註99〕此句先生自注：「因此唱和，擬載《釀泉》三期，不可不注末句，通俗也。我
將，周頌篇名，中有詩句于時保之。」

近人王靜安著《宋元戲曲史》，溯而上之，特標《九歌》為中國戲曲之鼻祖，最為卓見。筆者更前溯到舜之《九韶》、禹之《九夏》、啟之《九辯》《九歌》與周《九成》。《九成》《六成》，猶如近代之幾齣幾幕。但古之九成、六成只演一朝事蹟之始終，而《九歌》則雜演不同之節目，這是戲曲一大發展。繼王先生之後，譯論《九歌》者有郭沫若、游國恩、劉永濟、聞一多、羅膺中、文懷沙諸家，各有貢獻。至如《文學遺產增刊六輯》收有徐嘉瑞先生一篇《九歌的組織》，時有高見。但所云「《九歌》有的是對唱對舞，有的是合唱合舞。」我們就徐先生指出的獨唱獨舞，經過反覆分析，則認為是對唱對舞。如《湘君》《湘夫人》《山鬼》三篇，只好由讀者評定得失。而《文學遺產增刊五輯》收有張宗銘先生的《九歌古歌舞劇臆說》，似乎確有臆說。所謂「臆說」，就是證據不足，隨意立論。古人著述，常有此弊。尤其近代，廖季平偶起微波，康南海興風作浪，到胡適之「大膽假設，小心求證」，實際上「大膽假設，盲目附會」。解放以來，「雙百」方針不能貫徹，原因之一，就是臆說還有市場。姑妄言之，這篇論文，是筆者二十年前舊稿。今在新工作崗位，由主講古典文學鄭啟洲老師協力整理，作為補充教材。十一篇之中，《大司命》《少司命》《東君》則由鄭老師執筆，雖據拙著舊稿，亦有鄭君自出機杼之處，附誌於此。〔註100〕

是年，先生受聘《漢語大詞典》安徽編纂處複審顧問。

是年，先生約林散之、邵子退同遊滁州琅琊山，作詩一首。

是年，先生撰《竹居詩剩序》。先生所撰《談談語法上的「老大難」問題》發表於滁州師專《釀泉》第 2、3 期。《關於「分析句子的標準方法」的補正》發表於第 4 期。《〈九歌〉新注》發表於《淮陰活頁文史叢刊》第 18 期。

是年，鍾泰卒。鍾泰（1888～1979），字訒齋，號鍾山，別號待庵。江蘇南京人。歷任安徽高等學堂教師，南京法政專門學校（後改法政大學）日文教席。1924 年轉任杭州之江大學國學系教授兼系主任，1939 年任湖南藍田國立師範學院教授，1943 年任貴陽大夏大學文學院長兼中文系主任。1944

〔註100〕張聞玉家藏稿。

年與熊十力並任書院主講兼協纂。1948 年任光華大學教授，1949 年後入華東師範大學。後兼任上海文史館員，1973 年辭職回南京賦閒。

1980 年（庚申），先生八十二歲

在滁州師專。

1 月 23 日，致書周本淳曰：

> 本淳老弟：
>
> 得蕭兵〔註101〕同志信，略有所覺，已與老弟略述，今日覆蕭君信，當以善意相報。但另有所感，不能不與老弟一提。老弟之師友，才有高下，大抵純正。親附諸老如汪辟老、林散老，氣中、徐復二教授老，非由我引薦，而親附之也，自具隻眼耳。尤其欽仰冬飲老人及鍾老，至性過人，實為難得。蕭君有二可疑，提出供老弟參考。
>
> （一）著作引徵博而不洽。蕭君讀書勤奮自應肯定。正文於論著不允洽。越肯讀書，越有資本，博而不洽，論著可以欺人，且可假名流相資利用，成為假名流。大惑者，終日不解。當代著名大學文史真教授能有幾人，不必點名，大都還不是前世修的。前世者，解放前也。解放前許多開不出課的教授有名氣的照有，解放前騙了人。林彪、四人幫之流，真才實學遭殃，騙子吃香，事例還少嗎？林老說：「真讀書人天下少」，看看文史哲報刊，方知林老之言不妄。蕭君過去所走道路，似乎不妙。
>
> （二）老弟說：「蕭君很聽老輩說話」，余不敢以老賣老，但以善意相告，弦外之音，從活頁預目《鯀為女性》說起，略申好奇好怪之非。更從預目還有《陶詩新解》一篇，不知作者是否即舒城人，藍田師院老師徐仁甫先生，我與此老近同鄉、老同事，相過四年，知之甚深。如係此老，則《陶詩新解》大有問題。貴校活頁選材之不慎，主其事者確乎不妙。

1 月 24 日，洪誠卒。先生作悼詞曰：

> 嗚呼自明！四十餘年，友誼不同尋常。君主講女中，余承乏男庠，四年之中，每週三舉觴。商量舊學，品訂文章。抗戰期間，我到湖湘，君留故里，余函召而西行。君造遵義，我移貴陽，君席未

〔註101〕原作「肖兵」，誤，徑改，以下皆同。

暖而遠揚。文革之後，我始回鄉，幾接歡笑，忽又君亡。正為諸生講學，孟倫、士復幫忙。余以老憊，袖手於路旁。君之勞瘁，黌舍之光。君之勞瘁，應該我當，事既往矣，內疚堪傷！託命小女致此唁詞，並寄一瓣之心香。嗚呼自明，尚饗尚饗！

1月28日，先生覆蕭兵信札：

蕭兵同志兄足下：

奉讀大箚，無任愧怍，久患感冒，稽遲未覆，益用增慚。大著皆已反覆。博極群書，非績學之士，不能也。甚佩！渡鄉野樗材，久埋邊邑，碌碌無成，愧對師友。足下過聽浮言，謙稱萬不敢承。

足下文譽已高，今又為國家建樹鴻業，活頁雖已早有，如足下所主持則為創舉。提拔小儒之佳作，與權威雜誌想爭勝負，節約□土之多訂，使真才實學廣開門路。渡，庸人也，□主寧拙毋巧，寧暗毋暴。初聞本淳弟淮陰師專活頁之勝舉，報以撫掌，並以拙稿應之。及活頁預目，內有《鯀為女性》一篇，甚感失望。屈原無其人；屈賦乃漢初人偽託；大禹是蟲；墨子是印度人……以足下之博贍，窒不聞耶？不知道「鯀」為何人？如果實蟲之母親？顧頡剛先生晚年之作，已趨平實。此公這盌冷飯，誠所難解。倘「鯀」別有其人，則余已鄙陋而已。匆匆不盡，建言，勿罪。敬頌

著祺。

2月3日，王氣中來函：

汝舟兄：

勞人草草，連日想寫信都未如願。奉到29日手書，藉悉決定不回南張。天寒地凍，不宜出門，甚是甚是。不知葉芬仍需一行否？

葉芬前次來，因毛毛生病，學昀出差剛回，積務待處理，一家都在匆促中，不及留她。原約可能再來，在洪誠追悼會上看到她，知當日即已回滁矣。

洪誠追悼會，中文系辦的隆重。兄挽辭外並為送花圈一個，尊囑也。花圈錢，經辦人尚未來催賬，估計不過塊把錢，等他們來收，再告訴你。這次不代付帳，讓已逝者地下領老兄之過情。

《談談轉注》交范、陶二君看，我不催，他們就不送來。最近有個小刊物（關於語文方面的）要稿，給他們印出，以饗好者，何

如？呂叔湘為它寫有一篇小文。

其他，待續陳。散之處仍未得去（一去就要花去半天）。他採取「萬事不關心」的養生法，和兄煩慮多端的煉生法（鍛鍊）正好相反。人各有志，各行其是，不能強也。匆匆敬祝康吉！

全家問好！

弟氣中

二月三日〔註102〕

2月15日除夕夜，貴州省委寄來「錯案改正」通知，先生冤案終於平反。時任安徽省委書記的萬里在先生右派改正前接見他時說：「張汝舟先生，你受委屈了，二十多年，不容易呀！今年八十了，八十歲還不算老嘛，還可以立新功。貴州的事我們管不了，你就在我們安徽好了。」〔註103〕

2月26日，趙樸初來函曰：

汝舟先生道席：

去臘辱奉手書，藉悉尊況佳勝，欣忭奚如。請務叢集，卒卒鮮暇。加以蒲柳之質，二豎時侵。致稽報書，當蒙鑒宥。

大作拜讀，襟抱超遠，甚為佩仰。重開講筵，啟迪後學，誨人不倦，尤深欽遲。

樸初卅年奔走，愧乏報稱。最近「鑒真和尚像回國巡展」，又與日本佛教淨土宗共同紀念善導大師外事活動，準備工作緊張。匆匆奉覆，不盡欲言。

專此敬祝

安健！

趙樸初　作禮

一九八〇年二月廿六日〔註104〕

3月9日，收到王氣中來信：

汝舟兄：

前函諒達。范培元通知轉致尊函，已拜讀。所詢各節，已請代陳。「南無」口訣，乃禪和子息心養靜之方，譬如失眠者之數一二三

〔註102〕馬先隊家藏稿。

〔註103〕見姚獻中《臨江仙‧紀念張老師百年誕辰》詩下自注，載《張汝舟先生誕辰百年紀念文集》，第56頁。

〔註104〕此據馬先隊家藏稿。

而入睡，未可厚非，若以此類咒語為靈驗之方，必致墮入魔障而不可自拔。蓋早昇天堂與長命百歲乃大相徑庭者也。故無論世俗與非世俗，兩皆無當。目前形勢，鼓舞人心，主要在於黨領導下為四化服務，團結一切可以團結的力量。夫黨領導云者，馬列主義的唯物主義與辯證唯物端為之思想核心者也。萬不可因此而遂謂可以一切思想得以自由泛濫也。忝在知己，願共勉之！

散之仍未出院。此次確因病入院，已四十多天，頃聞已大好，待天氣回暖即可回家調養。其病據聞為輕微腦溢血，蓋老人不任煩劇，人怕出名之故也。

請告訴葉芬：市上已有駝毛及羊毛出售，約六元多一斤，比前稍廉。如決定要，望告知數量。余由范君另陳，不一。敬頌

闔家安吉！

弟氣中拜 1980.3.9

天朦附候〔註105〕

3 月 29 日，先生發《悼皮煥昌唁電》：「卅年師生，辜負黃門。聲音文字，君未成名。四凶為虐，誰不被坑？余蒙改正，諸子歡欣。方期盡力，醫補瘡痕。黔中將治，貴大方新。正寄君書，忽聽噩音。敬慰家屬，電致哀音。」

4 月 11 日，先生作詩一首，題曰《清明散之回烏江掃墓，因口占一絕兼召老炊（邵子退兄）偕遊瑯琊》：「花溪話別返浮槎，何物浮槎六一誇？〔註106〕聾叟老炊身力健，瑯琊也有半溪花。」〔註107〕

4 月 26 日，王氣中復來函：

汝舟兄：

廿二日手書奉悉。弟十三日晚忽發眩暈，臥床十日，眩暈已止，腿力仍弱。安得我輩間有一部車子，可以時常對晤乎？仍服中藥。

鍾山詩會冊子已承全椒汪君寄來。昨《南京文藝增刊》為慶祝南京解放卅週年覆載此詩，寄上一份。

兄來講學事，此間主持教學同志力持學生前往就教。雖是古誼

〔註105〕 此據馬先隊家藏稿。
〔註106〕 此句自注：「浮槎在余村西南二十里，壯年嘗登陟，歐公有《浮槎山記》。」
〔註107〕 此句自注：「余三遊西湖，一登黃山，居花溪三十年。曾作花溪雜詠十絕句，餌誘散之、子退遊黔，未果。山水有緣，今住瑯琊近在咫尺，口占一絕代柬，皆老矣，曷乘興乎來！」

「只聞來學,不聞往教」,然把麻煩推到教學點,則弟頗不謂然。「來學」當然要備正式函件給教學點,但不知那裏有否招待所可住?

「五一」節,這裏有兩天假期(把五月二日課移到本星期天廿九日上)。那裏辦法如果相同,弟如仍不能行,你那裏又有服侍人,葉芬可先來寧一遊。

散之無回信。祝安吉!俟續寫。

安徽語言學會近在馬鞍山開會,南京邀徐復,上海邀張世祿,杭州邀姜亮夫參加。

弟氣中,四月廿六日。天曙附候〔註108〕

5月8日,王氣中來信提及《西周考年》發表問題:

汝舟兄:

五一手書,五日始到,稽遲郵路,向未嘗有。弟頭暈雖愈,體力未復,遵醫囑仍在休養中。琅琊春色,坐令虛度,將來趨訪,已入夏木陰陰之境矣。

打印之件,不必介意。兄視弟豈畏首畏尾之輩?蓋所言不在此也。昔偉珍嘗怪弟以雞蛋碰石頭,弟初不顧。五十年來,歷盡艱辛,未改此性,惟稍注意方法方式,不作許褚赤膊上陣耳。前書所言,意在斯乎。葉蘆之言,不知若何,若有所幾諫,殆亦感受偶而相合,故不覺若合符契。此乃目前知識界之通感,非弟獨出心裁,也非葉蘆之「庸孝」。姑妄言之,姑妄聽之,可也。

葉芬受黨之命,侍奉父親,有責主義兄之起居眠食,猶之當今的國家領導人嘗受身邊通訊員的拘束,而不能深怪他們耳。幸兄盡可能屈意接受其勸告,教知其對他人的態度和方式方法,使不致得罪他人是已。

以前種種,到此告一段落,以後言歸正傳。

《西周考年》付印問題,弟前幾天去信查問,頃得覆信,因為篇幅有限,希望對原稿有所提煉,壓縮篇幅字數。他們可能將原稿直接寄回請修改。這是目前編輯刊物的一般情況,因為紙張奇缺,各種刊物都很注重篇幅。弟已回覆他們:兄以貴大教授,病休回鄉,

〔註108〕馬先隊家藏稿。

安徽領導上特迎至師大滁縣教學點為培養師資，提高教學質量。弟告訴他們：《西周考年》是兄對於古代曆法多年研究的成果之一，其他尚有若干篇已發表和待發表的關於這方面的專著和論文。古代曆法外，音韻、訓詁、語法、文字，都有深入的研究和專門著述。弟告訴他們：兄《考年》之作，批判日人新城氏的誤謬，從而指出王國維的月象四分法和劉歆三統曆的錯誤，對於當前歷史紀年有重大現實意義，未可以古董視之。他們要求壓縮修改，我想可以適應其要求。附錄一，可抽出另作專文。附錄二，可抽出，暫不印。正文中有可以節去的解釋支詞，稍加裁汰。不知尊意以為何如？（目前節去的地方，將來編集時仍可補入）頭暈，暫寫到此。頌安吉！

葉芬此次來，本要住一夜，匆匆趕回，不知冒雨否？

　　　　　　　　　弟氣中，五月八日，天矓附候。〔註109〕

8月1日，先生致書王德群：

德群：

收到你信，沒有回你信，因為工作忙。希望返校前，偕孫媳及三弟奮揚來滁一敘。可宗大爹能來，歡迎。他同意與張同志皈依當代進步高僧明真法師，他是印光大師一類的高僧。不過，今天辦千劫萬生大事，是時候了。

林老最近與棲霞山一位和尚來往很親密，我亦打算秋涼到棲霞山拜訪這位和尚。能講經的叫法師，有梵德的叫和尚，和尚比法師更可敬，皈依和尚更好，待我到棲霞山看看。琳哥九十歲了，身體健康，精神愉快，每日念佛近一萬聲，他說是你爹爹教他的。邊爹爹說：「佛法能啟人智慧」。你爹爹、奶奶、大姥、三姥都是有來頭的，你父子也是有來頭的，孫媳定然也是有來頭的。你爹爹與林爹爹、張爹爹三個蒙師深交五十年也是有來頭的。在這方面，林爹爹、張爹爹都落後了，這種落後，不是壁落，各有時代任務，但退墮是事實，完全靠時時追念你爹爹、張奶奶不致忘失本志。你們這一家，是佛光普照的，別人不懂，我與林爹是敬仰的。三姑父人品也端正，學力也可以，不信佛，可惜！

蘇鴻武前天來了，前途很有希望。他對你爹爹一貫崇敬，我對

他也進行教育半年，他並沒有忘記。所說希望，不是別的，正直負責當一名好教師。把個人利益放後一些，把人民利益放重一些，就是你初次見我，我說的話，你總結八個字：「公私分明」、「主從（次）分明」。前四字是立場問題，後四字是工作方法。思想正確，工作有方法，這是做人的大本，行行出狀元，平凡事能做出不平凡成績。奮揚同更生及諸妹共勉之！盼即來滁。

祝

全家進步！

張爹爹字〔註110〕

8月29日，覆致書周本淳曰：

本淳老弟：

你們已到莫干山與王駕老、葉蘆歡聚，至為欣羨。但不知拙著一包，已交到蔣禮鴻教授否？切覆！

務蘭紀念□，既趕急付郵，只得掛號寄上。切勿〔註111〕忘將拙著二種──《曆術甲子篇》《中國古代天文曆法表解》及《安徽日報》八月十四日一併寄海外。並附一紙，寄費告我，不能累老弟。這兩本近著我處已罄，現將老弟兩本寄去，我一定有辦法還你。此致

敬禮！

汝舟　80.8.29

9月10日，蔣禮鴻致書先生曰：

汝舟丈尊座：

奉到手誨暨與駕丈書已一併呈駕丈訖。拙文尚有半篇，續印後當繼呈。晚學殖空疏，中年以後，牽於多故，難得寸進，以是為愧。所自信者，不屑以己所不信之言謾世人耳！辱獎譽過量，彌益愧汗。

《漢語大詞典》編委會原云在北京舉行，今得通知於十八日在蘇州舉行。琅琊之會，只好期諸異日矣。吾丈高齡，宜適食飲、慎杖履、節思慮，優游卒歲，不勝凝佇。律詩二章，牽率應酬之作，甚無足觀，聊錄呈發一笑耳。葉蘆兄當復在蘇相晤，前此匆匆未嘗

〔註110〕王德群家藏稿。
〔註111〕「勿」為脫文，據文意補。

得暢談也。耑叩

道安不一

晚禮鴻手肅　九月十日〔註112〕

9 月 22 日，王氣中致函先生，商討天文曆法講習會一事。其文曰：

汝舟兄：

四天前寄上之函，料已達覽。頃與士復兄商定，擬於國慶後兩三天率諸生赴滁聽教。南大決定去研究生 12 人（女生 2 人）。南師因中文系負責教學的副系主任到四川開會未回，去的人數尚待決定，但徐兄和他的研究生四人是一定要去的。山東大學由士復兄函告孟倫兄。孟倫上學期曾率領研究生到江浙一帶參觀，這次是否可以參加滁州盛會尚不可知。浙師和貴大方面，想已由兄通知了。估計此次講習會規模當在 30 人左右。

安師大滁州分校是東道主，這些人的住宿和生活都要依靠他們安排，請為事先商定。既是人數較多的講習會，非少數個人的臨時請教可比，必要做些組織工作，擬定講習進度，到時才不致忙亂。尤其這次講習時間短，計劃得好，才可以充分利用時間學習。連日細思，有下列幾件事要在會前準備好：

按一個星期的時間，擬定教學目的、要求和大綱；（2）擬定一個必不可少的基礎知識提綱和參考書目；（3）兄主講幾次，關於基礎知識的輔導講解，擬請張文玉同志擔任，因此他必須做一點準備工作，如：怎樣讀表，表（一）怎樣不如表（二），古人觀象所得的印象和現代天文學的異同，以及有關的專名術語（如三正論、三統論、朔、閏、蔀的含義和算法，等等），都要按照基礎的要求擬出一個提綱。（4）必要的補充資料（要先期打印），擬請師大分校代為打印，按成本收費。（5）幾個學校不可能事先商議一切（時間來不及），總的領導工作擬請師大分校教務處或中文系黃艾仁同誌主持。

凡此，皆要先做準備，臨時才能有條不紊，才能集中注意力於講習方面。希望參加的人能夠於十月五日到齊，六日正式開講。希望許多工作由文玉同志負責聯繫（各校去的人當然要有組織的推定

〔註112〕此據馬先隊家藏稿。

學習、生活等方面的負責人）。兄要適當節省精力，不可為此用力過猛。諸事要煩貴大二位張同志，我們謹當面謝。

《古代天文曆法表解》打印資料，士復兄來時可以將餘存的帶來，《曆術甲子篇淺釋》打印本已函孟倫兄請山大研究生科寄 10 至 20 份到滁，以備應用（工本費由應用人自付）。南大、南師來的人已都有一份了。俟復！敬祝健康！

弟氣中於九月廿二日〔註113〕

9 月，貴陽為史健烈士舉行殉難三十一週年悼念會，先生聞訊，揮筆寫下了《史健烈士悼詩》。〔註114〕

10 月，王氣中、殷孟倫、徐復諸先生組織「天文曆法講習班」，由先生擔任主講，弟子張聞玉、張耿光擔任全程輔導，十餘所院校參與其事。〔註115〕參加人員有饒尚寬、魏玉芬、吳榮爵、顏冬申、劉明魁、王鼎三、譚科模、彭望蘇、顏亨福、蔣南華、徐超、周復剛、朱聲琦、王繼如、鄒偉俊、范培元、程希聖、李風程、姚品榮、談志運、周明、王長發、龔斌、滕志賢、萬業馨、柳士鎮、薛正興、趙中方、黃麗麗、李開、儲道立、張耿光、張聞玉、鄭啟洲、朱淮生、劉明、余志潮、錢南秀。〔註116〕講習班學員錢南秀回憶當時情景曰：

我有幸隨王氣中先生（氣中先生與管雄先生為我南大碩士業師）與尊師聞玉教授參與那次盛會，得親炙汝舟先生，自是平生幸事。最為難忘是因汝舟先生年邁，不良於行，每日由聞玉教授背負來講壇，至今想來令我淚目。因我後來留學海外，臨行匆匆，很多筆記無法隨身帶出，均遺失了，很是可惜，卻也無可奈何，盼諒解。但我後來參與主編《古代文化知識要覽》（湖南人民出版社，1986），其中第二章天文曆法，五篇文章均由我編寫，雖然遠不能傳承汝舟先生學問精義，無論如何應該是受到這次盛會激發的直接成果。〔註117〕

講習班學員周明回憶講習會情景道：

張汝舟先生是我的導師王氣中先生的好友。我們有一門課叫古

〔註113〕馬先隊家藏稿。
〔註114〕王繼衡《回憶張汝舟教授》。
〔註115〕程在福《要趁斜陽趕一程——紀念二冊師逝世一週年》。
〔註116〕此據「中國古代天文曆法講習會名單」，呂正家藏稿。
〔註117〕見錢南秀教授致筆者的信。

天文曆法，就是請他上的。我們一行四人坐車到滁州。當時他講的
是《史記・天官書》裏面的內容，有推算。不是他親自講的，是他
的助手（張聞玉）講的。講了好幾天，每天講兩個小時。後來跟我
們合了一個影，搬家搬了幾次，都找不到了，筆記也找不到了。合
影是我們四個研究生，他坐在中間，我們導師沒去。四個人是我、
龔斌、王長發、錢南秀。我們當時感到很新鮮，就是對他的名字感
到新鮮。李清照後來結婚的一個丈夫也叫張汝舟。

　　當時很尊敬張汝舟先生，我就想送他一個匾「如沐春風」，感
謝他給我們講課。後來跟他商量，他說「不不不，不要這樣，我給
你們改一下，叫『同沐春風』」。我們就請系裏書法家萬業馨親筆寫
的「同沐春風」，做了一個匾，送給他的。講課的內容到現在我看
不懂了，當時我也不太懂，就是什麼加多少，什麼減多少，是這些
東西。〔註118〕

講習班學員龔斌回憶道：

　　萬丈高樓平地起。當年南大中文系研究生的課程涵蓋中華優秀
文化的眾多方面，夯實了治學的堅實基礎。氣中師及研究生指導小
組，甚至請經濟系老師為我們講授馬克思《資本論》，講完，老師布
置作業。我也讀過黑格爾《美學》，但太過艱深，未曾深入。南大天
文學系海內獨步，中文系請該系盧老師給我們上過好幾周古代天文
曆法的課。1980 年 10 月，由氣中師和南京師院徐復先生共同發起，
在安徽滁州師院舉辦古代天文曆法講習會，請張汝舟老先生的弟子
講授《史記・曆術甲子篇》，使我們大開眼界。南大中文系培養研究
生既博且精，倡導樸實的優良學風，為我們後來的學術研究打下深
廣的基礎。為此，我終生感激南京大學，感激氣中師和指導小組的
老師們。〔註119〕

講習班學員王繼如回憶道：

　　王力先生主編的《古代漢語》教材上還有古天文曆法的通論，
今日能講授的恐怕已經沒有幾人了。當時研究古天文曆法的張汝舟

〔註118〕根據筆者好友宋健採訪周明先生錄音整理，見「張汝舟先生」微信公眾號。
〔註119〕龔斌《轉益多師是汝師》，載戴建業主編《華中學術》第 18 輯，2017 年第 2
　　　　期。

教授，「右派」平反後回到滁州，南京大學、山東大學、南京師範大學的幾位先生就聯名在滁州師範專科學校辦了個古天文曆法講習班，請張先生主講，他的兩個助手張聞玉和張耿光先生輔導，為期一周，我對古天文曆法的瞭解這才上了軌道，《史記》的《曆術甲子篇》才能看懂。在這樣比較廣泛也比較紮實的基礎上，我們再跟徐老學訓詁學。徐老是訓詁名家，他上課，從不講空理論，就講自己讀書所得，怎麼發現問題，怎麼解決問題，查閱哪些書籍，思考哪些途徑，給我們很多啟發。經過這樣的教育，我們對訓詁之學，體會可能會比較深切些。〔註120〕

10月26日，先生去書周本淳：

本淳老弟：

務蘭老弟真是一名虔誠佛子，對我震動太大了。他今天走上覺路，還不忘你對他的啟發，又不忘記在永綏□果子園第一次性一法師與我談話，就在他□□裏種下善根。又不忘記在旅館（肯定是外國）見到《印光法師文鈔》，他從來未談，歎為稀有之妙法，又自買一部《印光法師文鈔》，從此素食，專修淨業，專精直奔安界。壯哉壯哉！

同時接到葉蘆信，說：「駕吾先生避免來客，每天獨人帶一本書到黃龍洞裏去讀書寫文章」。此老真不可測〔註121〕！葉蘆被瞞過了，你有善根，穿過幾年海青拜釋迦、老子，你會知道你老師駕吾先生每天逃到黃龍洞讀什麼書，寫什麼文章。如果是寫《墨子集注》，一定是陽墨陰佛，用宋五子手段陽儒陰釋，挫我四遊西湖之想。一造黃龍洞，不知老友還念舊否？我對老弟與宋祚胤之赴莫干山收穫如何，入寶而退友，老弟該不至於。林老爹一輩子俗人，今天連多少風雲人物，都被他加以「惡客」徽號而嚴拒之。氣老目見老弟現在已是華東風雲人物，紅是紅了，「紅」得發紫，就辜負良師（駕吾）益友（務蘭）。我最近對王鼎三老弟說：「你們夫婦皆光榮入了黨，皆為貴州重點中學及小學的安順二中及小學書記兼校長，子女已經或將來皆入黨，全家在黨的光輝下榮幸度過幸福。倘無更高志

〔註120〕王繼如《學貴自得》，載黎千駒主編《當代語言學者論治學》。
〔註121〕原作「惻」，誤。

氣，力爭上游，歸根結底，是一個庸俗夥伴——立小功，傳虛譽；犯小過，不判罪——歷史上這類庸人豈少也哉？誰不求安而避危？老子曰「安平素」，如來說「常樂我淨」，試問：孔曰「殺身成仁」，孟曰「捨生取義」，又怎樣解釋？莊子說：「大惑者終身不解，大愚者終身不靈」，幾千年歷史上象牙塔裏面培養了多少英雄兒女！

一為文人，便毫無出息，此魯迅先生所深痛心者也。文人無行，易於售騙。一鄉皆稱願□人，有人捧場，有名可揚，得意忘形，紗帽一帶，嘴就歪，名位越高越糊塗。最近黃山開全國哲學討論會，幾百千專家。討論內容，令人不解。討論什麼呢？有的說：中國唯心論在歷史上只有消極作用。有的說：唯心論在中國歷史上也起過進步作用。我很疑這批專家對於中國哲學，毫無所知，還是清末海禁大開以後，一批束書不觀的口吻。不承認唯心論有進步意義，是無知；承認唯心論有進步意義，也是無知。根本不懂中國哲學是什麼東西嘛，從何談起？

最近一個月，精神上起了較大振動——貴州十俊之來滁，王務南之來信，林老之遊琅琊，葉蘆述駕吾之居黃龍洞，還有一項更大振動在等待我——到北京會幾位大和尚大居士。坐十個月牢，當二十年右派，實在沒有什麼振動。1979 年寫了十來篇論文，近二十萬字，發二千年人從未發，也感到不過爾爾，只有愚昧人才發急，認為渴不及待，要雞毛上天。

務蘭來信說：李約瑟博士是英國人，不是美國人。我清楚記憶，李博士是美國人，著的是《中國科技史》上冊，下冊將出版。李博士言論弘通，擇要記在日記上，據《參考消息》，尚可查到。同時在《參考消息》上可見另一篇報導，是英籍華人著一部《世界科技史》也讚頌中國科技，我未節錄。最近感到意義不大，連尊岳與李約瑟博士有故，乃至氣兄與方毅院長深契，也不曾想到為個人通通關節；不但無此想，連貴州省委會惠部長之愛，也覺得此老多事。我不消極，不感到有什麼「惡客」，好心的兒女朋友要我靜養，我說「靜養」不如「動養」，此中人語云，不可為外人道也。

老弟不是早晚又到蘇州開會了嗎？煩造印老法師靈隱寺瞻仰，如有可能，代請一部《金剛經》《觀音普門品》《普賢行願品》。老弟

到上海機會也多，不知上海佛學書局開門否？不好意思託務蘭在海外求經！此祝

　　快樂進步！

汝舟覆　80.10.26〔註122〕

11月10日，先生覆趙樸初信：

　　樸老丈公大居士道席：

　　久別光儀，時彌企仰，捧讀惠書，至用欣忭，惟痛聞貴府佩瓊先生已逝，又為痛悼曷勝？念築中困阨，女等撫慰有加，迄無寸報。天況教授代問賢嗣近況為感。弟自七一年歸里，萬里歸來，近在瑯瑘山下，重作馮婦，四凶肆虐，講席虛懸，形勢驅人，未便息影，佛恩國恩，耿耿於懷。公與巨贊、明真二大法師定有以教我也。謹呈近作俚句五章，附呈此間刊物《釀泉》兩期統新，賜教為感。敬祝

　　道安。

張汝舟和南〔註123〕

11月21日，王氣中來函曰：

　　汝舟兄：

　　王許林帶來手教，奉讀之下，才悟五日手書及文玉同志大箚，稽未奉覆，為歉仄不置。今天仍未能詳答，文玉處也不能另柬，只談幾件急要的事。

　　前承惠寄《詩經韻讀舉例》和《談談轉注》兩種，都收到。其中並無《釀泉》第二期（第一期乃上學期收到的）兩本。因此，《漢語有介詞嗎？》沒有看到。請琍琍或文玉同志補寄一份，以飽眼福。看後再寄還。

　　《中國古代天文曆法表解》，徐兄已交其系油印。近月，徐兄因參加江蘇省兩次學術會議，較忙，很少晤面機會。這次南師校慶學術活動沒有大搞，已經悄悄舉行，沒有如上學期預定計劃進行。徐兄上月底曾談過，將以為研究生講學方式邀駕臨此。稍俟兩天，再去看他，如何再說。

〔註122〕信末附言：「近著四種至少兩種（淺釋、表解）已否寄務蘭？望告。」
〔註123〕見先生1980年日記。

　　《曆術甲子篇淺釋》已交諸生謄抄一份清稿，尚未抄好。待機再設法先油印出來。

　　杜仲，天矅得之大喜過望，既感兄之慷慨，又謝文玉同志之遠貺。

　　散之出席文聯事，事前毫無所聞，也是在報上見其大名耳。致昌午函，當為轉去。稍暇方能去看他們。

　　琅琊今年再會，爭取大寒未降前踐約，然不敢必。一切匆匆之故耳。（然有許多話，非面晤不能盡。倘得早晤，將以最新新聞，以破兄「神交」之美夢，以證友情終不可靠耳。）祝安！

弟氣中

十一月廿一日〔註124〕

　　12 月 1 日，山大殷孟倫、南大王氣中、南師大徐復三教授偕貴大宋季麗女士訪問，午餐後徐復為諸生作二小時學術報告。

　　12 月，由外孫馬先隊陪同往北京出席中國佛教第四屆全國代表大會，與北師大陸宗達教授會晤。在京期間，趙樸初曾兩次探望先生，並約請撰寫歷史上著名僧人傳記。啟功、呂叔湘、巨贊法師等亦往先生住處與之暢談。先生之母吃長素，先生更被譽為「胎裏素」，一生與佛法結緣。

　　先生手訂《汝舟詩零稿紀年》，選詩四十六首，並贈王季思指正。先生在此集末尾跋曰：「《汝舟詩零稿紀年》始於與林散之唱和，殿之以殷孟倫酬答，起結如是之巧，似天有意作安排者然。一笑！」〔註125〕

　　是年，湖南弟子宋祚胤約周本淳同往滁州謁先生。〔註126〕

　　是年，張天矅寄舊作予先生：

　　　張同志送汝舟先生錯案改正佳報喜賦

　　（一）喜鵲噪高枝，露光泛海游。忽逢青鳥使，頓解獄冤謎。敬客無樽酒，酬詩愧濫竽。高齡驚八十，四化競先驅。

　　（二）冤悒廿年凝碧游，孤高正錯有黔生。陰霾四散紅光滿，扶杖龍鍾趕萬程。

　　　遊醉翁亭與琅琊山

〔註124〕馬先隊家藏稿。
〔註125〕張汝舟《二毋室論學雜著選》第 324 頁。
〔註126〕周本淳《二毋室叢著跋》。

（一）醉翁亭畔小池邊，俯仰低徊憶舊賢。踏遍林臺秋色好，黃花紅葉鬥鮮妍。

（二）古樹寒梅已孕芭，冰心玉魄想風標。當年賓客酣遊地，留予殘碑慰寂寥。

（三）花香泉洄霜林雅，紆曲迴旋山徑幽。古蹟雙尋清興遠，攜孫扶女樂悠悠。

（四）四害芟除大患消，園臺重建客逍遙。會看長征與四化，英雄賢俊數今朝。

對聯

攀四化高峰，希流光頃刻。

奔長征新路，精科技萬彩。〔註127〕

是年，林散之作《贈葉蘆》，此詩真蹟仍藏於先生之孫張立楷居所：

早向君家結勝緣，匆匆憂患在人間。恍然一夢槐安國，白髮驚心六十年。

是年，單人耘作《寄呈張汝舟老人》：

散公城居倦車馬，有如退之思東野。心畫當示知心者，八十山翁來白下。高樓四壁飛虯龍，霜眉墨氣相瀟灑。兩翁耳聾手不啞，搦管敘心競書寫。坐我峨眉太白間，風泉雲壑從陶冶。花溪一棹指彈月，陋室三更雨飄瓦。錢江之水湧波濤，葉蘆揚帆繼清標。本淳才捷膽氣豪，浪浪春漲漫平橋。玄武門高燦秋日，踟躕偶被方枲識。自嗟才力非驊騮，春風策勵蹄輕疾。西望琅琊岩岫深，老木醅穠氣氤氳。既喜儕輩為傳人，我足不前先生嗔。〔註128〕

是年，先生所撰《談談轉注》發表於《貴州社會科學》第二期。

1981 年（辛酉），先生八十三歲

在滁州師專。

〔註127〕馬先隊家藏稿。

〔註128〕見單人耘《一勺吟——單人耘詩詞選》。此詩作者小注曰：「張汝舟先生名渡，為林散之夫子摯友。曾供職貴州師範大學，後居滁縣。精天文曆算古詩文，於林散老書畫展覽會上見余，執手嘉愛，言於散老，謂可與本淳、葉蘆為師輩傳人。葉蘆乃先生之子，在浙師大教文學。周本淳是張老學生，係淮陰師專教授。」

2 月 25 日，王氣中致書先生曰：

> 法駕自北京返琅琊後，獲奉手教及編年詩印稿，比以感冒，未即奉答。春節前兩日又奉命搬家，草草未安，謹託范培元同志先代致意，想可知道了。
>
> 張文玉、張耿光兩君前月相繼來寧，藉知精神至佳，興致甚高。北京之行，可謂不虛矣。唯二俊連袂反築，絳帳侍從何人，不免稍殺風景耳。尚希珍攝精力，收心養靜為禱！
>
> 新搬之房在「南京漢口路 52-1 號甲樓 201 室」，賜示請徑寄此處。
>
> 散之處遲遲始去拜年，值午睡未久，未便驚動。蓋自入秋至今，不晤已數月矣。《江上詩存》，南京教師進修學院數月前鉛印內部發行，內附書畫手跡，足徵三絕矣。〔註129〕

是年夏，先生往金華，向程在福、張立楷等人授課。據張立楷回憶當時情形道：

> 81 年夏，先祖父來金給我們上課，主要講小學──文字、聲韻、訓詁，聽課的還有貴州教育學院程在福老師等。老人治學嚴謹，而激昂的教風，全然不像八十老翁。別看先祖父弱不禁風，但一講起課來，就精神矍鑠，聲如洪鐘，旁徵博引，亦莊亦諧。對聲韻訓詁之學，可謂博大精深，爐火純青。先祖父極善化繁為簡，深入淺出，看似在不經意間信手拈來，卻獨有創見。一次我的一位愛好古典文學的呂姓同學侍問「攝提貞於孟陬兮」的「貞」為何要釋為「當」，先祖父即答：古無舌上音，「貞」讀為「當」。講《詩經》時，《小雅・鹿鳴》有「君子是則是傚」之句，鄭箋朱注及眾多釋家皆解為「君子法效」。先祖父認為「則」、「傚」為同義詞，是「仿傚」的意思，此句為賓語前置，猶「唯利是圖」句式，當譯為「仿傚君子」，真是言簡意賅。談「六書」中的象形、指事、會意、形聲時，他說：「象形、指事是獨體，有形可像是象形，無形可像是指事；會意、形聲是合體，有意可會是會意，無意可會是形聲。」提綱挈領，直入精要。講聲韻時，由淺入深，先從尋母問等入手，繼而轉到中古音，先祖父說：「沒有陳澧就沒有黃季剛先生。」隨

〔註129〕馬先隊家藏稿。

即叫我找來陳澧的《切韻考》，指著說：「守溫三十六字母中的喻、照、穿、床、審五母分為二類，合明、微為一部，共分為四十部。而黃季剛先生分明、微各為一部，則是四十一部。」最後推到上古音，他特別推崇古韻十大家，並把十大家的分部合成一張表。當然他認為到目前為止，季剛先生分二十八部是最合理的。對古音學，先祖父始終強調「前修未密，後出轉精」，鼓勵我們大膽探討，不要迷信權威。」〔註130〕

是年，黔中諸弟子擬請先生重返貴州大學，先生慨然應允。先生曰：「貴州是我的第二故鄉，我要對得起貴州人民，要補回過去被耽誤的時間。」〔註131〕

是年，先生對王力《古代漢語》中天文圖提出質疑。據先生學生呂正回憶：

> 那是鄭啟洲老師撿了一個壞的地球儀讓我做的，我按照王力《古代漢語》第三冊的天文圖作，送給老先生看，被先生斥之：錯了，搞反了！根據這個「搞正」的天體儀，我發現「會挽雕弓如滿月」的「天弓」是一組星宿——弧矢。寫了文章以後，老先生說：「有點味道」。〔註132〕

是年，《懷念季剛先生》發表於《文教資料簡報》第10期。

1982年（壬戌），先生八十四歲

1月22日，先生突發腦溢血，卒於滁州師專家中。汪岳尊作《挽張汝舟教授二律》：

> 靈光一夕竟成墟，哀訃驚披逼歲除。
> 快吐鯁喉方泱泱，難醒蝶夢倘蘧蘧。
> 說經早共尊重席，退隱何曾愛敝廬？
> 應是九閭新砭訂，人間微到老橫渠。
> 鄉校滁山黯畫屏，吟魂應戀醉翁亭。
> 梗枬苦盼成材盛，蘋藻宜分薦食馨。
> 一別美人渺秋水，三生益友感晨星。

〔註130〕張立楷《深切懷念先祖父張汝舟先生》，載《張汝舟先生誕辰百年紀念文集》，第15頁。
〔註131〕程在福《要趁斜陽趕一程——紀念二毋師逝世一週年》。
〔註132〕見呂正給筆者的微信。

他年愁踏琅瑯路，暗咽出泉不可聽！

是年，邊正方作《挽張汝老》：「噩耗傳來風雨驚，同鄉新舊有遺音。天文表解存曆法，韻字推敲絕點塵。巴雨樹雲成隔世，靈山蓮坐可期心。人公汗漫今乘鶴，一念飛馳萬里程。」陳葆經作《悼汝老世叔》：「雁過蕭蕭雨，哀音到已遲。那堪小除夕，竟唱大招詞！夢斷情難釋，心傷淚易滋。傳僧青未殺，去去欲何之？」

5 月 25 日，貴州大學成立「張汝舟教授遺著整理小組」，著手整理先生存世作品。由貴州大學蔣希文、佘長虹負責，成員有張聞玉、程在福、蔣南華。另約請張耿光、饒尚寬、張葉蘆參加整理工作。聘請殷孟倫、徐復、王氣中、王駕吾、湯炳正、周本淳擔任顧問，並約請寫序。〔註 133〕

是年，《貴州民族學院學報》發表《詩經韻讀舉例》所加的編者按語：

《詩經韻讀舉例》是貴州大學張汝舟教授一九五七年春天在貴陽師院任教時寫的教學講義。刻印後未及講授就隨著「反右鬥爭」風起而隱沒了。正因為是講義性質，為便於初學，就寫得深入淺出，涉及一些需要深入研究或有爭論的問題，原稿有意迴避了。它的作用在於教會學生正確運用黃季剛先生十九組、二十八部處理先秦韻文，實用意義當然是高於一切的。有關張汝舟先生的古音學見解，可參看他的其他聲韻學著述。如《聲韻學教案》《聲韻學方面的幾個問題》《切韻聲紐之商榷》《切韻考外篇刊誤》等，只有這樣才不致再鬧出瞎子摸象的笑話。

另外，我們發表時只改正刻印稿的個別錯字，包括國際音標符號在內的一些注音的處理，都一依原稿，未加改動。因為張汝舟先生已不可能看到原著的發表了。編稿的今天，正好是他辭世一週年日子。此文的付印就作為對這位為貴州教育事業鞠躬盡瘁的一代學人的紀念吧！〔註 134〕

是年，呂正在先生生前指導下，於《社會科學戰線》上發表《雕弓新解》一文。

是年，王駕吾卒。

〔註 133〕見《關於整理張汝舟教授遺著的意見》，載《貴州大學張汝舟教授遺著整理簡訊》（第一期）。
〔註 134〕《貴州大學張汝舟教授遺著整理簡訊》（第二期）。

續編　1983～2023 年

1983 年（癸亥），先生逝世後一年

1 月 22 日，先生逝世一週年，「張汝舟教授遺著整理小組」在《簡訊》上發布唁電一組以為紀念：

> 殷孟倫曰：「驚聞汝舟兄溘然仙逝，曷勝悲悼！追憶平生，吾兄刻苦治學，著述精湛。淡泊自守，忘世毀譽。天算曆數，尤為絕唱。足以廣大章黃之學之傳，不愧一代名家，哀唁無已。同門弟殷孟倫敬輓。」

> 徐復曰：「電悉：汝老學貫天人，海內景仰。茲聞溘逝，不勝哀悼！因節前擁擠，不克親臨致莫，特電慰唁。」

> 王駕吾曰：「學有專長，補司馬之曆，一時無兩；儒者終慕，在倫常之中，我愧未能。」

> 徐家婷曰：「驚悉張教授病逝，謹致哀悼。張教授學識淵博，著作碩深，桃李顯實，業績不朽。向張教授家屬致以親切慰問。」

> 張聞玉曰：「一生苦學釋迦，雖曾惡冠加首，終法門不改歸靈鷲；兩手勤披經籍，敢向學閥揮戈，任桃李競開哭山頹。」〔註1〕

2 月，先生弟子宋祚胤為《二毋室論學雜著選》作序。其文曰：

> 嗚呼！此先師二毋居士合肥張汝舟先生之遺稿也。六十年中，師著述二百萬言，此特泰山之一毫芒耳。顧精氣光怪已璀璨陸離而

〔註1〕《貴州大學張汝舟教授遺著整理簡訊》（第三期）。

不可磨滅，矧天文曆算之尤為卓異，愈足使世之所謂能橫絕千古，而推倒一時者之懾服於談笑指顧之間者乎？祚胤不敏，獲侍座於四十餘年前，師嘗以「湘西一線文脈，吾子司其斷續」相勉，而學殖荒落，垂老無成，甚有愧於師門，復何能為《叢著》序？然撫今思昔，以睇乎學術之林，固有其鬱勃而不能已於言者矣。

夫「義理、辭章、考據三者不可偏廢，必義理以為質，然後辭章有所恃，考據有所歸」，此桐城姚姬傳先生之所揭櫫以教天下，而亦師之拳拳服膺以終身者也。欲窺測師之深邃、恢弘、充實而有光輝耶，其必緣於是矣。

師早歲入東南大學，曾立雪於王伯沆老夫子之門，深自貶損其少年之盛氣，惟淡泊寧靜之守。後一生不幹人以投稿，屢辭教授系主任而不為，不亦勞謙君子有終，而器識之先於文藝乎？故其於立身也，雖涅跡而不染，卒以清白之身而歸於盛世也。於訓諸生徒也，要以敦品勵行為務，而薪盡火傳，我輩亦咸竭蹶以為明時之鼓吹也。若夫窮理而研幾邪，則洞中肯綮，深造自得，益非末學膚受之不解會通者所能望其項脊矣。今日不猶有目老氏為消極遁世者邪？而五十年前師為懷寧胡淵如老先生撰《勞謙室叢著序》，即謂「指道家為出世，與佛屠並斥，不其慎歟」。且證以老莊之言「以道佐人主」、「治大國若烹小鮮」，誠確乎其不可以易也。至謂老氏之道「皆在單之前」、「儒家所謂道，據太極以後言之」，或失於玄虛，或得乎平實，剛剖析入微，合於辯證，正不得譏矛盾統一為自相枘鑿，而求之以形而上學矣。

師以深邃之義理，發為恢弘之辭章，其《談古文尚書》《齊魯學考》《南宋九經考》，以汪洋恣肆，歙斂淵深而蜚聲於士林者無論矣。即趁一時之興吟詠，亦於尺幅之中，極千里之觀，足以想見其為人也。一九四七年秋《諭葉蘆》云：「一念在君民，心折杜陵叟。」「冠蓋滿京華，咄是何雞狗！」自勉學人應心乎天下國家之大，至斥責其時當軸者之殘民以逞，師之素志不於是乎在邪？而方其縱筆也，則惟出之以沉鬱頓挫也。《談黃山谷詩》謂「沉鬱就是不淺露，頓挫就是不直瀉，沉鬱從意上見，頓挫從辭上見」，「頓挫之所在，即意境之所在」，是治內容形式而為一，非三折肱於斯道者寧能有

得如此，則亦夫子之自許也。

　　師一生低首於溧水王伯沆老夫子，復頗獲益於蘄春黃季剛先生，故其考據文充實而有光輝，多發前人之所未發，且深有造於世道人心也。其《四國考》云：「四國者何？南國、北國、東方、西土也。」「核以中國之稱，則知此乃殷人之舊名，周人襲而用之耳。周以前，殷人已有其悠久之歷史，而為諸夏文化之中心。」則不徒一掃「學者多以常語視之，或舉國名以實四國之數」之闕失，抑探賾索隱，發微闡幽，足明我華族振古以來即巍然屹立於環球之東，使彼詭其「西來說」、「東來說」之挾其狼子野心，欲逐我出於茲土以卷而懷之者，胥舟張為幻，匍匐而歸矣。其《討論周易之制作時代》云：「我認為鄭康成捨魯論用古論是正確的。試問『十有五而志於學』的孔子，一直『發憤忘食』了三十多年，天天學習，忽而發假年之歎，難道一向沒學習嗎？」則不徒以孔子證孔子為誠然唯物，足破循魯論之誤，謂孔子未見《周易》，而《周易》即不能成於孔子以前之謬說，抑勇於取風靡一世者而摧陷廓清之，實甚有助於學人之修身而立品也。師之考據文大率類此，良以積之已久，非偶而得之也。《汝舟小考據前言》：「無論是學術、辭章，不能無為而作，無病呻吟，必須有的放矢」，「實事求是」。「個人主觀，大膽假設，那只好從古書裏找點雞毛蒜皮，盲目附會，辦不到小心求證。」旨哉，言乎！卓哉，言乎！是既於胡適學風之波流於今者作致命之一擊，而尤師之辭章，考據自植根於姚氏之義理而終歸於唯物辯證之明徵也。《叢著》具在，可以復按，應不至斥為阿其所好，倚師以自重矣！

　　師之道德文章，即此已有如清代黔中學人健者遵義鄭珍子尹詩所謂「如涉大水無津涯」，孤陋如子，寧堪贊一辭？其猶嘵嘵者，則世人亟需治夫子之學，俾沿古之典籍以趨於馬列之真，而予亦冀以餘年敬隨乎諸君子之後也。

受業弟子宋祚胤頓首謹撰
一九八三年二月於長沙

　　3 月，湯炳正為《二母室論學雜著選》作序，評價先生道：「公之為人，平易純樸，恭謹謙遜，朋友知交，肝膽相照，在學術問題上，對青年後學，循循善誘，而對權威人士，則往往分寸必爭，鋒芒畢露。公雖奉佛茹素，頗治學

勤奮，無絲毫出世想；為人處事，有強烈是非感。以此，頗受朋輩與後學所尊崇。」

4月3日，徐復致書先生遺著整理小組：

> 來翰昨日始達，讀之不勝感喟！汝舟先生當代聞文，學識優長。諸君篤於師誼，為之整理遺著，至堪欽佩！古天文曆法論文集已有氣中先生作序，下走自可從免，望再作安排。一九八一年汝舟先生撰有《憶季剛師》一文，以篇幅有限，略作刪節。原稿尚在敝寓，俟檢出寄上。《切韻考外篇刊誤》已拜讀，功力甚深。復當寫小文一首，以誌景仰。〔註2〕

5月7日，貴州大學張汝舟教授遺著整理小組發表《二毋室論學雜著選》整理後記：

> 張汝舟教授（1899～1982）一生治學勤謹，著述宏富，涉及面廣，除中國古代天文曆法和語法兩部分另行結集外，本集根據文章內容，分小學、經學、諸子，中國古代文學等單元編目。
>
> 本集收錄均為單篇論文，由於手稿全部散失，除公開發表過的一部分外，大多數是刻印本，誤刻、漏刻以及印刷不清之處甚多。即使公開發表的排列本，亦時有誤排，今一一予以補正。又原文有未分段的，我們都予以分段；有標點符號前後不統一的，我們都予以統一。限於我們的水平，錯誤在所難免。敬希讀者指正。
>
> 負責本書整理工作的是張汝舟先生長男浙江師範學院張葉蘆副教授。全部文字校正、原稿譽清由貴州大學張聞玉、貴州民族學院黃永堂二同志承擔。特此說明。〔註3〕

5月23日，湯炳正致張聞玉，言先生存稿一事：

> 微輯汝舟公詩詞，炳處已無存稿。回憶在黔時，公與王駕吾公多倡和。駕吾公歸杭，生子，炳與汝舟公皆有賀詩寄去。可馳書杭大，向駕吾公後裔索取，或可有所得也。〔註4〕

是年夏，湯炳正為先生《切韻考外篇刊誤》作序曰：

> 清代古音學家，有「考古」與「審音」兩派。江永、戴震諸公

〔註2〕《貴州大學張汝舟教授遺著整理簡訊》（第八期）。
〔註3〕《貴州大學張汝舟教授遺著整理簡訊》（第七期）。
〔註4〕《貴州大學張汝舟教授遺著整理簡訊》（第八期）。

對古音學貢獻甚大，不特長於考古，而尤以審音見稱。然世謂江、戴審音，多以宋元等韻為據。而宋元等韻之學，「自為法以範古人之書」，已欠精密。況據此以上推先秦古音，更難吻合無間。此殆亦當時審音者之一蔽也。

陳蘭甫氏《切韻考外篇》等，欲專以「考古」之法，訂正等韻之學。據《廣韻》切語上下字以重蠸等韻圖譜。陳氏考析三十六母字為四十類，二百六十韻為三百一十一類。此說，曾被譽為中國聲韻學史上之一大創獲。

然陳書猶存不少缺點，前人多已指出。而張汝舟君之《切韻考外篇刊誤》，尤為切中要害之作。陳氏蓋欲據宋代《廣韻》切語，以復隋唐音讀之舊，其齟齬自所難免。張君則以唐寫本《切韻》《唐韻》殘卷及《經典釋文》《玉篇》等書為本，較度錙銖，審析毫釐，補其缺，糾其謬，明其等呼，究其流變。既一反陳氏「過信《廣韻》」之非，亦往往發現《切韻》《唐韻》之「疏」。對陳氏書，針砭入裏，切中肯綮，可謂「目無全牛」矣！張君因列陳書之誤，而又有歉於「考古之難」，誠甘苦之言也。

三十年代中期，余曾有《廣韻訂補》之作。據《廣韻》自身之體例，以糾正編纂傳寫之失誤。此與張君據《切韻》《唐韻》之遺編，以探求隋唐切音之舊者，目的雖不相同，而用心頗相似也。《訂補》定稿約十四萬，未及付梓而抗戰事起，寫本燼於兵燹。所存者，僅當時章氏國學會《制言》雜誌所刊《敘例》數千言耳。今張君《刊誤》得付梓問世，而余之《訂補》竟片紙無存，所謂有幸有不幸耶？因序張君書，不禁感慨繫之！〔註5〕

6 月 5 日，孟醒仁致書先生遺著整理小組：

感激你們為先師二母先生辛苦，為弟關心。先前曾經抄寫二母先師詩文以及後來通訊，可惜在十年動亂中遺失已盡。當訪之師友，希望有所發現。〔註6〕

9 月 2 日，施光亨致書先生遺著整理小組，談及《中國現代語言學家》中言及《張汝舟先生傳略》一事，此傳全面評價先生語言學成就，並提交先生語

〔註5〕《貴州大學張汝舟教授遺著整理簡訊》（第七期）。
〔註6〕《貴州大學張汝舟教授遺著整理簡訊》（第八期）。

言學論著目錄，後由河北人民出版社出版。施光亨函曰：

> 現寄上汝舟先生傳略初稿。這樣寫不知是否把握了張先生的主要貢獻，不知敘述是否準確，務請各位先生審閱、斧正！目的是準確地將張先生的成就介紹給讀者。如增加內容，請掌握在 4000 字左右。還得說明，即我們的《中國現代語言學家》（辭典）以介紹為主，學術上的不同觀點，尤其不作評論，語言學以外的成就只在文後簡略地提一提，所以張先生天文曆法方面的貢獻說得很簡單，目錄中也未列。〔註7〕

9 月 10 日，張耿光向先生遺著整理小組提交《關於語法部分整理的設想》：

> 先生語法著作實為古代漢語、現代漢語兩個部分。古漢語部分以《語法管見》《國文文法》《語法發展史》《古代漢語講義》為主。《講義》是就王力主編的《古代漢語》的綱目理就的教學用稿，雖有所創見而多散於篇章細目中，不便自立成書。前三種是否可以集在一起，專門出一本，請大家考慮。我以為這樣整理可以集中先生的古漢語語法論著，內容也相近、相宜。如果這樣安排可行，《發展史》便得著力整理。《發展史》多沿用王力先生《漢語史稿》的體例，針對性強，但所敘多為先生討論漢語語法細節承繼關係的精華，分量很重。這三種集在一起，實能反映先生古漢語語法研究方面的建樹。這個想法是否可行，請同諸師友、顧問斟定。
>
> 關於現代漢語語法部分，除《簡明語法》外，還有數篇獨立的論文，都是現成的。再把先生的「線標注字法」重新清理一下，寫成文字，合在一起，分量也是不輕的。這樣分開整理，內容安排上合理，讀者也容易接受。〔註8〕

10 月，先生所撰《佛教在祖國歷史上的貢獻》刊印。〔註9〕

是年，湯炳正、王氣中覆函張聞玉，指導整理先生遺著一事，湯炳正曰：

> 汝舟先生去世，不僅炳失去了老友，學術界亦失去了耆宿，青年更失去了導師。思之，良堪痛惜！近幾月來，昔事往往湧上心頭。

〔註7〕《貴州大學張汝舟教授遺著整理簡訊》（第九期）。

〔註8〕《貴州大學張汝舟教授遺著整理簡訊》（第九期）。

〔註9〕見《仁懷文史資料》第 26 輯。據陳葆經《悼汝老世叔》詩下自注，或作《佛教在祖國歷史上的成就》，「才寫好十幾個僧人，五位居士」。

花溪之畔，析疑論難之情景，如在目前。

　　整理汝舟先生著作，實刻不容緩。先生學術成就，方面極多，著述尤富。經學、小學、史學以及佛教哲學，皆有獨到之見，詩詞猶其餘事也。而天文曆算的整理之責，則更非諸君莫屬。希望能及早完成，以竟先生之志！

　　「遺著整理意見」對整理的內容與原則，籌劃極為周到。希望臺端及小組同志，按照計劃，及時完成。至於「顧問」，則炳以譾陋，愧不敢當。但為搶救前輩學術遺產，自當勉盡綿薄，襄此盛舉。〔註10〕

　　王氣中曰：「張先生講學為著生動，引人入勝往往故神其說。如大余小余之解釋，太初之為曆元託始，司馬遷和《史記》考證都已說明，得張先生以今語說之則更明晰。希望整理至此等處宜斟酌慎重，既能表彰先生之長，又不溢美以招物議。又，徵引文獻資料，請細核一遍。張先生老年礙於目力，記憶可能有出入。如干支紀日，隱公二年中有以隱公三年作始，或誤記或有所說，必須核對。方能踏實。」〔註11〕

　　是年，張輝在程千帆家受教，程曰：「我很敬佩張汝舟先生」。〔註12〕

　　是年，先生所撰《評榮孟源同志的〈試談西周紀年〉——兼駁月相四分法》發表於《貴州師範大學學報（社會科學版）》第1期，《漢語語法管見》發表於第2期。《（夏）小正校釋》發表於《貴州文史叢刊》第1期。

1984 年（甲子），先生逝世後二年

　　6月2日，先生門下高足張聞玉應南京大學程千帆及王氣中之邀，前往南京講授古代天文曆法，闡揚發揮先生的星曆觀點。

　　6月29日，張聞玉在南大講學結束後，在南大教學樓315教室舉辦古代天文曆法課座談討論。學員紛紛發言：

　　　　姚淦銘（南大侯鏡昶研究生）說：「通過一月的學習，收穫很大。我是從事古文字學專業的，經常碰到很多這方面的問題。張汝舟先生的天文曆法觀點使我們從紛繁的說法中理出了頭緒，找到了依據。張先生的一套是可信的。」

〔註10〕見《貴州大學張汝舟教授遺著整理簡訊》（第三期）。
〔註11〕見《貴州大學張汝舟教授遺著整理簡訊》（第三期）。
〔註12〕見本書張輝序。

關道雄（南大王氣中研究生）說：「以前接觸古代天文曆法問題，越看越糊塗。通過學習，收穫不小。這次講課，突出了張先生觀點的科學性、實用性，體現了張老師講授的通俗性。今後要學習、宣傳張汝舟先生的學術觀點。」

史雙元（南師大孫望研究生）說：「過去讀浦江清先生關於屈原生年考，感到很神秘，而張先生的一套能簡明地解決實際問題，用處很大。」

江慶柏（南師大諸祖耿研究生）說：「以前看浦江清先生文章越看越糊塗，而學習張先生的體系，簡明易懂。我有信心學好。」

黃德寬（南大徐家婷研究生）說：「先前接觸古天文文字，似懂非懂。這次學習，收穫很大。理出了一條線索，把握住了一個總的體系。張先生以古治古，用《史記·曆術甲子篇》的記載，推演驗證古書上的曆點，很有價值。張先生將曆法與天象緊密聯繫。突出了它的科學性，根基縈實，其星曆觀點是不可動搖的。張先生的一套簡明實用，容易把握。以後有機會，我一定宣傳推廣。」

程傑（南師大金啟華研究生）說：「具體應用我還未很好掌握，但找到了一條學習古天文曆法的正確道路。我是暗暗歎絕張先生古天文曆法的科學方法。」

叢文俊（南大侯鏡昶研究生）說：「汝舟先生從考據學角度論證自己的星曆觀點，形成了個人的體系，還需要通過學術界的使用驗證。我在這一月的學習中，感到有很多問題把握不住。如對『月相四分』的否定，關於戰國用曆，對『地中陽城』的解釋，關於分野說的矛盾……因為缺乏比較，還有討論的必要。」

馬樹杉（南師大徐復研究生）說「過去接觸古天文曆法文字如《太歲考》之類，越看越糊塗，認為是絕學。這次張老師來深入淺出地介紹，我對張先生體系產生了很大的興趣。通過學習，也敢讀一些涉及古天文學的著作了。歷來訓詁學家搞古天文曆法皆從考據入手，汝舟先生發揚傳統之學。把考據和現代科學方法結合起來研究，自成一家之言。很有說服力！」

景凱旋（南大程千帆研究生）說：「以前對此一無所知。通過學習，有了初步概念，也產生了很大興趣。主要感到沒有讀到張先生

原著，也缺乏與其他各家的比較。」

　　劉長典（南師大孫望研究生）說：「過去把古天文曆法、聲韻學看成絕學，難學難懂。這次學習，深感張汝舟先生的理論很有道理，令人可信。以前認為『三正』是三種曆法，現在才算弄清楚了。關於『歲星紀年』的說法，頭緒甚多。汝舟先生揭示得清清楚楚，這是很大的貢獻。」

　　李立樸（南大程千帆研究生）說：「一個月的學習，使本人對張先生古天文曆法體系深信不疑，深感汝舟先生學術水平極高。我在演算中還會遇到問題，今後多向張老師請教。」

　　張輝（南大程千帆研究生）說：「三年前在滁州師專就聽過有關張先生古天文學的介紹。這次聽講，材料豐富，倍受教益。汝舟先生傾注心力，建立獨特的古天文理論，豐富了祖國的學術。特別是對《曆術甲子篇》的闡釋，發前人所未發。成就卓異。我們今後當學習、繼承、發揚光大汝舟先生的學說。」〔註13〕

　　7月，因有感於南大講學，張聞玉作詩兩首，其一曰《千帆先生授宴勝利飯店三樓，錢秀南老師作陪。程先生席前相贈親編〈章太炎先生國學演講錄〉，嘉惠後學，有功學術》：「方策新編開慧眼，高燈家宴降慈雲。茲來立雪堂前侍，如坐春風洗俗塵」。其二曰《氣中老先生家宴感懷》：「話別長沙又一春，再蒙尊長宴金陵。先師德行高如許，始有今朝遺愛恩。」

　　10月20日，國務院古籍整理出版規劃小組所編《古籍整理出版情況簡報》130期以《貴州大學整理張汝舟遺著》為題發文，全面介紹先生古代天文曆法體系的特色。全文約四千字，此稿應南京大學程千帆約撰，由張聞玉執筆。〔註14〕因較為深入地評價了先生古代天文曆法的成就，故迻錄全文如下：

　　貴州大學教授張汝舟先生（1899～1982）是國內知名的語言學家，安徽省全椒縣人。他博學多聞，在聲韻、訓詁、考據、語法、古代文學，古代天文曆法諸方面均有建樹，有遺稿兩百多萬字，生前發表得很少。經貴州大學張汝舟教授遺著整理小組組織校內外人士共同努力，已經出版論學雜著、古代天文曆法、漢語語法等三種。

〔註13〕《貴州大學張汝舟教授遺著整理簡訊》（第十期）。
〔註14〕《貴州大學張汝舟教授遺著整理簡訊》（第十一期）。

其中《二冊室古代天文曆法論叢》交浙江古籍出版社，於今年第三季度發，預計 1985 年上半年出書。

張汝舟先生在古代天文曆法研究方面的特色，在於能夠排除紛紜不已的各家學說，獨闢蹊徑，獨樹一幟，建立了自己的體系。

他對《史記·曆書》進行深入研究，認定那是司馬遷為我們保存下來的我國第一部完整的四分曆法——殷曆。他認為，攝提格、單閼、焉蒙、端逢……是干支的別名。《曆術甲子篇》正是用這些別名紀年，他指出《曆術甲子篇》之太初，乃殷曆曆元之太初，非漢武帝紀念改曆之太初年號，他揭示了《曆術甲子篇》作為四分曆之「法」的內部規律，利用《殷曆十二蔀表》和《一甲次數表》，通過推演驗證，解決了很多歷史上長期不得解決的具體年代問題，他依據祖沖之對四分曆的論斷「經三百年輒差一日」，確認四分曆每年有 3.06 的浮差。並以此推算密近的實際天象，可以很便捷地得出任何年月的經朔和中氣（平氣）。《曆術甲子篇淺釋》就這樣深入淺出，引人入勝，使讀者無不驚服殷曆創制者之精妙絕倫，無不為祖國古代有如此高度的文化，而引以自豪。

他高度評價《漢書·律曆志·次度》，認為它是四分曆法的天象依據，與曆術甲子篇》構成我國古代天文曆法之雙璧，使我國古代天文曆法的真相大白於天下，中國最早的曆法，前人有所謂「古六曆」之說——黃帝曆、顓頊曆、夏曆、殷曆、周曆、魯曆，近人以為都是四分曆數據。其實，「古六曆」是東漢人的附會，戰國盛傳所謂「天正甲寅元」與「人正乙卯元」，其間也有承繼關係。人正乙卯元實是天正甲寅元的殷曆的變種，所以，中國最早的曆法也就是天正甲寅元的殷曆，就是以寅為正的真夏曆假殷曆，也就是四分曆。曆法產生之前，包括「歲星紀年」在內，都還是在觀象授時階段。進入「法」的時代，就意味著年、月、日的調配有了可能，也有了規律，由此可以求得密近的實際天象。戰國紛爭，四分曆法卻是不可改變的，各國用曆所不同者唯歲首與建正不同而已。秦曆名為顓頊，實是殷曆的改頭換面。到漢武太初改曆才廢十月為歲首，而取正月作歲首，並廢閏在年末，行無中氣之月置閏。太初之後十餘年又用八十一分法取代四分曆，直到東漢章帝元和二年二月復用四分，即

東漢四分曆。

在天象方面，秦漢以後有「歲陰左行，太歲右行」之說，進而有天體運行的左旋與右旋之爭，一直延續到清代，這是地心說所造成的迷霧。所以歷代的天文圖表，再表示十二辰次與二十八宿關係時總是按「四象」的東南西北方位配上二十八宿，黃道圈內有兩個方向相反的十二支順次，張汝舟先生在《中國古代天文曆法表解》中根據《次度》製成一表，修正了歷代就二十八宿配四象所造成的錯誤，恢復了二十八宿宿位排列的本來面目。這張表由於調整了二十八宿的位置，調整了十二宮、辰的位置，加了歲差、木星、北斗柄的方向，與傳統的排列法比較，不僅徹底擺脫了「四象」的束縛，放正了二十八宿的位置，使「地望」、「占卜術」無所依存，而且在以下幾個方面有它突出的意義。

1. 二十八宿的運行與二十四節氣的配合取得了一致。此表依據《次度》，二十八宿運行方向由東向西（箭頭標明），冬至點在牛初，春分點在婁四度，夏至點在井三十一度，秋分點在角十度，曆曆分明，節氣順次與二十八宿運行方向一致。

2. 北斗柄方向與四季的方向、二十八宿運行方向吻合。由於北斗柄繞著北極轉動，一年四季斗柄指向不同的方位，此表加一個北斗柄方向，與二十四節氣順次配合無誤，與二十八宿運行也就吻合。這也表示了古人把北斗、北極與二十八宿緊密相連的觀測方法。

3. 否定了「歲星紀年」。傳統的二十八宿安排有內外十二支排列，這是迷戀歲星紀年。又假想出一個與木星成相反方向運行的假歲星（太歲）。張汝舟先生此表取消了的假歲星的安排，明確了木星的運行方向，十二支與紀月的「星紀，玄枵、娵訾……」相配合，底改變了對歲星紀年的認識。曇花一現的「歲星紀年」，不過是四分曆法產生之前觀象授時階段的一個插曲而已。

4. 明確了歲差與歲差的方向。歲差雖然是東晉人虞喜發現並加以計算，可是漢代已有明確的記載：西漢末冬至點在建星（南斗尾附近），東漢時冬至點在斗二十一度四分之一。冬至點從牛初的移動表明，歲差是漢人觀察到的恒星位移，更證明「冬至點在牛初」是戰國初期的實際天象。

經過多年深入研究，他用充分的材料斷定，殷曆創制於戰國初期，行用於周考王十四年（公元前 427 年），這時我國始有干支紀年，才進入有曆法的時代，他認為西周至春秋前期是承用商代以建丑為正的殷曆。《大戴記》的《「夏」小正》其實是以「殷曆」為主的觀象授時的文獻，「夏」字是後人安加的，為此，他寫了《「夏」小正校釋》《中國古代天文曆法表解》和《談〈豳風‧七月〉》三篇文章，以證其說。《「夏」小正校釋》亦是極好的考據文章，處處體現了乾嘉學派嚴謹樸實的學風。《談〈豳風‧七月〉》一文還澄清了千百年來關於該詩用曆的爭議，他認為，《七月》用曆的爭議是沒有弄清楚「二至」、「二分」的中星及「中、流、伏、內（納）」這個天文現象，沒有弄清建子為正的周曆是到春秋後期才出現的。文中肯定了毛傳對「一之日」、「二之日」的解釋，認為「一之日」、「二之日」、「三之日」、「四之日」的寫法是修辭方式。他據《「夏」小正》記載「正月初參中」、「三月參則伏」，「八月辰則伏」（辰為房星，房近火），「九月內火」，得出規律：六月火中，七月火流，八月火伏，九月火內（火入或火納），表明不同節氣火星（心宿）在天上的位置。這對我們研究古代文獻資科很有幫助，他比較《七月》《「夏」小正》《月令》及《堯典》的天象、物象、氣象、農事活動得出結論：《七月》與《「夏」小正》《月令》一樣，用的是以建丑為正的殷曆，《堯典》用夏曆，從而證明「周代用曆以子為正」之說毫無根據，「三正論」的虛妄也暴露無遺。

他不僅對戰國相傳的「三正論」以及歲星紀年加以剖析，還對劉歆的三統曆和二十八宿分四象的說法部據理批判，指出它們在古代天文曆法研究中的有害影響，並認為古代積年術與占卜術，是曆來曆法研究中的霧障，要加以掃除。

他肯定古來月相定點說，認為王國維的「月相四分說」乃是想當然的誤解。他根據現代天文科學給「生魄（霸）」、「死魄（霸）」作了明確的解釋，說：「生魄，月球受光面也；死魄，月球背光面也。」並由此對朔、望、弦、晦，既生魄（霸）、哉生魄（霸）、既望、既死魄等都作了確切的解釋。他以為，古人最重視朔與望兩個月相，其他月相是朔或望的派生或延續，同時批判了根據王氏月相四分說而

建立的當代古曆著作中的種種錯誤。

　　一九五七年他在《文史哲》上發表《談屈原之生卒》，針對當時影響很大的浦江清先生用「歲星紀年」推算得出的結論，用殷曆的章蔀年月進行推演，肯定了屈原出生於公元前 343 年（戊寅年）正月二十一日（庚寅）。一九七九年在曆術甲子篇淺釋》中又加以申說，結論更令人信服。

　　他批判日本天文史學者新城新藏對武王克商在公元 1166 年的錯誤論斷，指出我國現代一些書刊仍延續新城之說的錯誤。為此，他寫了《西周考年》，對古器古書中 41 個曆點一一加以考訂，以申其說。並論定武王克商在公元前 1106 年，把我國信史年代提前四十年。在《西周考年》中，他提出研究古代天文曆法問題，必須掌提一套技術和四個論點。一套技術是曆法推算，四個論點是「否定三統曆」、「否定三正論」、否定「月相四分說」和「確定失閏限和失朔限」。只有這樣才能得出科學的結論，他說：「過去學者不知道四分曆「經三百年輒差一日」，又不知道西周諸王紀年大半是宋人妄作，把錯推的結果向這些錯誤紀年上硬套，又把正月死死地安在子月，這該多麼危險！明確了這四個論點，又掌握一套技術，才能談到對古曆、古史進行科學研究。」

　　張汝舟先生在五十年代就編定了《西周經朔譜》和《春秋經朔譜》，將古代文獻所記這兩個時期的年月日一一歸隊入譜，貫穿解說，對前人之誤見逐次加以澄清。因此，兩譜既是對兩周文獻記日的研究成果，也是廣大文史工作者研究兩周文史的極好工具。

　　綜觀《二毋室古代天文曆法論從》，可以說，《曆術甲子篇淺釋》是他的天文曆法觀點的入門書，《西周考年》是他研究曆術的最高成就。他的論證，做到了天上材料（實際天象）、地下材料（出土文物）和紙上材料（典籍記載）三證合一，尤其重視實際天象。所選文章，深入淺出，不厭其詳。讀者不難含英咀華，從中認識張先生的整個體系。

　　在當代古天文學研究領域，張氏的觀點別具一格，於繁蕪中見精要，於紛亂中顯明晰，力排眾論，自成一家言。近年來，經他的友輩和門弟子宣講闡釋，其科學性、實用性已逐漸為文史界所重視。

掌握張氏的古天文觀點與推演方法，於古代文獻的釋讀，於古史古
事的考訂，都會深感靈便，情趣無限。

　　為方便初學，浙江古籍出版社決定附印張先生弟子張聞玉同志
《古代天文曆法淺釋》於後。此篇通俗地系統地闡述了張汝舟先生星
曆觀點，是專為青年同時編寫的學習張氏論文的入門之作。〔註15〕

11 月，邵子退卒。

是年，先生所撰《中國古代天文曆法表解》發表於《貴州大學學報》第 1
期。

1985 年（乙丑），先生逝世後三年

5 月 18 日，張葉蘆致書先生遺著整理小組：

　　十一期簡報詳細報導了貴州出版先父遺著計劃，貴大撥款補
貼，這是非常難得的。深為感激，也為全國高校做出了榜樣。先父
生時不如意事太多，未能安心寫出有份量的幾部專著。現在所收集
的文章，遠不能盡其學問造詣，言之痛心。然身後受到貴大如此厚
待，此固由於諸弟子之努力促成，但領導不支持也是不行的。此亦
足慰先父在天之靈了。〔註16〕

5 月，湖南師範大學中文系及宋祚胤教授邀請張聞玉前往宣講先生天文曆
法之學。為時一月，每週五次，每次兩小時。

6 月 1 日，張聞玉講座結束，在湖南師大中文系教學樓 113 教室舉行古代
天文曆法課程總結座談，部分參與者發言：

　　李沙白（周秉鈞研究生）說：「以前由於不懂天文曆法，遇到古
籍中有關的文字，就只好跳過去，心中深覺遺憾。這次張聞玉老師
深入淺出的講解，使我受益很大。學習之後，可以推算曆日，感到
很實用，也引起了自己的重視。今後還要深入下去，更好地掌握這
一門學問。」

　　劉周堂（宋祚胤研究生）說：「我們學先秦文學，接觸到的典籍
都與古天文曆法有關。過去不懂它，連一些考證性的文章也不敢看。
《左傳》《呂氏春秋》中有關文字無法深入理解。張汝舟先生的古天

〔註15〕載《古籍整理出版情況簡報》，第 130 期。
〔註16〕《貴州大學張汝舟教授遺著整理簡訊》（第十二期）。

文學說從考據學角度入手，富於科學性。經過學習，反覆推算，驗之古籍，一一吻合，令人心服口服，真正嘗到了學習古天文學的甜頭，也填補了自己知識領域的一個空白。」

毛巧玲（湖南師大圖書館古籍部）說：「參加這次學習，感到收效很大，表現如下：1. 掌握了有關古天文曆法的基礎知識，認識了這門學科的重要性。我是搞文獻工作的，以前把『月相四分』與『月相定點』都寫到一起。弄不清它們的區別。2. 經過張老師的講授，汝舟先生的古天文學說從理論到實踐都使我們心服口服，文史工作者都應該列入必讀。相信他的學說影響會越來越大。3. 張汝舟先生古天文說簡明實用，易於掌握，學習之後感到頭緒清楚。通過演算，心裏踏實。破除了對古天文曆法這門學問的神秘感，古天文曆法並非是玄而又玄的東西。4. 古天文曆法知識滲透到各種古籍文獻之中，這就要求具備有關的其他方面的知識，相輔相成，才能取得一定的成果。」

錢宗武（研究生）說：「總起來說，提高了學習古天文曆法的信心。收效很大，分四點來談。1. 過去接觸古籍中的天文曆法文字，大多按前人注釋，似是而非，不知擇善而從。想學又望而生畏，不敢問津。這次張老師結合文獻中大量例證，深入系統地講解，大開眼界，感到古天文學並非神秘莫測，可望不可及。2. 為今後的教學工作打下了很好的基礎。雖然還需要更深入的學習，但對月令、曆點的推算已有了較好的瞭解。張老師教學很注意我們掌握方法，受益不淺。利用講義、圖表可以獨立運算，校讀古籍。3. 古代文、史、哲各種典籍都與古天文曆法有關，這就要求我們有廣闊的知識，不能局限於自己的研究方向。4. 張汝舟先生古天文學說糾正了前人的很多錯誤，科學而實用。我們應當深入學習，大力傳播，使之發揚光大，廣泛流傳。

李敬辭（研究生）說：「這段時間我們最忙，但還是懷著極大的興趣堅持聽課。印象最深的是，張汝舟先生古天文學說精妙而實用，對閱讀古書很有幫助。以前讀到有關古天文曆法文字，似懂非懂。這次學習，澄清了很多過去的誤見或爭論不休的問題。古人說：『吾道東矣！吾道南矣！』我相信，汝舟先生之說會產生越來越廣

泛的影響。」

梁德林（王昌猷研究生）說：「收益不淺。以前，古詩、古文中凡涉及這方面的知識，就跟著注釋說，如『會挽雕弓如滿月，西北望，射天狼』，根本未聯繫天象『弧矢向天狼』，人云亦云而已。通過這次學習，心裏清楚多了。張汝舟先生的學問不是憑空臆度，而是考證文獻，推求天象，創建獨到的體系，又驗證古籍及出土文物，完全吻合。通過學習，推算曆點，我相信這一學說是科學而實用的。」

張克榮（新疆尼勒克縣二中進修教師）說：「以前對古天文知識沒有瞭解，總以為高深莫測。通過學習，懂得了怎樣去看歷史典籍中的天文曆法問題。深深感到張汝舟先生的古天文學說科學實用，應該發揚光大。」

陳再初（研究生）說：「這是第三次學習古天文曆法，第一次從王力主編《古代漢語》中學，只得到粗淺的結論；第二次聽一位老先生講，時間短，仍感到茫然。這次收穫最大。古天文學的基本輪廓有了全面瞭解，也掌握了曆點的推算，為今後的深入學習打下了基。張汝舟先生的學說科學嚴密，簡明實用。通過學習，感到這是一門很重要的基礎課，今後還要系統地學。」

李生龍（研究生）說：「通過學習，破除了對古天文學的神秘感和畏難情緒。汝舟先生之說富於科學性，其考據要而不繁。執一可馭萬，加之對我們古典文學專業非常實用，極大地提高了我們學習的興趣和信心。我們希望不僅能成為汝舟先生古天文說的直接受益者，而且要通過今後的教學將張先生的學問發揚光大，廣布學林，使之後繼有人，影響日益深遠。」〔註17〕

12月，河北人民出版社出版《中國現代語言學家》，其中第4分冊詳細介紹了先生的語言學貢獻及數十年來成果目錄。

是年冬，張聞玉應陳連慶、徐喜辰兩位教授之邀，往東北師大歷史系宣講古代天文曆法，題為「古代曆術與銅器斷代」。12月29日，舉行座談會，學員各自談論學習體會：

劉玉花（陳連慶研究生）說：「學習的主要收穫是對張汝舟先生

〔註17〕見《貴州大學張汝舟教授遺著整理簡訊》（第十二期）。

的古天文曆法觀點有了一定的瞭解，確實是科學的、可信的，是獨樹一幟的。據張汝舟先生確定的曆元近距及四分曆與實際天象的差分，可以推算出任何一年的實際天象。由此，不僅可掌握古代曆法，還可以確定銅器年代。張汝舟先生的曆法觀點還澄清了前人的一些錯誤，如駁倒了王國維『四分月相』說。古代曆法再也不是神而又神的了。」

韓東育（徐喜辰研究生）說：「張汝舟先生古天文曆法學以其精確合理，已在國內引起很大反響。驗之古往今來，頗可信賴。張聞玉老師講述精細，深入淺出。時或有自己的心得體會，使聆聽者心悅誠服。」

鍾素芬（研究生）說：「過去沒有機會接觸古天文曆法，這次學習恰恰補上了這一課。學習張汝舟先生古天文曆法觀點，使我們明白了古代曆法產生、發展的大致過程。掌握了四分曆的運算方法，可以推導出實際天象。」

官長為（研究生）說：「在先秦史的研究領域，年代學是一個大問題。特別是銅器斷代，又是史學界一個長期不得解決的老大問題。這次學習，張老師結合銅器斷代闡述了張汝舟先生的學說，頗多啟發。我決心在張老師的指導下努力掌握這門知識，為先秦史的研究作出貢獻。」

劉幼生（研究生）說：「通過學習，首先感到學到了系統豐富的古代天文曆法知識。如古代紀年、紀月、紀日、紀時的習慣方法，又如關於四分曆的編制應用規律。其次是辯明正誤，開闊眼界。如我對『三正說』是深信不疑的，聽了講述方知是謬說流傳。又如古六曆係後代附會等等。張聞玉老師還將曆術運用於商周銅器斷代，更令人耳目一新。這次學習，確實我受益良多了。」〔註18〕

是年，先生所撰《然疑待徵錄補》發表於《貴州社會科學》第 2 期。

是年，李生龍所撰《我國古天文科研園地的一朵奇葩》發表於《湖南師範大學社會科學學報》，表彰了先生的天文曆法成就。

1986 年（丙寅），先生逝世後四年

5 月 3 日，王力卒。

〔註18〕見《貴州大學張汝舟教授遺著整理簡訊》（第十四期）。

11月15日，陳連慶致書先生遺著整理小組：

> 長春先秦史學會上沒有關於曆法的文字，長春古文字討論會上劉某某又提出一篇新作，用的還是老方法。汝舟先生在曆法上的成就，仍然亟待推廣。

> 張先生的著作出版時，千萬通知。他的研究不少地方確實發前人所未發，您還應該進一步把這門學問發揚光大下去。〔註19〕

12月20日，宗白華卒。宗白華（1897～1986），本名之櫆，字白華、伯華，江蘇常熟虞山鎮人，生於安徽省安慶市小南門，畢業於同濟大學。中國著名哲學家、美學家、詩人。曾任南京大學、北京大學哲學系教授。

1987年（丁卯），先生逝世後五年

1月8日，貴州大學張汝舟遺著整理小組為酬答參與整理出版的各方人士，在花溪公園附近舉行聚會。參與聚會的有小組成員佘長虹、肖成玉、張耿光、程在福、蔣南華、張聞玉；有貴州人民出版社葉光大、李萬壽、黃滌明、方德鄰、何伊國；還邀請了對先生遺著大加支持的貴州大學副校長祝開成、科研處副處長房開江、中文系副主任李朝龍、教材科長潘文蘭，以及顏冬申、吳榮爵、顏亨福、程伯鈞、劉明魁、黃永堂、劉奕超、周復剛等。張聞玉作《汝舟先生遺著出版同仁花溪相聚感賦》三首：

> 高朋相伴意情濃，共贊先師化育功。貝葉書傳驚下界，九州同慶德聲隆。

> 琅琊侍坐人，長憶四時春。夫子文章在，循階不問津。

> 花溪有水常年綠，相伴溪花好讀書。許我恩師猶健在，雄關高踞竟何如？

2月，浙江古籍出版社出版先生《二冊室古代天文曆法論叢》。

3月，貴州人民出版社出版先生《二冊室漢語語法論叢》。

4月20日，貴州大學張汝舟教授遺著整理小組向貴州大學提交《關於舉辦「張汝舟先生學術討論會」的報告》。會議指出：先生是國內知名學者，從教六十年，弟子遍天下；先生的學術在國內已經產生廣泛影響，《中國現代語言學家》與《文教資料》都用大篇幅予以介紹；貴大以外高校開始專門研究先生學說；先生的著述也已出版。有鑑於此，召開此次研討會的時機已經成

〔註19〕見《貴州大學張汝舟教授遺著整理簡訊》（第十四期）。

熟。擬定時間為十月上旬或 1988 年春季，會期五到七天。

5 月 19 日，貴州大學副校長祝開成對召開先生研討會一事作出批示：「同意召開這個學術會議，請提出經費預算，集資情況。待經費落實之後，再定會議時間、規模等」。〔註 20〕

10 月，林散之為先生題寫墓碑。碑文為：「張渡汝舟學人之墓，一九八七年十月，學弟林散之題」。正文用隸書寫成。

是年，南京師範大學《文教資料》用三萬字篇幅對張汝舟先生作專題介紹。〔註 21〕

是年，張聞玉所撰《科學實用獨具特色：〈二毋室古代天文曆法論叢〉評介》發表於《古籍整理出版情況簡報》第 178 期。

1988 年（戊辰），先生逝世後六年

2 月 4 日，先生門下弟子為先生立碑。碑文曰：「先師張汝舟，諱渡，以字行。幼年家貧，勤苦好學，就讀中央大學已有博極群書之譽。學成歸里，設帳皖中。抗戰以還，家園淪陷，遂率諸弟子輾轉湘西，執教於國立藍田師院。戰事畢，任貴州大學教授。至文革中回鄉，滯留築垣凡二十七年。先師一生，好古敏求，詩文哲理、考據、曆算皆有建樹。其為人也，耿介不阿，雖卑濁之累，亦毀譽不計。獎掖後進，不遺餘力。玉在山而草木潤，先師於貴州文教學術之貢獻，可謂大矣。弟子遍黔中，誦先師之書，傳先師之道，進德修業咸以先師為楷模。道德風範，口耳相傳，無不以升堂入室為榮。我輩後生，有幸受教於門下，深蒙啟導，仰止高山。其情難已當發宏師道，為我華夏民族文化之振興一盡綿薄，以慰先師於九泉之下。嗚呼！登壽耄耋，魂歸帝鄉。遺愛於茲，文運久長。勒石千古，永放光芒。」署名弟子有：「孟醒仁、宋祚胤、周本淳、范培元、祖保泉、傅軼群、黃同書、王鼎三、譚科模、班必儒、王繼衡、曹興滔、蕭成鈺、佘長虹、吳榮爵、黃大榮、張耿光、蔣南華、程在福、程伯鈞、饒尚寬、張聞玉」。

是年春節，張立楷等回南張安放先生骨灰，曾經受到先生幫助的農民來報恩，並說「父債子還」。被婉拒後，在村子裏放了兩場電影。〔註 22〕

2 月 13 日，陸宗達卒。

〔註 20〕《貴州大學張汝舟教授遺著整理簡訊》（第十五期）。
〔註 21〕《貴州大學張汝舟教授遺著整理簡訊》（第十四期）。
〔註 22〕張立楷《深切懷念先祖父汝舟先生》。

12 月，殷孟倫卒。

是年，張振珮卒。

1989 年（己巳），先生逝世後七年

12 月 6 日，林散之卒。林散之（1898～1989），名霖，又名以霖，字散之，號三癡、左耳、江上老人等，生於江蘇南京江浦縣（今南京市浦口區），祖籍安徽省和縣烏江鎮七顆松村，詩人、書畫家。與先生自一九二二年結識，遂成終生摯友。周本淳回憶兩位先生時說：「我的高中國文教師張汝舟先生和林老是幾十年的莫逆之交。張先生經常提到林老蕭然出世的風度，熱心家鄉水利的忘我精神，江上草堂散木山房的清幽景色，令人悠然神往。」〔註23〕

1990 年（庚午），先生逝世後八年

3 月，貴州人民出版社出版先生《二冊室論學雜著選》。

是年，河南安陽殷墟博物院採用了先生推定的武王克商年代公元前 1106 年，並在來訪者宣傳畫冊中予以介紹。〔註24〕

是年，衛仲璠卒。

1992 年（壬申），先生逝世後十年

4 月，王氣中作《春思八首》，紀念先生逝世十週年。其一曰：「雲黯風淒穀雨天，清明野祭尚連連。念君墓草萋迷綠，奄忽音容已十年。」其二曰：「湖畔尖山百里天，崗原村鎮數峰連。兒童牛背不知識，忽漫相逢青壯年。」其三曰：「臺城煙柳後湖天，大石橋邊劍履連。闊步六朝松下路，秦淮風月記當年。」其四曰：「酬唱泚津又一天，紅樓話劇舞翩連。春遊長句喧嘩甚，往事依稀六十年。」其五曰：「風波一失隔雲天，塞北江南烽火連。夜雨千山無限淚，君貧我病八經年。」其六曰：「舉國狂歌解放天，花溪春暖更流連。育才樂不思歸去，逮至歸來已暮年。」其七曰：「醉翁亭畔釀泉天，琅琊蔚然深秀連。講席重開千里會，占星校曆考周年。」其八曰：「夕陽無語暮雲天，獨立蒼茫芳草連。江上青楓嗟不見，漫將閒話說殘年。」〔註25〕

11 月，張舜徽卒。

〔註23〕周本淳《往事歷歷憶林老》。

〔註24〕貴州大學檔案館編《貴州大學史話》，貴州大學出版社 2018 年版。

〔註25〕見《張汝舟先生誕辰百年紀念文集》，第 52～54 頁。

1993 年（癸酉），先生逝世後十一年

2 月 23 日，王氣中卒。

是年，蔣南華所撰《張汝舟教授的風格》見收於《黔故談薈》。〔註 26〕

1994 年（甲戌），先生逝世後十二年

是年，宋祚胤卒。

是年，周本淳所撰《張汝舟與林散之》見收於《江淮逸聞》。〔註 27〕

1995 年（乙亥），先生逝世後十三年

5 月 9 日，蔣禮鴻卒。

1996 年（丙子），先生逝世後十四年

是年，王起卒。

1997 年（丁丑），先生逝世後十五年

7 月，嶽麓書社出版陳建初、吳澤順主編《中國語言學人名大辭典》，較為詳細地介紹了先生語言學成果。

是年，先生所撰《西周考年》見收於《武王克商年代之研究》。

1998 年（戊寅），先生逝世後十六年

4 月 4 日，湯炳正卒。

4 月 9 日，呂叔湘卒。

是年，先生所撰《西周考年》見收於《西周諸王年代研究》。

1999 年（己卯），先生逝世後十七年

3 月 20 日，貴州大學召開張汝舟百年誕辰紀念大會，會後出版《張汝舟先生誕辰百年紀念文集》。許嘉璐因故未能成行，發來信函。

8 月，《安徽省志‧人物志》出版，詳細介紹了先生生平與學術貢獻。

10 月，中國檔案出版社出版先生之孫張立楷所著《〈史記‧曆術甲子篇〉解讀》，由張聞玉、饒尚寬作序。

〔註 26〕貴州省文史研究館編《黔故談薈》，上海書店 1993 年版，第 104～105 頁。
〔註 27〕安徽省文史研究館編《江淮逸聞》，上海書店 1994 年版，第 71～73 頁。

是年，張聞玉《張汝舟先生學術思想評介》發表於《貴陽金築大學學報》第 4 期。

是年，汪岳尊卒。

2000 年（庚辰），先生逝世後十八年

5 月 21 日，趙樸初卒。

6 月 3 日，程千帆卒。

是年，張葉蘆卒。

是年，邊正方卒。

是年，吳守賢在《司馬遷與中國天學》中說：

> 朱文鑫 1931 年的《春秋日食考》，劉朝陽 1929 年的《史記天官書研究》與《史記天官書大部分為司馬遷之原著的考證》，張汝舟 1987 年出版的《曆術甲子篇淺釋》，薄樹人 1981 年的《司馬遷——我國偉大的天文學家》，杜升雲 1987 年的《司馬遷的天文學成就與思想》，都為弘揚司馬遷作為一位偉大的天文學家而做出了貢獻。〔註28〕

2001 年（辛巳），先生逝世後十九年

5 月，徐復為饒尚寬《訓詁學通論》作序。其中言及饒尚寬跟隨先生學習古天文曆法曰：「後又到安徽滁州師專，參加『古代天文曆法講習班』，師從余同門張汝舟先生，鑽研推步，深究曆術，陸續有文章問世，九十年代《古曆論稿》一書出版，可見其長於論辨，善於考證，在儕輩中堪稱佼佼者。」

2002 年（壬午），先生逝世後二十年

7 月 29 日，周本淳卒。

2004 年（甲申），先生逝世後二十二年

是年，陳葆經卒。

是年，孟醒仁卒。

2006 年（丙戌），先生逝世後二十四年

7 月 24 日，徐復卒。

〔註28〕吳守賢《司馬遷與中國天學》，陝西人民教育出版社 2000 年版，第 4 頁。

是年，先生《懷念季剛先生》一文見收於程千帆、唐文編《量守廬學記 黃侃的生平和學術》。〔註 29〕

是年，張葉芬卒。

2007 年（丁亥），先生逝世後二十五年

6 月，滁州學院收到滁州市委轉發的一份材料，稱王郁昭欲寫回憶錄，想瞭解建校初期及先生相關情況。相關內容後來收入王郁昭回憶錄《往事回眸與思考》，2012 年由中國文史出版社出版。

8 月，貴州人民出版社出版貴陽市花溪區方志辦編《貴陽市花溪區志》，收錄了先生簡介。

2008 年（戊子），先生逝世後二十六年

1 月，廣西師大出版社隆重推出張聞玉《古代天文曆法講座》，完整介紹先生古天文學說。

是年，陶家康卒。

2009 年（己丑），先生逝世後二十七年

11 月，張聞玉應邀赴日本出席「東亞曆法與現代化」國際學術會議，論文《四分曆法的推演與應用》將先生古天文學說推上國際平臺。

2013 年（癸巳），先生逝世後三十一年

10 月 1 日，祖保泉卒。

2014 年（甲午），先生逝世後三十二年

5 月，四川大學歷史文化學院邀請張聞玉講授古天文曆法，全面介紹先生古天文學說。

2015 年（乙未），先生逝世後三十三年

7 月 26 日，邵榮芬卒。

〔註29〕程千帆、唐文編《量守廬學記　黃侃的生平和學術》，北京：生活·讀書·新知三聯書店 2006 年，第 140～145 頁。

2016 年（丙申），先生逝世後三十四年

5 月，先生所撰《二母室古代天文曆法論叢》由貴州大學出版社再版。

6 月，科學出版社推出張聞玉、曾鵬、桂珍明編著的《夏商周三代紀年》，明確武王克商在公元前 1106 年，肯定了先生這一堅不可摧的結論。

7 月 17 日，王郁昭卒。

2017 年（丁酉），先生逝世後三十五年

6 月 12 日，《光明日報》「光明學人」整版刊出張聞玉及弟子馬明芳（執筆）的《從觀象授時到四分曆法——張汝舟與古代天文曆法學說》一文。

8 月 9 日，《中華讀書報》發表張道鋒《張汝舟：「天文曆法，技而已矣」》。

9 月，科學出版社作為《三代紀年》「姊妹篇」推出《夏商周三代事略》，肯定先生在年代學上的不朽貢獻。

2018 年（戊戌），先生逝世後三十六年

2 月，張道鋒《張汝舟年譜（一）》《張汝舟年譜（二）》分別發表於《滁州職業技術學院學報》第 1 期、第 4 期。

7 月，辛德勇《史記新本校勘》由廣西師範大學出版社出版。在《曆書》這部分，辛回溯了前人研究《曆術甲子篇》的成果。他認為：

> 在當代學者中，張汝舟最為準確而又系統地解析了《曆術甲子篇》的性質，將其譽之為司馬遷留給後人的「寶書」，並逐句詳細釋義。通過張汝舟氏及其弟子張聞玉的努力，普通文史學者有越來越多的人，開始理解《曆術甲子篇》的內容，認識到這一文獻的重要價值。〔註30〕

12 月 20 日，「張汝舟先生」微信公眾號創立。

是年，周川主編《中國近現代高等教育人物辭典》收錄先生小傳。〔註31〕

2019 年（己亥），先生逝世後三十七年

4 月 2 日，國家圖書館出版社出版張道鋒整理《張汝舟手稿集》（全四冊）。

4 月 4 日，滁州學院文學院、滁州市地情人文研究會前往先生故里南張村

〔註30〕辛德勇《史記新本校勘》，廣西師範大學出版社 2018 年版，第 178～179 頁。
〔註31〕周川主編《中國近現代高等教育人物辭典》，福建教育出版社 2018 年版，第 327 頁。

弔唁先生。裴新江作《祭張汝舟先生文》，文曰：

維公元 2019 年 4 月 4 日，歲次己亥年清明時節，滁州學院文學
與傳媒學院攜滁州地情人文研究會、全椒縣政協等一干後學同仁，
謹以鮮花清酌庶饈之儀，致祭全椒籍國學大師、原貴州大學和滁州
師專中文系受聘教授二册居士張渡字汝舟先生之靈前，弔之以文曰：
椒陵風善，襄河水清。天地聚靈氣，人間孕精英。窮鄉僻壤，讀書
何厭嚼菜根；富國熱土，求學只為護本真。循源治學，守正創新，
幾多典籍探幽深；修德求是，博學篤行，三尺教鞭揚其名。滁院緣
爾顯底蘊，貴大因汝舟前行。剛正不阿，錚錚鐵骨坎坷生；真理在
握，凜凜鋼脊隨性情。歲華易逝，克勤克勉，琅琊山下傳真經；浮
生如夢，時不吾待，醉翁亭前話天文。嗚呼哀哉！人有旦夕禍福，
天有不測風雲。正當其時育桃李，天妒人傑歸杳冥。著作等身，功
成業界名默默；學識淵博，魂歸故里草青青。幸甚樂哉！春風浩蕩，
國運昌盛；經濟繁榮，文化自信。而今後學承其志，從此先生有傳
人。清明時節誠祭拜，春風化雨淚繽紛。華誕紀念巧安排，盛會研
討重精神。仰慕先生之風骨，歲月留痕；弘揚華夏之文化，亭城振
興。五千年歷史風霜不老畫卷，八萬里人生雲月醉人詩心。倘若先
生有知，定會心生寬慰；倘若先生有靈，能否故地重生？

嗚呼哀哉！緬懷先生之情常在！幸甚樂哉！秉承先生之志永
恆！

伏惟尚饗。

6 月 11 日，滁州學院文學院舉辦「《張汝舟手稿集》新書發布會」，會議
期間專家學者充分肯定了先生崇高的學者品格和傑出的學術成就。

10 月 18 日，湯序波《張汝舟與他的古天文曆法演算手稿》發表於《文匯
報·文匯學人》第 409 期。

10 月 25 日，滁州學院舉辦「張汝舟先生誕辰一百二十週年全國學術研
討會」，來自全國各地八十餘名學者參會。會務組編纂《紀念張汝舟先生誕辰
120 週年全國學術研討會文集》。會後共同前往南張村弔唁，張聞玉作《紀念
張汝舟先生誕辰一百二十週年祭文》：「宗章黃魂脈，得汝舟師傳。讀曆術甲
子，考西周王年；習聲韻經典，通漢學泉源。尋滁河舊事，展學術津梁。盡
畢生心智，促華夏輝煌。」

是年，馬明芳《天文古今　反本開新——張汝舟古代天文曆法體系的特色》發表於《北京科技大學學報》（社會科學版）第 2 期。

2020 年（庚子），先生逝世後三十八年

是年，韓兆琦在論及《曆術甲子篇》時說：

> 此外也還有人認為「曆術甲子篇」就是「顓頊曆」，也有人說是司馬遷扼要地抽取了「顓頊曆」的內容。近年貴州大學的張汝舟先生作《曆術甲子篇淺釋》《二毋室古代天文曆法論叢》等，他考定以為《曆術甲子篇》「是由司馬遷悉心、原貌、完整保存，幸得以留長傳遠的屬於古四分曆的曆術寶典。」〔註 32〕

是年，陝西師範大學劉影在其博士論文《20 世紀轉注學說研究》中說：

> 20 世紀的轉注學說，其成就主要體現在兩個方面：1. 採用了眾多新視角。如從古文字材料、音韻學理論等等多個角度研究。2. 提出了眾多轉注新觀點。如張汝舟的「重文說」等。這都豐富了轉注的內涵。〔註 33〕

2021 年（辛丑），先生逝世後三十九年

4 月 23 日，單人耘卒。

6 月，第一個張汝舟紀念展廳落成，位於全椒大墅鎮鄉村振興館。先生陳列展板分為六個部分，分別為「導語」、「人物生平」、「學術成就」、「人物評價」、「林散之親題碑石」以及「張汝舟像」。從先生生平事蹟、學術成果、友朋交遊等各個方面全方位展現了他波瀾壯闊的一生，圖文並茂，形神兼備。更為重要的是，此展廳是繼 2019 年滁州學院藝術館張汝舟臨時展覽之後的第一個永久性紀念展廳，具有非常重要的意義。

是月，全椒著名畫家謝德川為先生畫像成。

12 月 21 日，淮陰師範學院舉行周本淳先生百年誕辰紀念會，張伯偉撰寫《淺談塞齋之學——寫於周本淳先生誕辰百年之際》一文，其中提及與先生的師承關係時說：

> 除了詩詞創作和欣賞以外，塞齋之學的主要內容是考據、校勘。

〔註 32〕韓兆琦《點贊·質疑　史記研讀隨筆》，中國青年出版社 2020 年版，第 673 頁。
〔註 33〕劉影《20 世紀轉注學說研究》，陝西師範大學博士論文，2020 年。

對蹇齋影響最大的有兩位老師，一是合肥二毋居士張汝舟先生（名渡，以字行，1899～1982），一是南通覺吾王煥鑣先生（字駕吾，1900～1982）。蹇齋與這兩位老師的關係一直維繫到老，他對師長之慕亦如孟子所謂「大孝終身慕父母，五十而慕者，予於大舜見之矣」（《孟子·萬章上》）。所以，透過對這兩位先生學術宗旨的瞭解，有助於我們把握蹇齋之學的特質。〔註34〕

是年，裘新江《古為今用，人與時新：張汝舟先生的詩學觀》發表於《滁州學院學報》第 6 期。

2022 年（壬寅），先生逝世後四十年

9 月 24 日，蕭兵卒。

12 月，饒尚寬卒。

是年，貴州大學隆重推出「百年貴大學術精品文庫」，先生所撰《二毋室古代天文曆法論叢》赫然在列。

是年，王丁《諸子源於齊魯說——張汝舟諸子學研究述略》發表於《西部史學》第 1 期。

2023 年（癸卯），先生逝世後四十一年

6 月 14 日下午，黃靈庚在首都師範大學作題為《屈原生平行跡及著作時地考》的演講。此次講座討論了屈原及其作品研究的幾個重大問題，並採用先生的觀點，認為屈原生於公元前 343 年正月二十一日。

〔註34〕此文載《中華讀書報》，2021 年 12 月 22 日。

參考文獻

一

1. 張汝舟《二毋室論學雜著選》，貴陽：貴州人民出版社，1990 年 3 月版。

2. 張汝舟《二毋室古代天文曆法論叢》，貴陽：貴州大學出版社，2016 年 5 月版。

3. 張汝舟撰、張道鋒整理《張汝舟手稿集》，北京：國家圖書館出版社，2019 年 4 月版。

4. 張汝舟《切韻考外篇刊誤》，程在福藏未刊稿。

5. 張汝舟《段氏十七部諧聲表批註》，程在福藏未刊稿。

6. 張汝舟致謝業廣信函，謝德川藏未刊稿。

7. 張汝舟致王稼宗信函，王德群藏未刊稿。

8. 張汝舟致邵子退信函，馬先隊藏未刊稿。

9. 張汝舟致致羅福應信函，羅福應藏未刊稿。

10. 張汝舟《九歌新注》，張聞玉藏未刊稿。

11. 張汝舟《盲翁日記》，張立楷藏未刊稿。

12. 張汝舟《自述》，張立楷藏未刊稿。

二

1. 貴州大學中文系編《貴大中文系刊》，1951 年 12 月 20 日。

2. 郭沫若《郭沫若文集第十七卷》，北京：人民文學出版社，1957 年版。

3. 顧頡剛主編《文史雜誌第 2 卷合訂本 1942 年 1 月～1943 年 3 月》，龍門書店，1967 年 1 月版。

4. 中國人民政治協商會議貴州省委員會文史資料研究委員會編《貴州文史資料選輯第 4 輯》，1980 年 4 月。

5. 中國人民政治協商會議肥東縣委員會文史資料委員會編《肥東文史資料第 1 輯》，1985 年 12 月。

6. 中國人民政治協商會議安徽省全椒縣文史資料研究委員會編《全椒文史資料第 2 輯》，1986 年 12 月。

7. 林散之著、田恒銘整理《林散之序跋文集》，合肥：黃山書社，1991 年 11 月版。

8. 中國人民政治協商會議貴州省委員會文史資料委員會編《貴州文史資料選輯第 30 輯》，1991 年 12 月。

9. 合肥市政協文史資料委員會、合肥市教育委員會編《合肥文史資料第十輯》，1994 年 12 月。

10. 林散之研究會編《林散之研究第 1 輯》，南京：東南大學出版社，1994 年版。

11. 單人耘《一勺吟——單人耘詩詞選》，北京：中華書局，1997 年版。

12. 胡適等著、杜春和等編《胡適論學往來書信選上》，石家莊：河北人民出版社，1998 年 8 月版。

13. 貴州大學編印《張汝舟先生誕辰百年紀念文集》，1999 年 10 月。

14. 王衛民《吳梅評傳》，石家莊：河北教育出版社，2002 年 10 月版。

15. 佘建洲《西鄉鴻儒王稼宗》，儒林書院編印，2004 年 4 月。

16. 林散之《江上詩存增訂本》，北京：文物出版社，2004 年 9 月版。

17. 張葉蘆《屈賦辨惑稿》，北京：學苑出版社，2005 年 12 月版。

18. 程千帆、唐文編《量守廬學記　黃侃的生平和學術》，北京：生活·讀書·新知三聯書店，2006 年 11 月版。

19. 中國社會科學院青年人文社會科學研究中心編《學問有道：學部委員訪談錄（下）》，北京：方志出版社，2007 年 8 月版。

20. 安徽省滁州市政協編《皖東文史·紀念改革開放 30 週年專輯》，合肥：安徽人民出版社，2008 年 12 月版。

21. 林散之研究會編《紀念林散之先生誕辰 110 週年文集》，北京：作家出版社，2008 年 12 月版。

22. 黎千駒主編《當代語言學者論治學》，武漢：華中師範大學出版社，2011 年 4 月版。

23. 吳光主編《馬一浮全集第 2 冊下文集》，杭州：浙江古籍出版社，2013 年 1 月版。

24. 丁敬涵《馬一浮交往錄》，杭州：浙江大學出版社，2013 年 4 月版。

25. 毛健全述、林家品撰《洗馬塘》，南昌：二十一世紀出版社，2013 年 6 月版。

26. 王路平《傳統哲學與貴州文化：黔學中的形上智慧資源》，北京：中央民族大學出版社，2013 年 12 月版。

27. 民國文林《細說民國大文人──那些文學大師門》，北京：現代出版社，2014 年 1 月版。

28. 吳興文主編《唐君毅日記》，長春：吉林出版集團有限責任公司，2014 年 2 月版。

29. 南京大學文學院編《南京大學文學院百年史稿》，南京：南京大學出版社，2014 年 9 月版。

30. 易聞曉《會山堂初集》，濟南：齊魯書社，2015 年 8 月版。

31. 浦口區求雨山文化名人紀念館編《林散之書學軼事》，南京：江蘇美術出版社，2015 年版。

32. 邵川《林散之年譜》，南京：江蘇鳳凰文藝出版社，2016 年 7 月版。

33. 王廣漢《林散之傳》，杭州：西泠印社出版社，2017 年 3 月版。

34. 張聞玉《古代天文曆法講座》，桂林：廣西師範大學出版社，2017 年 11 月。

35. 辛德勇《史記新本校勘》，桂林：廣西師範大學出版社，2017 年 12 月版。

36. 貴州大學檔案館（校史館）編《貴州大學史話》，貴陽：貴州大學出版社，2018 年 6 月版。

37. 周川主編《中國近現代高等教育人物辭典》，福州：福建教育出版社，2018 年 9 月版。

38. 張舜徽《壯議軒日記》，武漢：華中師範大學出版社，2018 年 10 月版。

39. 張聞玉《張聞玉文集·文學卷》，貴陽：貴州大學出版社，2018 年 12 月版。

40. 滁州學院編印《紀念張汝舟先生誕辰 120 週年全國學術研討會文集》，2019 年 10 月。

41. 湯序波《湯炳正先生編年事輯》，北京：中華書局，2021 年 1 月版。

42. 周先民、許芳紅主編《周本淳先生百年誕辰紀念文集》，北京：研究出版社，2021 年 12 月版。

43. 虞萬里主編《經學文獻研究輯刊》第二十七輯，上海：上海書店出版社，2022 年版。

44.（民國）《張氏宗譜》，張葉俊家藏稿。

45. 王氣中致張汝舟信函，馬先隊藏未刊稿。

46. 張葉芬《先母的七十七年》，馬先隊藏未刊稿。

47.《王氣中自傳》，宋健藏未刊稿。

48. 張汝舟先生遺著整理小組編《貴州大學張汝舟教授遺著整理簡訊》，複印件。

三

1. 張聞玉《貴州大學整理張汝舟遺著》，載國務院古籍整理出版規劃小組編《古籍整理出版情況簡報》，1984 年第 130 期。

2. 程在福《要趁斜陽趕一程——紀念張汝舟先生逝世五週年》，載《貴州教育學院學報》，1987 年第 1 期。

3. 張莉姍、蔣南華《憶張汝舟教授》，載《文史天地》，2004 年第 5 期。

4. 郭仁懷《學界一幟　教師楷模——張汝舟教授的教學與治學生涯》，載《滁州學院學報》，2005 年第 5 期。

5. 劉長煥《南社中的貴州人》，載《貴州日報》，2008 年 4 月 16 日。

6. 薛小林《1938～1946，湘西有所國立八中》，載《瀟湘晨報》，2012 年 9 月 4 日。

7. 周先民《周本淳先生年譜》，載《淮陰師範學院學報》，2016 年第 4 期。

8. 龔斌《轉益多師是汝師》，載戴建業主編《華中學術》第 18 輯，2017 年第 2 期。

9. 侯敏《魯默生：邊緣學者的「史」與「詩」》，載《合肥師範學院學報》，2019 年第 1 期。

10. 何士光《我與〈山花〉70 年》，見「坐地行者」微信公眾號，2020 年 9 月 1 日。

11. 邵川《李秋水先生藝術年表》，見安徽省和縣文化館主辦《和縣文藝》，2020 年第 3 期。

12. 張新民《尋找大學中的人文精神傳統》，見「文化書院」微信公眾號，2023 年 1 月 9 日。

附錄一　張汝舟家族世系簡譜[註1]

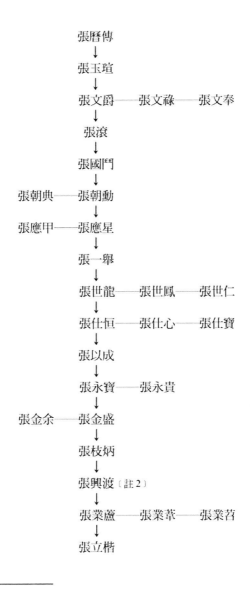

張曆傳
↓
張玉瑄
↓
張文爵——張文祿——張文奉
↓
張滾
↓
張國鬥
↓
張朝典——張朝勳
↓
張應甲——張應星
↓
張一舉
↓
張世龍——張世鳳——張世仁
↓
張仕恒——張仕心——張仕寶
↓
張以成
↓
張永寶——張永貴
↓
張金余——張金盛
↓
張枝炳
↓
張興渡[註2]
↓
張業蘆——張業葦——張業苔
↓
張立楷

〔註1〕此譜只敘張汝舟先生直系，不及旁系。
〔註2〕張興渡即張汝舟先生，先生譜名興渡，後改名渡，字銀渡，號汝舟。

附錄二　友朋雜憶

張汝舟先生的治學精神　王氣中

張汝舟先生逝世已經五週年了，先生故鄉全椒政協文史委員會要我寫一篇紀念文章。我於汝舟之逝，悲不自勝，很久不能形諸文字，一直到今年四月才寫了一篇《我與張汝舟先生》，主要緬懷友情。現在概括為他《二毋室古代天文曆法論叢》寫的序言，略論他的治學精神，以寄懷念之忱。

張汝舟先生名渡，自號二毋居士，取「毋欲速，毋自欺」之意。安徽省全椒縣沙河坊（今章輝鄉）南張村人。貴州大學中文系教授。一九八二年卒於安徽師範大學滁州分校（現為滁州師專），距生於一八九九年，終年八十四歲。

張汝舟先生自青少年時代就好學深思，勤於寫作，經過六十多年的不懈努力，寫成的稿子差不多有三百萬字。他的學問廣博，涉及中國古代文、史、哲各個領域。只要是當時學術界進行研討的問題，他都精思詳析，深入有據地寫成文章。他的早期作品除詩、古文辭外，大多屬於聲韻、訓詁和有關的考據諸方面，而尤以聲韻見長，《詩經韻讀》和《然疑待徵錄》就是他早年的重要著作。抗日戰爭期間，適應教學的需要，他才開始寫語法方面的文章。《國文文法》一書是他在藍田師範學院講授的教研成果。他由中國固有的章句訓詁入手，整理歸納出一套文言語法體系，對我國語法學作出了新的探索。新中國成立後，他接著又寫了《簡明語法》一書，給《國文文法》作了進一步淺釋。這時他已轉到貴州大學中文系，又繼續寫了一些關於語法方面的講義和論文，更加充實他的語法體系。對於中國古代天文曆法的研究，他最初只是為著通曉古書，五十年代才開始寫這方面的文章，先後寫成《西周經朔譜》《春秋經朔譜》

《殷曆朔閏譜》以及《再談屈原的生卒》等著作。六十年代以後，他更集中精力寫天文曆法方面的論著，先後寫成論著多篇，闡明他的古代天文曆法體系。他晚年曾經對自己的學術作了自我評價，說道「詞不讓文，文不如詩，辭章不如考據；考據之中，小學較優；小學之中，聲韻較勝；天文曆法，技而已矣，何足道哉！」這段話說得既很謙虛，也頗自信。這要從他的治學態度來理解。他的學問，主要從憤悱自強，刻苦努力中得來。雖有師承，但不墨守成規；雖尊重權威學者，但不盲目崇拜權威。因此，他對於自己所學，總不免於自信甚深，而又常懷慊然不足之感，他對於自己古代天文曆法的評價，與其說是自貶，毋寧說是自況，是借儒家重道輕藝的思想來自我解嘲。實在說來，古代天文曆法是他學術中最具有特色的部分。

張汝舟先生的治學方法和精神，主要繼承乾嘉學派的樸學傳統，植根於中國文化的深厚土壤，對古代典籍作深入的探索和解釋，凡所稱引，都是言而有據。運用他的學說來讀先秦書籍，因此也比較地使人感到親切易懂。但由於新中國建立不久，他就受到錯假冤案的壓抑，言以人廢，文章得不到發表傳播的機會，不能參加百家爭鳴的行列。他的學說體系，社會上知道的人很少。他深以所學不能自明，不能對祖國學術有所貢獻為苦。早在六十年代初，他寄我《臨江仙》說：「有身難許國，空下董生帷」。正是這種苦悶心情的寫照。

隨後，他把所著《西周考年》和《（夏）小正校釋》兩篇稿子寄給我，要我為之寫序。我對於古代天文曆法並沒有深入研究過，他是知道的，所以要我寫序，當有他的微意。司馬遷說：「僕誠已著此書，藏之名山，傳之其人，通邑大都，則有償前辱之責，雖萬被戮，豈有悔哉！」顯然，他是把希望寄託於我，為他空谷傳響。但不久，就來了十年浩劫，我只好把兩篇稿子複寫了兩份，分送其他友人，以備萬一。

災難的十年終於過去。我們偉大的祖國終於撥亂反正，所有冤假錯案，都得以昭雪。張先生受邀到安徽師範大學滁州分校講學，琅琊山下，弦誦復起。當時張先生興奮異常，寫了一首《八十自壽》詩云：「漫嗟八十老無成，伏櫪猶能三五聲。湘水殊工沉傲骨，黔人卻解恕狂生。著書覆瓿難千卷，覓句閉門未半簫。稍喜卅年逢盛世，紅光照我認前程。」只要能為祖國的文化學術貢獻力量，他就十分滿意，不計其他，於此可見。

1980 年 10 月，我為研究生讀古書須通古代天文曆法，和南京師範大學徐

復教授、山東大學殷孟倫教授聯合發起中國古代曆法講習會，邀請張先生主講，他的貴州弟子張聞玉、張耿光兩同志正在滁州從他進修，擔任輔導。他為此寫了《中國古代天文曆法表解》《曆術甲子篇淺釋》和《談〈豳風·七月〉的用曆》以及其他關於月相問題和西周紀年的論爭文章，把他的古代天文曆法體系全部勾畫出來。當時他已八十二歲高齡，身體虛弱，行動極度困難，但精神極為振奮，把全力貫注在這幾天講習中，表現出一位學者對於學術的忠誠態度和責任感，大大鼓舞了所有參加的人，使講習會取得圓滿的成果。

1981 年寒假中，貴州省教育局決定邀張先生重返貴陽講學，他不以垂老為意，欣然規往，迫不及待地要馬上飛去。他的貴州又一弟子程在福同志正在滁州從他進修，負責照料他的行程，特來找我商談。哪知話音未落，張先生即溘然遄逝。為了把學術貢獻給祖國，為了培養更多的人才，他可以說是到死方休。

張先生這種為祖國學術文化「鞠躬盡瘁，死而後已」的精神是一貫的。他在 1954 年寄詩云：「急雨風回忽放晴，軟泥更覺草鞋輕。行人包裹忙收拾，要趁斜陽趕一程。」當時剛剛出了冤獄，剛剛回到教學崗位，他就急切地要把耽誤的光陰趕緊補償起來。正是這種「要趁斜陽趕一程」的精神，使他猛進不已，一直到生命的最後一息。

張先生逝世後，貴州大學特為成立張汝舟教授遺著整理小組，負責整理出版張先生的著作。共分聲韻、語法、考據雜著及古代天文曆法四大類，分冊成書。現在初稿均已完成，將逐漸出版，以饗讀者。為了便於理解張先生的學術和文章，所有略述他的學問次第和治學精神。

前人往矣，來者可追。願張先生的遺著在學術的長流中，奔騰澎湃，激濁揚清，顯示其無限的生命力量！願張先生的治學精神得以激勵多士，發揚光大！

一九八七年九月於南京大學

《二毋室論學雜著選》序　湯炳正

我與張公汝舟相識，是一九四六年在貴州大學任教時開始的。抗戰時期，西南後方，人文薈萃。時戰事剛剛結束，貴陽學術空氣仍甚活躍。工作之暇，我嘗與張公析疑論難，以學術相砥礪。當時通貨惡性膨脹，生活極度艱苦，而貴大地處黔中名勝花溪之畔，麟山聳翠，灞橋飛瀑，治學其間，亦頗有「以文

「會友」之樂！

　　公之為人，平易純樸，恭謹謙遜，朋友知交，肝膽相照，在學術問題上，對青年後學，循循善誘，而對權威人士，則往往分寸必爭，鋒芒畢露。公雖奉佛茹素，頗治學勤奮，無絲毫出世想；為人處事，有強烈是非感。以此，頗受朋輩與後學所尊崇。

　　公所寫學術論文，舊日曾讀過一些。這次「張汝舟教授遺著整理小組」寄來《汝舟小考據》等，索序於予。諷籀之餘，對公之學術成就有了更為全面的瞭解。總地說來，公對經學、史學、文學、哲學以及文字、聲韻、訓詁學等，皆有獨到之見。在學術領域中，確實提出了不少帶有啟迪性的新論點，不甘做「人云亦云」的應聲蟲。公早年曾受業於蘄春黃先生之門，並嘗以「不失黃門家法」自勉。但公雖繼承乾嘉樸學傳統，而不為樸學所囿；亦或利用西方科學工具，而不為西學所迷。所撰論文，多提綱挈領，舉其大體，開門見山，單刀直入。公常常強調「寫考據文也要講藝術」，這大概就是公在學術論文上獨特的藝術風格吧！

　　命筆之際，往事歷歷在目。聊綴數語，以抒積愫，並代序言。

湯炳正 1983 年 3 月寫於
四川師院中國古代文學研究所

要趁斜陽趕一程——記張汝舟教授　陳葆經

　　1982 年 1 月 22 日，安徽師範大學滁州分校一位 83 歲的老人溘然長逝。書法大師林散之為其題寫碑銘。同年，遠在數千公里之外的貴州大學由校負責人牽頭成立了老人遺著整理小組。全國《古籍整理出版情況簡報》第 130 期對此作了專題報導。這位老人就是安徽省政協委員、在社會科學領域集多學科研究成果於一身的張汝舟教授。

執教治學，碩果累累

　　張汝舟原名渡，以字行。1899 年 2 月出生於全椒縣原沙河坊（今章輝鄉）的一個貧苦農民家庭。幼聰穎，1912 年入下黃小學校，因家庭生活困難，靠一位叫梁白林的老人提供宿食，才把小學讀完（該校後經張汝舟建議改名白林小學）。1915 年，考入全椒縣立中學。1919 年畢業，到江浦縣三虞村教私塾。當時烏江林散之在家設帳，兩人相識並結成終身之交。七年間，在藏書豐富的

虞明禮家、林散之家，博覽了許多文、史、哲方面的古籍。他既勤於讀，又好深思，寫下了一本本讀書筆記和一篇篇作品。至 1926 年秋稍有積蓄，便考入國立東南大學文學院中國文學系，受業於王伯沆、黃侃、吳梅門下，學業大進。1930 年畢業，先後執教於安徽省立六中、省立一臨中、國立八中、湖南國立藍田師院。1946 年秋，任貴州大學中文系教授。1952 年全國院系調整，調貴陽師範學院，1959 年復回新貴大。十年浩劫期間，倍受摧殘。1971 年 9 月被遣返回鄉。粉碎「四人幫」後，被聘為安徽師範大學滁州分校顧問教授。

張汝舟在數十年的教學生涯中，勤於治學，著述宏富，學問涉及中國古代文、史、哲各個領域。他的早期作品大都屬於聲韻、訓詁、考據等方面，而以聲韻見長，繼承和發展了國學大師黃侃的音韻學。抗日戰爭期間，為教學需要，他才開始寫語法文章，後來逐漸形成自己的語法體系。新中國成立後，他開始研究天文曆法，60 年代後，集中精力於此。他對古天文曆法的研究，獨闢蹊徑，自樹一幟，形成了他自己的古代天文曆法體系。他糾正了日本天文學者新城新藏將武王克商時間定為公元前 1066 年的錯誤，作《西周考年》論著，認定應為公元前 1106 年，把中國信史推前了 40 年，這是他研究古天文曆法所得出的最大成果。

他對桐城派古文和古典詩詞造詣均深。他生而茹素，少飯佛門，對佛學頗有研究，同時又不廢社會科學研究。他說：「要以出世心，行入世法。」他以「二毋室」名其書室，一秉「毋欲速、毋自欺」為治學態度。他在 80 歲時曾對自己的學術作自我評價說：「我的詞不如文，文不如詩。辭章不如考據，考據之中，小學較優；小學之中，聲韻較勝。天文曆法，技而已矣，何足道哉。」這段話既謙虛，亦頗自信。他把他最大的成果——天文曆法，說成「技藝」、「何足道」，是自貶，也是對儒家重道輕藝思想的感慨。

張汝舟的古天文曆法體系受到了學術界的重視。1980 年，南京大學、南京師範大學、山東大學聯合發起「中國古代曆法講習會」，邀請張汝舟主講。張汝舟為了使自己講授內容通俗易懂，撰寫《中國古代天文曆法表解》《曆術甲子篇淺釋》等，作補充講義。這時他已 82 歲高齡，仍精神振奮，全神貫注於時僅數天的講習會，表現了他對學術的責任感。

張汝舟一生著述，計 5 類，50 餘種，約 300 萬字，在學術上作出了一定的貢獻。生前因迭遭挫折，無機會整理成書出版，曾在一闋《臨江仙》中寫道：

卅載湘黔空自誤，頻年伏案低眉。乘風破浪素心違。有身難許
國，空下董生帷！

張汝舟逝世後，貴州大學成立的張汝舟教授遺著整理小組負責整理出版
其著作，使他的科研成果受到了肯定和重視。這也是學術界一件盛舉。

嫉惡如仇，支持學運

張汝舟為人耿直，嫉惡如仇。他在全椒中學讀書即將畢業的那學期，正
是五四運動發生之時，他任學生會《會刊》主編，曾撰文抨擊封建喪禮風俗，
險些兒被開除出校。1979 年他在安師大滁州分校為《醸泉》創刊號撰寫的文
章中回憶這段事，寫道：「會刊連期發，期期討權奸。一篇最辛辣，余所執筆
焉。觸動豪門怒，一狀轟省垣。省垣黑示下，霜飛六月天。開除米會長（米
光炳，學生會會長），貧兒幸保全。」

他的不屈精神，事例很多。如 1938 年在湘西永綏國立八中教書時，校長
是國民黨中央委員邵華。一天，學校請陳誠來校演講，張汝舟一早便率得意門
生十餘人，到野外席地講學終日，校長懾其威望，無可奈何。不久，便請在湖
南省黨部做官的一位張汝舟的同學，特地從長沙趕來，勸張加入國民黨，他憤
然地回答說「君子群而不黨。」以示拒絕。

1949 年，張汝舟寫了一篇清算貴大當局扣發教師薪飽的檄文，在山城一
石激起千層浪。6 月初，貴州省保安司令部派大批特務，來校鎮壓學運，張汝
舟乃出面向校長張廷休據理力爭，氣憤地說：「你們抓了這麼多優秀學生，還
辦什麼學校？」隨之，便召集進步師生王繼衡、金春祺、班必儒、王青白、高
朋、胡業明秘密商量，準備對策。大家認為學生自治會主席史健可能要遭逮
捕，乃立即湊錢讓史健離開貴州奔向雲南。當晚，特務未抓到史健，便殺了
一名工學院學生李光遠，又逮捕了王繼衡、金春祺等六人。張汝舟不顧個人
安危，隻身去向社會名流、老進士楊雷生、老舉人桂百鑄等求援，並與他們
一同去面見當時省政府主席谷正倫。谷正倫見未抓到這些進步學生任何一「罪
證」，又迫於社會壓力，只好說：「張先生是學者，令人欽佩，看在張先生面
上，把他們放了。」在這場運動中，除史健在安順被捕遇害，金春祺遭特務暗
殺外，余均安然脫險。

憤世嫉俗，針砭時弊

張汝舟是一位忠誠的愛國者。1931 年「九一八」以後，日本帝國主義對
我東北野蠻侵略，國民黨政府採取不抵抗主義，何應欽同日本訂立喪權辱國的

《何梅協定》，張汝舟聞訊悲憤不已，在《寇犯平津，和議告成有感》一詩中寫道：「飛將何時收版籍，哀鴻無際下平蕪。」對國民黨政府的投降政策提出了強烈的抗議，表明了一個愛國知識分子的鮮明立場。

1938 年 10 月，武漢淪陷。不久，長沙、衡陽又相繼失陷。張汝舟寫了《明思宗論》一文，借古喻今，以明思宗崇禎妄信庸臣，壓制賢良，終至丟失江山之事，影射國民黨迫害愛國將士、製造磨擦的倒行逆施。文章結尾說：「若明思宗者，可謂至死不悟者矣！」對國民黨當局進行了諷諭、鞭撻。抗戰勝利後，他曾回皖探親。他看到國民黨強迫民工無償修路，貪官污吏發國難財，老百姓貧苦交困等現象，曾寫下了許多詩篇，如：「築路千夫盡日勞……誰為千夫拔一毛」、「靡靡新樂桃花扇，浩浩狂瀾燕子磯」、「江南君莫問，十室九呼寒。」抒發了他對國民黨腐朽政權的深惡痛絕和對社會底層窮苦百姓的同情。

忠貞愛國，老而彌堅

全國解放後，他熱愛新中國，認為古書中所稱的「仁義之師」、「賢明之治」，只有今天，才真正看到。他更加奮勉，並以此勉勵學生，要努力奮進，報效國家。豈料在肅反運動中竟為人所誣。1955 年 8 月 2 日，被關到貴州省公安廳反省。次年 5 月 28 日才被放回校。6 月，學校開大會予以平反。他懷著感激之情，會後曾寫了一首七絕：急雨風回忽轉晴，軟泥更覺草鞋輕。行人包裹忙收拾，要趁斜陽趕一程。

那知這首詩，又在「反右」運動中被斥為黑詩，定以「極右」。他據理力爭說：「『要趁斜陽趕一程』，就是要趁老年大幹一下，怎能說是反黨、反社會主義？」1980 年 2 月再獲平反之後，他已 81 歲，仍表示要努力治學教學，為社會主義建設貢獻餘生。他在《寄黔中友好》一詩中寫道：「仰空忽聽機梭急，且逐牛郎泛一槎！」其「要趁斜陽趕一程」的精神一如既往。他在給我的信中，不止一次提到「要爭分奪秒，浪費時間，就是最大的犯罪。」我曾同張汝舟一道參加原滁縣地區統戰人士會議。會上，他譜了一首《憶江南》：「真幸運，三日坐春風。不是黨恩深似海，盲翁怎得接群公？助我老還童！」他對「老還童」還作了注釋：「余上樓行走，不用人扶，腰杆挺直，鬥志昂揚。」

張汝舟在滁州期間，各方前來問學者眾。他年邁多病，唯一照料他的女兒張葉芬，以其父須靜養，常拒人於門外。張汝舟偶有所聞，憤然斥之曰：「愚孝。」他在給我的信中提到這件事，寫道：「我年過八十，猶未息肩。我是農

村野老，不須靜養。葉芬變相抵制我會客，我罵她『愚孝』，我認為靜養不如動養。」

1981 年，貴州省教育主管部門決定邀張汝舟教授重返貴州大學，他欣然應允，迫不及待地準備前往，不料於動身前遽然去世。張汝舟教授治學愈老愈堅，誨人愈老愈殷。且襟懷坦白，不計毀譽。作為一位學者，一位愛國民主人士，忠誠於黨的教育事業，楷模足式。青山不老，師道永存。

王氣中先生與先父張汝舟交遊記　張葉蘆

王氣中先生，先父張汝舟之摯友，同為合肥東鄉人氏。王世伯年少先父 4 歲，而早先父半年入國立東南大學（後改為中央大學）。先父既入學，即與世伯訂交，過從甚密。

1931 年春，先父大學畢業，返故鄉合肥任省立六中高中部國文教員，時王世伯任省立六女中教務主任。兩校近鄰，世伯乃請先父兼課六女中，過從益密，相互酬唱不輟。合肥，皖中重鎮，多世家大族，風氣閉塞守舊。世伯竟邀先父為六女中高三年級女生作《紅樓夢》專題講演，進而竟應諸女生之請求，邀先父編導公演《紅樓夢》話劇。古城死水，一時為之沸騰，或非議，或讚揚，不一而足，影響至深且巨。公演所得供六女中建圖書館樓一座。此非卓具膽識而勇於擔當者，曷敢為此！

不數年，抗戰軍興，世伯與先父分別流寓大後方，音訊不通，而思念之情，無日不縈於懷。1943 年，先父賦《懷舊十絕句》，其中懷師六章，懷友僅四章，而懷世伯即居其一焉。

抗戰勝利後，訊息始通。王世伯執教於南京中央大學，先父則羈留貴陽花溪國立貴州大學。新中國成立後院系調整，王世伯任南京大學教授兼古典文學研究生導師。先父仍在貴州，遭遇坎坷，幾無一日之安寧，然仍手不停批於舊典，由聲韻訓詁轉而專攻古星曆之學，一舉而摧陷廓清蒙於其上之重重迷霧，蹊徑另闢，自成體系，於極度困境中完成論文《西周考年》與《〈（夏）小正〉校釋》，虞其失落，遂將手稿寄託世伯。世伯亦知先父之心，各複寫二份分寄其他友人。「文革」時，先父被迫遣送故鄉，幸未久四凶覆亡，撥亂而復正，1978 年受聘為滁州安徽師大分校（後改為滁州師專）顧問教授。世伯倡議請先父為古典文學、古漢語研究生和進修生舉辦古星曆講習班，以助諸生讀古籍時能自釋所遇古星曆之疑難。山東大學殷孟倫教授、南京師範大學徐復教授力

贊成之。講習班於 1980 年 9 月開辦，由先父主講，時在安師大滁州分校從先父進修之張聞玉、張耿光任輔導。世伯親臨滁縣主持，南京大學徐家婷教授亦率其研究生與焉。聞訊而來者，尚有黔、皖、蘇人士十餘人。先父為講習班特撰《古代天文曆法表解》《〈曆術甲子篇〉淺釋》論文 2 篇。先父古星曆體系至是始得窺其全豹。史籍中星曆志書向被視為高深不可測之天術，從茲凡能通讀古文之學子據先父之說亦不難自學而入其門。講習班時僅兩周，收效甚宏，諸生中學而有成並繼續深究者頗不乏其人，而成績尤著者南有貴州大學張聞玉，北有新疆師大饒尚寬。二先生於先父古星曆觀點多所昌明開拓，發揚光大之日，可拭目以待也。

嗚呼！先父因家貧，中學畢業教村塾八年，入大學年已二十有八，與世伯訂交雖晚，然志相同，道相合，莫逆之道，終老而不渝。1992 年 1 月，先父逝世十週年，世伯已在病中，仍賦八絕句以為紀念。其尤足多者，先父古星曆之學，苟無世伯扶將倡導，勢將湮沒而不彰。憶昔疾風驟雨昏亂顛狂之時，訐友以炫其忠，賣友以求其榮，以至欲陷友於死地而自快其私欲者，比比皆是也。韓子倘生於今日，其必慨然而歎曰：「聞王子之風，亦可以少愧矣乎！」

緬懷恩師張汝舟先生　周本淳

　　　關寇從師猶昨日，青氈黃卷慈眉。祁寒溽暑總無違。短檠花雨座，矮屋絳紗幃。

　　　廿載風期難定準，花溪消息常非。白頭喜得共春歸。無因陪杖履，西望夢魂飛。

這首《臨江仙》是 1975 年春天寫的。馮遠明兄從合肥來信告知張先生確已還鄉，住在全椒蠻張村，前兩年師母仙逝，訛傳為先生。在這之前，單人耘君抄示先生六十年代和林散老唱和的《臨江仙》詞，我就依韻填了上面那首。全部是實錄。上半闋回憶抗戰中從師的情況。當時我在八中高二部，校址在永綏（今花垣土族自治縣）文廟。張先生教國文，除課堂外，晚間假日我們幾個經常上先生家聽講有關知識。義理、考據、辭章之外，有時介紹佛法起信。

1941 年春，我高中畢業到里耶鎮教半年小學，然後去貴州進了浙江大學中文系。後來張先生先到藍田師範學院國文系，再到貴州大學中文系。1946 年 6 月，我跟隨浙大復員，在貴陽住一宿，晚上專門去花溪拜謁先生。後來我在

南京一中教書，50 年代初，先生路過南京，和王氣中、洪自明先生一道來看我，我陪幾位先生遊了玄武湖。暢談形勢，瞻望前途，意氣風發。此後我以直言招忌，擴隸右軍，而先生蒙冤更甚。他針對當時苗頭，對黨諍言，提出「肅反擴大化、幹部官僚化和辯證唯心化」，希望改進。竟被打成「極右分子」，很多正直的學生也受到株連。我們完全斷了消息。文革中公社要我出差去肥東買磷礦石，在合肥向幾位八中老同學探聽先生消息，聽到訛傳，十分傷感。後來馮遠明兄聽到確息見告，我填了那首《臨江仙》寄去，很快得到先生熱情洋溢的回信。第二次我再去合肥，特地繞道全椒去蠻張村，見到先生。那時才秋天，他穿了皮大衣躺在籐椅上，聽到我來了，非常興奮，留我過宿。我們前聽洪自明先生告誡，一定防止老人過度興奮影響健康，千萬只能住一宿，所以次日早晨就告辭，他叫小孫女送我到渡口。

四害既除，各地發展高校，張先生被滁州師專請去為顧問教授，為中文系經營擘畫。宋祚胤兄由湖南來江蘇探望老師輩，我和他一道去滁州，住了兩宿，先生耳提面命宛如永綏情景。宋公深有感慨說：「我倆都已六十開外，為人師多年，還能受到這樣親切的教育，確實幸福。」後來由南大王氣中先生主持，在滁州辦了古天文曆算講習會，由先生主講。也通知我參加，我因根基太差，學校教學任務又重，未能脫產前往，至今引以為憾。

1983 年農曆臘月 28 日，忽然收到張先生治喪委員會的訃告說年三十上午 9 時舉行遺體告別，我趕快找到車站張隊長搞滁縣車票，年關在即特為緊張，他讓我守在車站門口，上車補票。總算 29 日下午 3 時趕到滁縣，次日參加遺體告別儀式，滁州地委負責同志都到了，滁州師專領導講到張先生為人的光明磊落，對滁州師專的無私奉獻，聲淚俱下，使我又一次回憶起永綏從學的情景。

我之所以學中文，純粹是張先生的教育。張先生當時是孔孟救國論的大力宣揚者。他教學生要求按孔孟之道律身行己，「富貴不能淫，貧賤不能移，威武不能屈」是目標，他選取方苞《左忠毅公逸事》《高陽孫文正公逸事》和《石齋黃公逸事》，用他們的高尚氣節感染學生，他常常提到自己的老師王伯沆是人師中最受尊崇的，黃季剛先生是著名經師。知識方面，張先生主張義理、考據、詞章三者必須統一，特別注重打好基礎，《漢書·藝文志》《莊子·天下篇》都要求熟讀背誦，使我們對漢代今古文之爭，諸子百家學說的重點有了基本暸解，後來受用不盡。

　　張先生學術研究和教學最突出之處，是善於以簡馭繁，舉重若輕，許多聚論紛紜的問題，往往數語得其肯綮，迎刃而解，使人恍然大悟，回味無窮。黃季剛是傳統聲韻學集大成者，張先生是黃先生在聲韻學方面的高足。黃先生身後這方面遺著中央大學推定張先生負責整理。聲韻學對外行來說是高深莫測，張先生能深入淺出寫了《反切一夕通》幾千字的小冊子，讓我們掌握這方面的基礎知識，受用無窮。聽貴州大學的同門講，張先生講授詩文、現代漢語等都貫徹這個特點，對古代天文曆算更有獨到見解。

　　張先生治學教學都強調創造性，對前人成說要經過自己的消化驗證，再用學生易於接受的方式教授，開而弗達，留給學生鑽研的餘地。舉張先生給我們講唐詩的例子，張先生從王士禎《唐人萬首絕句選》挑出幾十首名篇，把「送別」、「宮怨」等放在一起，給我啟發很深。後來我在淮陰師專為學生開唐人絕句選修課，就依照作品的題材分成八大類，後來編成《唐人絕句類選》，1985年由浙江古籍出版社刊印，引起選詩界的注意，很得好評，追本溯源，還得歸功於張先生。

　　從湘西從師到今天已經大半個世紀了，張先生遺體告別也已十幾個年頭。今年是張先生百歲誕辰，貴州方面為了紀念張先生對貴州文教事業的卓越貢獻，擬出紀念文集，葉蘆兄來函見告且囑撰文，勾起幾十年的回憶，往事歷歷，卻又不知從何說起。張先生是虔誠的佛教徒，以「利他」為行為準則，以出世心行入世法，始終強調以國家民族為重，脫屣功名權勢，育人為志，信奉張橫渠四句教「為天地立心，為生民立命，為往聖繼絕學，為萬世開太平」奮鬥終身，雖經非人折磨而不改初衷。晚年在滁州師專雖年老力衰，體弱多病，而猶誨人不倦培養新生力量，鞠躬盡瘁，死而後已，體現了中華民族優秀傳統。薪盡火傳，應該發揚這種精神，在各自崗位上努力鑽研，無私奉獻，為中華民族復興大業，竭其綿薄，才能告慰先生。百端交集，拉雜寫來，語無倫次，老門生僅以此作為紀念恩師百歲誕辰之一瓣心香。

一九九九年七月揮汗作

獨具特色的一流學者張汝舟　張聞玉

　　張先生名渡，字汝舟，以字行。1899年3月20日生於安徽省全椒縣南張村，舊屬合肥東北鄉，早年自稱「合肥張渡」。1930年冬中央大學國文系畢業，1945年秋，應聘到貴州大學任教授。於1982年1月22日溘然長逝，

享年 83 歲。

張汝舟先生一生都從事教育事業，敬德修業教書育人，以培養人才為己任。他崇高的道德修養，精深的學術水平，影響和造就了一大批人。國內知名學者如周本淳、宋祚胤、孟醒仁、祖保泉等等都是出自他門下。在貴州從教近30 年，為貴州培養了眾多的專業人才，他們活躍在我省文化戰線，成為教育、文藝、學術方面的骨干與中堅，使貴州的文教事業熠熠生輝。正如弟子們給張汝舟先生撰述的《墓碑記》所言：「玉在山而草木潤，先師於貴州文教學術之貢獻，可謂大矣。弟子遍黔中，頌先師之書、傳先師之道，敬德修業咸以先師為楷模。道德風範，口耳相傳，無不以升堂入室為榮。」

張汝舟先生作為一位知名學者，其學術成果足以傳頌千古。縱觀他的學術成就，可以領略他學術研究的特色。

其一，教書育人，服務教學。張汝舟一生都從事教育事業，他的研究最大特色就是立足教學，以教書育人帶動學術研究。他的文章與其說寫給社會，不如說是寫給自己的學生。1941 年他到國立藍田師院任教，由他主講老莊，便有了《老莊補義》，顯示了他對老莊之學的深刻理解。在藍田師院講文法，寫有《國文文法》一書，由藍天公益出版社 1942 年印行。50 年代他在貴陽師院中文系講漢語語法，寫出了《簡明語法》作為教材。60 年代初，又因為教學需要，寫出了《語法管見》，精要地提出了他的主要觀點。他到貴州大學任教，講聲韻學，便寫有《聲韻學教案》。60 年代在貴州大學為學生講聲韻學，寫了《聲韻學方面的幾個問題》《怎樣繼承清人訓詁學遺產》。1963 年他開設「古代漢語」課，自編教材，注釋中多有他的獨到見解，後來整理為《然疑待徵錄補》。

其二，以簡馭繁，簡明實用。中國古代典籍浩如煙海，經兩千多年的歷史，任何一個問題都會有紛紜不已的說法。年輕人想入門，實在太難。張汝舟寫講義做文章，充分考慮到青年學生的理解與接受能力，總是做到於繁蕪中見精要，於紛亂中顯明晰。正如譚科模先生的詩：「師傳最是合人情，主要精神在簡明」。他寫出了做學生的親身感受。

聲韻學上的古音通假是一個難點，有人還寫有專著。張汝舟在教學中歸納為「同音通假」、「同聲符通假」兩類，便可貫通解說。

又如曆術，自古以來都認為推步最難，不免望而卻步。依張汝舟的研究，利用兩張表就能很便捷地推演上下五千年的任何一年的朔閏中氣，不過加減乘法而已，平常人都能掌握。

　　張汝舟先生對唐詩（主要是杜詩）、宋詩（主要是黃山谷的詩）都有很深入的研究。講到兩者的區別，他說：「唐詩是神氣，是韻味；宋詩是意旨，是境界。唐詩是虛的，宋詩是實的。要是完全記在文字表面上，在宋詩認為不佳，在唐詩也以為不妙。必定要寄妙於文字之外；在唐詩便是神韻，在宋詩便是意境。」

　　張汝舟先生的文字以簡馭繁，使後學者不難於入門，又便於在領會中掌握，在逐步掌握中融入自己的理解，加以更好的發揮。張先生的弟子多有成就，與他的為文示範分不開的。

　　其三，體系完備，自成一家言。一般學人，有真知灼見已屬不錯。而能做到體系完備、自成一家言，非一流學者不可。張汝舟先生就是這樣的學者。張先生在中央大學讀書時便有「博極群書」之譽，他對古代典籍，無論文學、經學、哲學都有很深厚的功底。他信奉桐城學人姚姬傳的名言：「義理、辭章、考證三者不可偏廢。必義理以為質，然後辭章有所恃，考據有所歸。」他身體力行，以終其一生。他植根於哲理，他的思想就顯得深邃；他依託於辭章，他的文字就體現恢弘；他歸屬於考證，他的研究就必然充實。當他對任何一門學問進行深入研究的時候，都能做到體系完備，成一家之言。

　　作為語言學家，他的聲韻學、漢語語法兩個方面都有相當的成就。他的語法研究祝重漢語的語言事實，反對套用外語。重視句子結構，重視詞序。1957 年後，張汝舟先生利用不能上講臺的閑暇，潛心研究古代天文曆術，獨闢蹊徑，以完備的星曆觀點建立了自己的體系。他的推演驗證，解決了很多歷史上長期沒有解決的具體問題。號稱「天書」的《史記・曆術甲子篇》讓張先生展示得明明白白。張汝舟先生的古天文曆法體系極具特色，影響了整個學術界。安陽殷墟博物院早在 1990 年就採用了張汝舟先生推定的克商年代公元前 1106 年，並在發放給參觀者的畫冊中加以介紹。臺灣最有影響的學術刊物《大陸雜誌》先後發表《武王克商在公元前 1106 年》《西周王年足徵》，宣揚張汝舟先生的觀點。應該說，張先生考定的克商年代在臺灣得到普遍的認同。

　　文章千古事。張汝舟先生的業績和精神是不朽的。

問學滁州：憶張老　饒尚寬

　　1980 年 9 月，我正在南京師院中文系徐復先生門下進修。到 10 月下旬，徐老讓我與他的幾位研究生一起，到安徽省瑯琊山下的滁州師專去參加一個

講習會——這就是由南京大學王氣中教授、山東大學殷孟倫教授和徐復教授聯合發起舉辦的「中國古代天文曆法講習會」。參加者都是南京大學、山東大學、貴州大學和南京大學的研究生、青年教師和進修教師，以及滁州師專的有關老師。

講習會開始，王氣中教授首先說明了舉辦這次「講習會」的意義，並簡要介紹了主講人滁州師專顧問教授張汝舟先生的有關情況。接著，由貴大的張聞玉、張耿光兩位學兄背進一位身材矮小、體態虛弱的老人，輕輕放在講桌後面的籐椅上，原來這就是張汝舟先生！

後來才知道：張先生名渡，字汝舟，以字行，1899 年生於安徽省全椒縣南張村。幼年家貧，勤苦好學，就讀於中央大學，學成歸里，設帳皖中，抗戰後率弟子輾轉湘西，執教於國立藍田師院。抗戰勝利後，1945 年應聘為貴州大學教授，1953 年調任貴陽師範學院中文系教授。1955 年肅反運動被隔離審查，坐牢 10 個月，1956 年宣布撤銷，平反道歉。1957 年又被劃為貴州省最大右派，剝奪上課權利，分派到中文系資料室工作。1963 年摘掉右派帽子，年已 65 歲，但是他不顧年老體弱，依然積極投身於教學科研之中。然而，好景不長，文革開始後，他再次被打倒，批鬥遊街，備受凌辱，取消工資，送回原籍，生活陷入極度困頓之中，直到文革結束，1978 年應聘到滁州師專任顧問教授，1979 年才終於獲得徹底平反。這次給我們上課時，他已經 82 歲高齡，衰老多病，行動不便，但是精神極為振奮，精力極為充沛，為了弘揚中華傳統文化，傳授他獨創的中國古代天文曆法理論，竭盡了全力，表現出一位學者高度的責任心和強烈的使命感，所有與會學習者都為他的星曆學說而傾倒，為他的思想精神所感動。

古人云「不懂天文曆法，不能讀古書」，天文曆法之學的重要性自不待言。顧炎武說：「三代以上，人人皆知天文。七月流火，農夫之辭也。三星在戶，婦人之語也。月離于畢，戍卒之作也。龍尾伏辰，兒童之謠也。後世文人學士，有問之而茫然不知者矣。」近代以來，更是如此，又有幾人深究，古代天文曆法竟成絕學。上世紀 60 年代出版的王力先生《古代漢語》的「通論」中有《天文曆法》專題，大多數高校都讓學生自己看，我就曾經認真閱讀過，可是這種天書，哪裏看得懂呢？現在張老給我們傳授絕學，真是難得的機遇。所以，全體學員無不懷著極大的興趣，全力以赴，認真學習，那兩周的日日夜夜裏，「殷曆」、「周曆」爭論不休，「大余」、「小余」不絕於口，

互相切蹉，其樂無窮，簡直達到癡迷的程度。然而，要想在短時間之內掌握張老深思熟慮、研究多年的星曆理論，又談何容易！古代天文曆法本是文理交融的綜合性學科，純理科的不熟悉古代文獻，運用訓詁考據、理解典籍記載頗為不易；而純文科的又缺乏數理知識、空間概念，遇到星象記載、干支計算甚感陌生，因此學習起來確有難度，直到「講習會」結束，大多數學員也就知道基本知識和大概思路，要想真正理解、熟練運用，還需長期努力。

　　我雖然有些文理基礎，聽了張老理論如同醍醐灌頂，茅塞頓開，但也只是剛剛開竅而已，似懂非懂，尚有大量的疑難需要解決，所以，「講習會」結束臨行前我特意到張老家裏去請教。張老聽說我來自遙遠的新疆，非常高興，他讓我坐在身邊，一一詢問新疆的風土民情，回答我的幼稚問題，並熱情鼓勵我認真鑽研，搞清弄懂，一定把古代天文知識帶回新疆去。張老那慈祥的面容，殷切的目光，讓我倍感親切，不由得暗暗下定決心，絕不要辜負老人家的希望。即使如此，後來有兩三年時間我仍然糊裏糊塗，在雲裏霧裏摸索。記得 84 年冬天我在陝西師大參加教育部辦的「古籍整理進修班」，每天晚上抓緊時間鑽研古代天文曆法，精讀日本學者新城新藏的《東洋天文學史研究》，將張老學說與之比較，釐清異同，鑒別正誤，以求融會貫通，每到半夜膝蓋以下凍得麻木，失去知覺，睡下要到天亮才能捂熱。這是後話。

　　1982 年 1 月 22 日張老不幸逝世，留下了數百萬字遺稿，內容涉及到語言學、訓詁學、古代文學、古代哲學、佛學和古代天文曆法等多種學科。不久，貴州大學成立了「張汝舟教授遺著整理小組」，應聞玉兄之邀，受貴州大學之聘，我參加了古代天文曆法方面遺著的整理修訂工作，其成果就是 1987年由浙江古籍出版社出版的《二毋室古代天文曆法論叢》。在整理修訂過程中，我再次全面系統地學習了先師的星曆理論，感觸良多，深刻認識到汝舟師學說的博大精深，意義重大，應該廣泛宣傳，作為學生有責任、有義務索隱發微、充實補正，使之發揚光大。於是，此後十多年間，在聞玉兄等師友的鼓勵督促下，特別是在汝舟師長子、浙江師大張葉蘆教授的關心支持下，我先後寫了一組文章，在汝舟師星曆理論的基礎上，就古代天文曆法的諸多疑難，如「霸」字的月相意義、《次度》產生的年代、殷曆甲寅元的曆元推證、《顓頊曆》的辯證、太初改曆的經過、《三統曆》的實質、兩漢曆法的沿革等問題，或拾遺補缺，或釋疑解難，或充實引證，或增益發揮，進行了系統而深入地闡發探討，我將這組文章彙集在一起，就是 1994 年出版的《古曆論

稿》。後來，我又陸續編著《春秋戰國秦漢朔閏表》（2006 年），與聞玉兄、王輝兄合著《西周紀年研究》（2010 年），為弘揚祖國的傳統文化略盡綿薄之力，並以此獻給汝舟師的在天之靈，不知能首肯否？

汝舟師一生命途多舛，屢遭磨難，滿懷委屈，備受煎熬，然而，就是在這樣艱難困苦的情況下，他不計榮辱，不顧名利，沒有怨天尤人、消極沉淪，而是堅韌不拔，潛心學術，任勞任怨，盡職盡責，全身心地投入到教學科研之中，取得了突出的成就，受到師生衷心愛戴和學界高度評價。特別是在古代天文曆法研究領域，他創建了自己的星曆理論，超越前人，獨樹一幟，為弘揚優秀傳統文化做出了重大的貢獻，這需要何等的胸懷、氣度、定力和恒心！

我親耳聆聽汝舟師教誨的時間並不長，但是他那愛國敬業、獻身學術、執著追求、鍥而不捨的治學精神，震撼心靈，感人至深，給我留下了終生難以忘懷的深刻印象，永遠激勵我奮發向前。

2015 年 12 月 25 日

張汝舟先生　儲道立

1980 年，南京大學、山東大學、貴州大學、新疆大學、南京師範大學等校的章黃學派的學者聯合起來，把他們的弟子統統趕到安徽琅琊山下，去參加一個「古代天文曆法講習班」。

所謂「章黃學派」，即以章太炎及其高足黃季剛為首的學派。在很長一段時間裏，中國高校裏的國學講壇幾乎是該派的天下。學術界內圈的人都知道，這些老先生，許多都是帶著教授頭銜進入中華人民共和國的，差不多個個都是本校乃至國內泰斗級的人物。東洋學者把他們的弟子趕到中國北京，有自知之明的首都的大學者又把一些人趕到章黃學派門下。對於經史子集，這些老先生雖然各有獨家之學，總不至於連天文曆法都不敢向我們這些連東南西北二十八宿都搞不清的弟子傳授吧？這些先生若是換成今天的教授，誰不是國學大師？會買誰的賬？怎麼竟然聯合恭請一個弟子們聞所未聞的人講天文曆法呢？醉翁亭那裏，從來沒聽說有什麼了不起的人啊。

不敢問，打起背包出發。

風景絕對好，學校絕對不敢恭維。琅琊山下，一所剛成立不久的專科學校，全校最高職稱者只是寥寥的幾個講師。除了一個花白頭髮的講師之外，20 多天，沒有一個教師和領導來看我們。這個有數十名章黃學派再傳弟子參

加的講習班似乎與東道主無關。

　　沒有歡迎儀式，沒有開幕式，依稀有點清代樸學的風味。單刀直入，一個中年講師用幾分鐘時間交待了以下幾點：

　　主講人名叫張汝舟，我是他的弟子。張先生年紀大了，一次最多只能講 20 分鐘，20 分鐘後，就不知道他在說什麼了。因此，大家不要提問，以免耽誤時間。請大家課後不要拜訪他，先生需要休息。

　　言畢，張汝舟先生進來了——是被該校一個花白頭髮的老講師背進來的。一個乾瘦的老頭，一個地道的安徽老農：下巴，山羊鬍子；頭上，一頂安徽農民的氈帽；上身，黑色直貢呢的大襟棉襖；下身，黑色直貢呢的大褲襠棉褲；褲腳，黑色的絲帶裹住小腿根；腳上，黑色的小圓口布鞋。看得出，這身行頭是特地為此次講習班新做的。

　　人人心中都升起一個巨大的問號。張先生被小心地放在椅子上，開講了。陸續幾天，背來抱去，每次 20 分鐘，他講了如下內容：

　　中國古代天文曆法，說來說去，要讀懂《史記》裏的《曆術甲子篇》。《曆術甲子篇》從司馬遷傳下來直到今天，只有我一個人懂。你們的老師都不懂。中國的歷史，從西周共和元年開始，可謂是信史。但是周代以前的殷商時代和夏代，從來沒有人把時間弄清楚，你不一年一年地排出來，就不能說是信史。你再說中華民族歷史悠久，人家都不相信。

　　我把商代的歷史年表排出來了，我寫了一個《殷曆譜》。為什麼沒人排出來？因為沒人讀得懂《曆術甲子篇》，而上古的曆法就是依據《曆術甲子篇》編排的。確定歷史有個「曆點」問題。武王伐紂在哪年哪天？屈原的《離騷》，走上來就說自己是何年何月何日誕生的，究竟是哪年哪月哪天？大家都在推算，有的相差一兩年，有的就一兩天。但是，差一天也不行！否則歷史就全亂了，人家就懷疑你的歷史！夏商周的歷史要做到「天地紙三合一」。天上的天象，地下的考古，紙上的記載，必須完全吻合，才能成為信史。否則外國人不承認。人家的天文學家首先就不信。

　　你們要一天一天的計算，加減乘除，一道都不能錯，否則歷史就搞亂了。王國維的《生霸死霸考》搞錯了，影響大不等於不錯。郭沫若考屈原生日，也錯了。朱文鑫也有錯。你們按我的東西去寫論文，答辯時沒人敢質疑的，沒人懂哎。人們說天文曆法是絕學，其實我並不拿它當回事，有多難呢？當然，我只能從紙上證明，今後你們要儘量做到天地紙三合一。

這位張先生究竟是什麼人呢？一個農民怎麼可能說出這些非常專業的話來呢？而且簡直目中無人。可是，他確確實實是個農民。一個自 1957 年便在全椒烏江一帶種地的農民，一直種到十一屆三中全會以後鄧小平說話算話的時候。終於漸漸明白了！原來他是章黃弟子中輩分較高的人，如同我們說黃埔軍校第幾期一樣。57 年之前，他是貴州大學的教授，57 年成為貴州省頭號大右派，削去公職，回鄉務農。文革結束，因為安徽省找不到一個參加華東六省一市編詞典的副主編，有人向省政府推舉他，於是「農轉非」，有了口糧，特批「教授」，安置在這所希望有個教授的專科學校。

真正講授《曆術甲子篇》的是張先生的兩個弟子。白天講，晚上也講。我們一邊聽，一邊在草稿紙上演算加減乘除，除不盡又怎麼辦，閏年又怎麼定，歲首和後代有什麼不同。幾個老先生也老老實實的演算，時不時錯了，便來問我們，因為我們畢竟年輕，腦子好使些。有時不明白，便向張先生的弟子發問，結果答不出來，便發生爭執，有時還紅臉，因為大家都想搞明白，都怕出錯。我心想，何必將先生弟子的軍呢？就這 20 天，哪能把上古的歷史搞清楚？

但是張先生好像也對替他講課的弟子不放心。有一次他說，你說我的《殷曆譜》中有計算錯誤，要改。我跟你講，千萬別動，一個字都不能改！你改了一天，整個商代史就全亂了。你現在跟我講沒有用，我糊塗了，但是我當時寫《殷曆譜》的時候頭腦很清楚。我看過那本《殷曆譜》手稿，原來是小學生的算術練習本，紙質很差，已經很破了。想必是當農民的時候寫的罷。

先生每次上課總有這樣的一幕：講得好好的，突然那位花白頭髮的老講師走過來，不由分說就把他抱起來走出了教室。先生偶而在他的懷裏說：「讓我再講一會兒，再講一會兒。」我們看看表，先生講了 20 分鐘。後來有人對老講師說，就讓他多講一會吧。第二天，先生正講得好好的，突然大家都不知所云了，眾人看看表，恰好剛過 20 分鐘。老講師於是又把先生背走了。事後老講師說：「準得很，一過 20 分鐘，他的思維立即紊亂。」

終於按捺不住，想去看看先生的家。家其實很近，拐個彎就到。原來是三間茅草房，牆是泥巴拌稻草叉起來的，使人想起漢代以前就有的「版築」之法。屋面的茅草很新也很厚，至少有 15 公分。地面雖是泥土，倒也平整。老講師說，是省政府撥的款，才蓋好不久。先生住正屋。一個中年婦女住一間，是他的親戚，農民，省裏叫她照顧他的生活。另一間較小，灶房。正屋裏一張床，床後一個糞桶，大小便用的。床頭一張書桌，不大。上面一個小書

架，歪歪倒倒的有幾本破損的線裝書。我們那時沒有憑空拜訪前輩的習慣，一般總要準備一點心得體會或是不懂的問題才敢登門。和我一道去的是南師大的，他是民國著名學者鍾泰的晚輩，因此有話和張先生說。他問了一個問題，又彙報了自己的看法，說完，立即雙手遞上一張紙。張先生似乎覺得他的紙較貴重，便打開抽屜抽出一張自己的紙，一邊說一邊寫。頭兩行很正常，寫到紙邊便換行，及至第三行，寫到紙邊了，卻不知道換行，繼續向右寫，字全在桌子上。我們知道不能再交談了，便趕緊告退。

20 天的「天文曆法講習班」就要結束了。先生要求各校推個代表彙報學習心得。南大的師兄們叫我發言，私下對我說：「不要給南大丟臉。」我很緊張，開始想說的題目是，根據先生的理論和觀點，如何確定屈原誕辰這個「曆點」，但是心裏很恐慌。匆忙之中，我問天天背張先生的老講師：「貴校可有《辭海》？」老講師立即送來了。於是，我換了一個題目：《辭海》中天文曆法條目的錯誤舉例。

第二天是彙報會。貴州大學的一位老講師開頭炮，他的題目是《從張汝舟先生的天文曆法觀點探討武王伐紂的曆點》。說實話，他講得雖然很嚴謹，但當場就能聽明白的好像不多，因為不是一時能消化得了的。接下來好像是新疆大學發言。他用了很多形容詞稱頌張先生對於天文曆法研究所作的巨大貢獻和重要意義。言詞雖然很誇張，但句句出自肺腑，最後他表示一定要繼承並光大先生的成就。大家聽了，默不作聲。不過，好像並沒有人感動，因為那個時代的學風不像現在，人們要聽的是你有哪些收穫，你通過學習解決了什麼問題或存在什麼疑問，不是要你來談聽了首長講話之後你歌頌領導的水平如何高。只有你把學術上的收穫端出來，才是對先生的最好評價。不過，前些年我看到一些研究古代天文曆法的文章，作者很可能就是他。回憶往昔對他的輕視，一種慚愧感不由浮上了心頭。

第三個發言的忘了，接下來好像是我最後發言，我談的中心是月相問題。既然談月相，一開始就躲不開先生對王國維的批評。王氏是清華研究院的「四大金剛」之一，著作等身，《觀堂集林》的第一篇便是《生霸死霸考》，所謂生霸死霸，就是生魄死魄，簡言之就是月亮圓缺變化的不同形象及其相應的時間。20 天裏，我既未能好好消化先生的學說，又對《生霸死霸考》不甚了然。雖然覺得王氏的說法確像是有點問題，但是又認為學術問題不是政治立場表態，可以在不理解的情況下仍然態度鮮明，所以不敢造次，而是很快轉到具

體問題上，拿出比較靠得住的東西來。記得當時摘引了《辭海》中「月魄」條目。編者的解釋說：月初生或圓而始缺時不明亮的部分。換言之，月魄是指我們看不見的部分。這是學術界的通議。可是編者所舉的書證卻是高適《塞下曲》的詩句「月魄懸雕弓」。彎彎的月亮像一張弓懸掛在天上，那麼這裡的「月魄」該是月亮中明亮的地方才對，怎麼能指看不見的部分呢？不是自相矛盾麼？

當天的晚餐伙食較好，算是慶賀講習班圓滿結束。幾個老先生喝了酒，我們小字輩不敢也沒資格喝。有三個年長的教師（好像是不同院校的）硬要我喝一杯：祝賀我的彙報。

講習班結束了。老講師最後一次把張先生背進了教室，我們最後一次聆聽先生的教誨。先生講了什麼，我已經全然忘記了。但是，令我們大家當時十分吃驚而且至今不能忘記的是，張先生這次講話超過了 20 分鐘，思維卻沒有紊亂，而且，更令人吃驚的是，他在中途竟然站了起來！這是我們唯一一次看見他站立，雙手扶著課桌。一個瘦小得極不起眼，留著山羊鬍鬚，20 多天始終穿著這一套大襟棉襖和大褲襠棉褲，剛剛被重新承認為教授，幾十年一邊種地一邊默默努力把中華民族遠古的殷商時代變為信史的安徽農民，穩穩地站在講臺上。沒有人想起去扶他，所有的人都屏住呼吸，看他足足站了幾分鐘！

第二天，來自全國各地的章黃學派的再傳弟子們就要分手了，臨別之際，我們圍著張先生照了張相。先生手捧一面鏡框，裏面是南大一個搞古文字的同學寫的四個字：春風共沐。

回來不久，曾經一道去茅屋拜訪先生的同學告訴我，趙樸初曾給張先生來過一封信，請他有空去北京給大家講講佛學。先生回信說，他已經不能行動了。

再後來，便沒有消息了。

張汝舟先生與他的 500 多頁天文曆法演算手稿　湯序波

張汝舟（1899～1982），名渡，以字行，自號二冊居士，安徽全椒南張村人，貴州大學教授，暮歲受聘為安徽師範大學滁州分校（今滁州學院）顧問教授。因先祖父景麟公的關係，我對老先生的關注甚至研究已有三十餘年，對他的定位是章黃學派第一代重要傳人，且有開疆拓土之功。早在 20 世紀

20 年代中期，張汝舟就讀中央大學時，乃師黃侃就有「文采風流殷孟倫，博極群書張汝舟」的評語。黃侃辭世後，太炎先生在給弟子汪東的信中有云：「聞弟子得傳者以重規為第一，次即孟倫，繼起尚多，其學當不至泯絕也。」張汝舟當在「繼起尚多」之列。殷孟倫就稱自己這位師兄「光大章黃之學，不愧一代名家」。

汝舟先生晚年曾經對自己的學術作過一段自我評價：「詞不如文，文不如詩，辭章不如考據；考據之中，小學較優；小學之中，聲韻較勝；天文曆法，技而已矣，何足道哉！」我們知道，黃侃先生的學術精髓在古音學，與太炎先生並稱「近三百年古音學研究之集大成者」，形成了乾嘉漢學之後影響最大的「章黃之學」，當今許多著名的語言文字學家即出自章黃門下。竊謂及門弟子中，最能傳黃侃古音學有三位，汝舟先生即為其一，其在黃侃「古本聲十九紐」之基礎上，考定中古音三十三聲母（又訂「邪母歸心」為「邪母歸定」），更顯堅實，其有功於黃門不可謂不大。

「思凡為文辭，宜略識字」（韓愈語）。乾嘉學派在小學領域成就最大，彼時學者如沒有小學方面的著述，是很難躋身於一流學者的行列的。所以作為章黃學派傳人，汝舟先生的自我評價看似謙虛，實則已很自負；而「天文曆法」，按儒家「重道輕藝」的思想，屬於「技」的層面，當然要自貶了。

其實，蓋棺而論，老先生對學術的最大貢獻集中在古代天文曆法領域（辛德勇先生曾向讀者推薦其天文曆法書），代表作有《曆術甲子篇淺釋》《古代天文曆法表解》《西周考年》《夏小正校釋》等，成功地將天文曆法之學引入先秦史研究領域。具體成果，如以實際天象的推求（天上材料），加之出土器物的實證（地下材料），結合文獻典籍的記載（紙上材料），「三證合一」考定武王克商在公元前 1106 年，西周總年數為 336 年的結論。近有幸展讀張道鋒君整理的《張汝舟手稿集》（國家圖書館出版社，2019 年 3 月），第二、三冊收有這方面珍貴的演算步驟達 500 多頁，包括別家不能成立的原因分析，看後更加感到他的結論堅實可信。

汝舟先生有開疆拓土之功，主要在天文曆法。1979 年 12 月 1 日，同門南京大學王氣中、山東大學殷孟倫、南京師範大學徐復三位教授訪汝舟先生於滁州。「午餐後徐教授為此間諸生作二小時學術報告。晚間盡情話舊」。「孟倫教授贈我一律」，其中有「難得四翁三百歲」（「汝舟今年八十有一，氣中七十有八，士復六十有九，餘則七十有二，合計共三百歲，可謂巧矣」）。他們此

行目的是請汝舟先生開辦「中國古代天文曆法講習會」，翌年 10 月，王、殷、徐等「把他們的弟子統統趕到安徽琅琊山下」（儲道立語），去參加汝舟先生任主講的「古代天文曆法」班。王氣中先生有信云，「頃與士復兄商定，擬於國慶後兩三天率諸生赴滁聽教」。汝舟先生在講習班的開篇中說：「《曆術甲子篇》從司馬遷傳下來直到今天，只有我一個人懂。你們的老師都不懂。中國的歷史，從西周共和元年開始，可謂是信史。但是周代以前的殷商時代和夏代，從來沒有人把時間弄清楚，你不一年一年地排出來，就不能說是信史。」（儲道立《張汝舟先生》）任「講習會」輔導工作的張聞玉說，「共同的感受是古代天文曆法妙不可言，它不愧是中華民族的瑰寶」。後來能傳汝舟先生的天文曆法學的人，主要是這些學員。

老先生的著述，生前只出版過語法專著兩種《國文文法》（藍田公益出版社 1942 年版）、《簡明語法》（五十年代出版社 1955 年版）；身後由弟子整理出遺著四種，《二母室古代天文曆法論叢》由浙江古籍出版社 1987 年出版（貴州大學出版社 2016 年再版），貴州人民出版社出版《二母室漢語語法論叢》（1987 年版）、《二母室論學雜著選》（1990 年版）；而他本人最為看重的聲韻學代表作《切韻考外篇刊誤》，至今還沒有能出版。

汝舟先生是一位純粹的學者，心懷為往聖繼絕學之宏願。1946 年 4 月先生的老同學王東原出任湖南省政府主席，專函聘先生為省政府秘書長，先生辭以「君子群而不黨」。老先生潛心學術，於四部之學，皆有獨到的見解。1945 年就任貴州大學中文系教授，筆者近獲國立貴州大學校長張廷休的《升等意見書》影件（約 1947 年），稱：「張汝舟教授治小學、精佛典，依訓詁以說經，運妙理以釋子，用能闡幽發微，不落家數，更擅古文辭，文則遠追漢唐，詩直升宋人堂奧矣。」通過這段評語，我們可知先生彼時治學之崖略。

《張汝舟手稿集》的整理者張道鋒君，與汝舟先生同為滁州籍人氏，負笈西南求學前，還不知道有汝舟先生其人；師事張聞玉教授後，才知道有這樣一位頗具傳奇色彩的鄉賢。瞭解了這位大學者的坎坷人生之後，道鋒君深受感動，並立志要收集資料，研究這位鄉前輩。經道鋒君的多番努力，才有了這份反映汝舟先生學術風貌的原始材料集。這部《手稿集》必將有助於推進包括章黃之學在內的傳統學術的研究，而其包含的此前未刊行的日記、書信與佛教三輯，對研究汝舟先生的生平與學術有著重要價值。舉其二端。

老先生 1971 年遣回原籍務農，具體情況研究者多語焉不詳，甚至以訛傳

訛。一位與汝舟先生共事十八年的同事曾回憶說：「1971 年 1 月因張師母病逝，張先生隻身一人無人照顧，乃由先生的大女兒把先生接回老家安徽。」日記裏有關記載卻並非如此：1971 年 8 月 30 日「坐校車人、貨離開花溪，晚間住河濱公園貴大招待所」。8 月 30 日「八時貴大軍代表派許家儀同（志）護送我到南京，說運動太緊，不能護送到家」。9 月 2 日「許同志體諒我的身體，同意在金華（引者按：汝舟先生長子張葉蘆居此）住七天，我們全家感激，七天之中，款待許同志是很好的」。9 月 10 日「安抵故鄉」，並給貴大軍代表組發去電文。9 月 11 日「到家後，全村人和 1953 年一樣，擠得一屋，還有站門外的。他們高興，我更高興」。

老先生於 1964 年撰成的不世之作《西周考年》，考定糾纏千載的克商之年為公元前 1106 年，然其發表卻一波三折。他自認讀懂了無人能懂的「天書」《史記·曆書·曆術甲子篇》，卻一直沒有得到認同。我們從日記、書信可以看到他為發表此文煞費苦心，甚至上書若干領導。上海《中華文史論叢》編輯部向他老同學王氣中教授徵稿，「氣中以拙著《西周考年》薦」，後來也沒有下文。老先生又將 20 多本自印稿寄贈包括中國科學院歷史所、北京大學歷史系，教育部編寫大中學教本小組等機構，好像也沒有什麼反響。

直到老先生去世後的第五年，此文才由貴州大學「張汝舟遺著整理小組」收入《二毋室古代天文曆法論叢》一書，正式出版，總算是與學術界見面了。2017 年 6 月 12 日《光明日報》「光明學人」專欄以一個整版刊出張聞玉、馬明芳的《從觀象授時到四分曆法：張汝舟與古代天文曆法學說》。文章見報後，聞玉先生對我說：「汝舟先生 1957 年至 1987 年，三十年才創建出完備的天文學說體系。1987 年浙江古籍出版社出版汝舟先生《二毋室古代天文曆法論叢》是其明證。又經三十年檢驗，2017 年 6 月始見光明，一代學人得到學術界認同。」初聽這話，我感受還不深，今天覽《手稿集》才深有體會。另外，對老先生我還有兩個鮮明的印象：一是堅韌不拔；二是學術自信。

在我看來，汝舟先生是學術界的提燈者。如今先生之學術後繼有人，弟子中學而有成，於先師古星曆觀點多所昌明開拓，發揚光大者，不乏其人。其中最力者是張聞玉、蔣南華、饒尚寬三人。張門第三代張道鋒也成長起來，可稱為老先生的隔代知音。今年滁州學院將舉辦紀念張汝舟先生誕辰 120 週年全國學術研討會，道鋒君是這次學術活動的重要組織者和策劃者。司馬相如曾有言：「蓋世必有非常之人，然後有非常之事；有非常之事，然後有非常

之功。」這話用在汝舟先生身上很合適。現特轉贈同好，願老先生鑽研探究的吾國古天文曆法這門「絕學」薪火相傳，溢彩流光。

最後，抄錄《二毋室家訓》中的兩句詩，以結束本文：「但仰華嶽高峙，我家定見光明。切望爾曹爭氣，不墮清白家聲。」

從觀象授時到四分曆法──張汝舟與古代天文曆法學說

張聞玉　馬明芳（執筆）

明代顧炎武《日知錄》有言：「三代以上，人人皆知天文。『七月流火』，農夫之辭也；『三星在戶』，婦人之語也；『月離于畢』，戍卒之作也；『龍尾伏辰』，兒童之謠也。」古詩詞中有關天文星象的詩句比比皆是。如「牽牛西北回，織女東南顧」（晉陸機《擬迢迢牽牛星》），「人生不相見，動如參與商」（唐杜甫《贈衛八處士》），「會挽雕弓如滿月，西北望，射天狼」（宋蘇軾《密州出獵》）。可見，在古代，「觀星象」是件尋常事，絕非難事。

日月星辰、寒來暑往、歲時更迭無不來源於天文曆法。到了近現代，天文成為「百姓日用而不知」的學問。顧炎武曾慨歎：「後世文人學士，有問之而茫然不知者矣」。

上世紀六十年代，張汝舟先生憑藉其紮實的古文字功底、精密的考據學研究方法、現代天文曆算的知識體系完整地釋讀了中國古代天文曆法發展主線，從夏商周三代「觀象授時」到戰國秦漢之際曆法的產生與使用過程。撥開重重迷霧，釐清天文學史中的諸多疑難問題。使得這一傳統絕學恢復其「大道至簡」的本質，成為簡明、實用的學問。

張汝舟先生（1899～1982）名渡，自號二毋居士，取「毋欲速、毋自欺」之義。少時家貧而穎異好學，是黃侃先生在中央大學時親炙弟子，向有「博極群書」之譽，曾在貴州高校從教二十七年。1957 年 5 月，張先生因發表所謂「三化」言論（即奴才進步化、黨團宗派化、辯證唯心化），被劃為「極右派」。文革中，遭遣返故鄉安徽滁州南張村，做了十年農民。

在艱苦條件下，他繼續做著學問。1964 年完成《西周考年》巨著，把天文曆法引入古史領域，有了武王克商在公元前 1106 年的驚世結論。改革開放的 1979 年黨組織安排到滁州師專任顧問教授，感恩於黨他寫出《〈曆術甲子篇〉淺釋》、《中國古代天文曆法表解》兩文，系統完整地闡釋他的星曆觀點。成功構建了張汝舟古天文學說。此後，經過他的弟子張聞玉在南京大學、湖南師範大學、東北師範大學、陝西師範大學、南昌大學、四川大學等國內

高校廣為傳播，終成一門顯學。弟子張聞玉《古代天文曆法講座》經廣西師大出版社出版，「飛入尋常百姓家」，讓世人皆為可讀。推動了天文曆術常態化的學習與研究。在此我介紹汝舟先生的天文曆法之學。涉及曆術的演算程序，有拙著講座可以借鑒，此處從略。

一、張汝舟先生古天文學簡述

中國古代「天文」與「曆法」是一回事。夏、商、周三代處於觀象授時時期，直到戰國初公元前 427 年發明《殷曆》「甲寅元」（四分曆），中國才進入曆法時代。「觀象授時」語出《尚書·堯典》：「曆象日月星辰，敬授民時。」華夏先民觀天象的目的是「授時」，這與西方天文學有很大不同。下面簡述古人「觀象」的基礎方法及「授時」的主要成果，簡略給出古籍中的依據。

1. 觀察太陽的運行規律，古人形成了「日」與「年」的時間概念。太陽東升西落，一個白天一個夜晚合為一日。中國古代最主要紀日方法是干支法。運用十天干（甲乙丙丁戊巳庚辛壬癸）十二地支（子丑寅卯辰巳午未申酉戌亥）組合成六十甲子循環紀日。早在殷商甲骨卜辭中，就有「己巳卜，庚雨」、「乙卯卜，翌丙雨」之辭。據可靠資料，公元前 720 年，春秋時期魯隱公三年二月己巳日至今近三千年，干支紀日從未間斷過，成為世界上迄今所知最長的紀日文字記載。

古人立竿測景（影），日影最長的一天定為冬至日，日影最短的一天為夏至日，每年春夏秋冬循環一次。《堯典》載「期三百有六旬有六日」，表明夏商時期古人已確定回歸年長度為 366 日，即從冬至到下一個冬至的時間（稱為一「歲」）。至遲到春秋時期，更加精確測定回歸年長度為 365 1/4 日。

紀年方法，殷周時期採用帝王紀年法，用帝王在位年數標識紀年。如出土的西周穆王時期《虎簋蓋》銘文：隹（唯）卅年四月初吉甲戌。記述西周穆王三十年四月的事。春秋時期，亂世亂時，不統於王，各自為政，各諸侯國以自己的王在位年數紀年，如公元前 560 年，既是魯襄公十三年，又是楚共王三十一年，各諸侯國的交流甚為不便。為避免紀年的混亂，產生了歲星紀年法、太歲紀年法。戰國初期，由太歲紀年法過渡到用六十甲子干支紀年法。自漢武帝元鼎元年（公元前 116 年）到民國（1911 年），皇帝年號紀年法與干支紀年法一直並用。如光緒二十四年戊戌（干支紀年）變法。

2. 月相的變化使先民掌握了時間長度「月」。至遲至春秋時期觀測出月相從滿月（望）到下一個滿月平均需要 29.53 日。12 個月約為 354 日，與回歸年

365 1/4 日相差 11 日強。每三年差 33 日多，超過一個月。古人為調配月與回歸年的長度，採用了「置閏」的方法，保證月份與季節的相應。冬至日所在月定為子月，天象上「北斗柄懸向下」。若觀天象時發現子月與上述天象不合，則置一個閏月。春秋時期，天文學家已經掌握了十九年七閏的規律。調配年、月、日的關係，是中國古代曆法的主要任務，也是歷史上頻繁改曆的原因。

3. 夜晚，滿天的恒星該如何識別？分區、命名是好方法。

古人觀星，北極與北斗總是聯繫在一起，以此定方位、定季節時令。北極點是地球自轉軸與天幕的交點，是固定不動的幾何點，哪顆恒星靠近北極點，就可能作為北極星。現在的北極星是勾陳一。中唐時代天樞是北極星，右樞是傳說中堯舜時代的北極星。北極星代表正北方向。北斗七星圍繞北極星轉動。《鶡冠子·環流》所載「斗柄東指，天下皆春；斗柄南指，天下皆夏；斗柄西指，天下皆秋；斗柄北指，天下皆冬。」古人很早發現四季交替與北斗七星運行有必然聯繫。

昏、旦是古人觀星的常用時刻。昏時，面向南方，靠近頭頂上方的星為「中星」，是古人記錄星象常用的標誌星。《堯典》「日中星鳥，以殷仲春；日永星火，以正仲夏；宵中星虛，以殷仲秋；日短星昴，以正仲冬。」給出了當時春分、夏至、秋分、冬至時的「中星」分別是星宿、心宿（大火）、虛宿、昴宿四個星座，皆屬於二十八星宿。至遲在殷商時代，古人已經可以用昏南中星測定二分二至，發現恒星運行與四季之間的內在聯繫，這是二十四節氣的雛形。

二十八星宿在黃道帶附近，日月五星穿梭於其間。古人用角度表示二十八星宿的距離，並以此來確定太陽、月亮、五星的位置。《漢書·律曆志·距度》所載是春秋時期的天象數據：

> 角十二。亢九。氐十五。房五。心五。尾十八。箕十一。東七十五度。

> 斗二十六（又四分之一）。牛八。女十二。虛十。危十七。營室十六。壁九。北九十八度（又四分之一）。

> 奎十六。婁十二。胃十四。昴十一。畢十六。觜二。參九。西八十度。

> 井三十三。鬼四。柳十五。星七。張十八。翼十八。軫十七。南百十二度。

每過一天，二十八宿便向西運行一度。每過一月，二十八宿向西行約三十度。《禮記‧月令》所載天象「孟春之月，日在營室，昏參中，旦尾中」即說孟春（春季第一個月，寅月），太陽位於營室（這是推算的，不可見），昏時參宿在南中天，黎明前尾宿在南中天。

4. 除了滿天的恒星外，天穹中肉眼可見的還有太陽系八大行星中的五顆，水、金、木、火、土。五星都很明亮，易發現。古人根據它們的特點，命名為辰星、太白、歲星、熒惑、鎮星。

觀象授時，至戰國時已形成完整的二十四節氣。這是一套農事曆，指導農耕生產。每一節氣均與二十八宿、北斗的運行、土圭測影長度、各地物候相關聯。同時，古人掌握了日月五星運行的基本規律，不用「觀象」，即可「授時」的條件已經具備，中國進入曆法時代。

二、張汝舟先生古天文學的重要考據成果

《周易》《尚書》《詩經》《春秋》《國語》《左傳》《呂氏春秋》《禮記》《爾雅》《淮南子》等古籍中有大量的詳略不同的星宿記載和天象描述。《史記‧天官書》《漢書‧天文志》更是古天文學的專門之作。

夏、商、周三代觀象授時的「真相」，經歷春秋戰國的社會動盪，到漢代已經說不清楚了。曆法產生後，不必再詳細記錄月相，古代月相名稱「生霸」、「死霸」的確切含義竟也失傳。自漢代至今，眾多學者研究天文曆法，著作浩如煙海。研究者受限於時代或者本人天文曆算水平，有些謬誤甚深。留下的文字卻造成混亂迭起，把可靠的古代天文曆法寶貴資料弄得迷霧重重。張汝舟先生一一加以梳理。

1. 釐清「歲星紀年」迷霧。「歲星紀年」在春秋年代一度流行，僅在少數姬姓國及幾個星象家用過。歲星，即木星，運行週期為 11.86 年，接近 12 年。「觀象」發現歲星每年在星空中走過一辰 30°，將周天分為十二辰，歲星每年居一辰，這就是歲星紀年的天象依據。可是歲星運行週期不是 12 年整，每過八十餘年就發生超辰現象，這是客觀規律，無法更改。魯襄公二十八年（公元前 545 年），「歲在星紀而淫於玄枵」，「歲星紀年」破產了，僅行用百餘年。古星曆家用以描述歲星運行的十二次（十二宮）名稱卻流傳下來，星紀、玄枵……星曆家又假想一個理想天體「太歲」，與歲星運行方向相反，產生「太歲紀年法」。終因缺乏實觀天象的支撐，也僅曇花一現。太歲紀年用「攝提格」、「單閼」……代替十二地支。閱讀古籍時，將這些「特殊名稱」

理解為干支的別名即可。

2. 糾正「四象」貽害。張汝舟先生繪製的星曆表是依據宋人黃裳《星圖》所繪二十八宿次序畫的。傳統星曆表迷信《史記・天官書》「四象」說，二十八宿分為東方蒼龍、北方玄武、西方白虎、南方朱雀，用龍、龜、蛇、鳥四靈形象表示。由於四靈要配四象，於是宿位排列顛倒了，後人誤排二十八宿、十二宮方向，貽誤不淺。

張氏星曆表糾正了二十八宿排列次序；刪除外圈十二地支；增加「歲差」方向；增加二十八宿括號內數字，這是唐宋曆家所測。用此表釋讀古籍中的天象清晰明瞭。

3. 否定「三正論」。觀象授時時期，古人規定冬至北斗柄起於子月，終於亥月，這是實際天象不可更改的。每年以何月為正月，則會導致月份與季節之間調配不同，這就是「建正」（用曆）問題。春秋時代人們迷信帝王嬗代之應，「三正論」大興，他們認為夏商周三代使用了不同的曆法，「周正建子，殷正建丑，夏正建寅」，即周以子月為正月，殷以丑月為正月，夏以寅月為正月。三正與四季的對應關係不同。

實際上，四分曆產生之前，還只是觀象授時，根本不存在夏商周三代不同正朔的曆法。所謂周曆、殷曆、夏曆不過是春秋時期各諸侯國所用的子正、丑正、寅正的代稱罷了。戰國時期，各國普遍行用四分曆，建正不同。齊魯尊周，建子為正；三晉與楚建寅，使用夏正；秦用夏正，又以十月（亥）為歲首。

排除「三正論」的干擾，中流伏內的涵義才得以顯現。依據《夏小正》「八月辰（房宿）伏」、「九月內（入或納）火」、「正月初昏參中」、「三月參則伏」等連續的星象記載，確定中、流、伏、內是二十八宿每月西移一宮（30°）的定量表述。汝舟先生在《〈（夏）小正〉校釋》詳加闡釋。《詩經・七月》中「七月流火」是實際天象，是七月心宿（大火）在偏西30°的位置，則六月大火正中，這是殷曆建丑的標誌。毛亨注「七月流火」，火，大火也；流，下也。已經不能精確釋讀天象了。後世多依毛氏闡述，遠離了天文的「真相」。

4. 否定《三統曆》。漢代劉歆編制的「三統曆」詳載於班固《漢書・律曆志》。《三統曆》被推為我國三大名曆——漢《三統曆》、唐《大衍曆》、元《授時曆》之首，實則徒有虛名。「三統曆」本質即為四分曆，是《殷曆》「甲寅元」的變種，且從未真正行用過。劉歆用「三統曆」推算西周紀元元年，他受時代

限制，不明四分術本身的誤差，也不知「歲差」的存在。所以他推算西周曆日總有三天、四天的誤差。近代王國維先生即是據《三統曆》推算結果悟出「月相四分說」，上了劉歆的當。《三統曆》惑亂中國曆法史長達二千年。

「四象」、「三正論」、「三統曆」、「歲星紀年」汝舟先生稱之為「四害」。去除四害，方能建立正確的星曆觀。

三、張汝舟先生解讀四分曆法的意義

湯炳正先生曾言：「兩千年以來，汝舟先生是第一位真正搞清楚《史記‧曆書‧曆術甲子篇》與《漢書‧律曆志‧次度》的學者」。《曆術甲子篇》《次度》是中國古代天文曆法的二大寶書，塵封二千餘年，無人能識。汝舟先生考據出司馬遷所記《曆術甲子篇》正是我國第一部曆法——四分曆；《次度》所記載的實際天象，正是四分曆實施之時，戰國初年公元前 427 年（甲寅年）。依此兩部寶書，汝舟先生還原了我國從戰國初到三國蜀漢亡行用了 700 年的四分曆。

四分曆是以 365 1/4 日為回歸年長度，29 499/940 日為朔策（平均一月長度），十九年閏七為置閏方法的最簡明曆法。汝舟先生熟知現代天文曆法體系，明瞭四分曆的誤差，發明出 3.06 年差分的算法，以公元前 427 年為原點，前加後減，修正四分曆的誤差。這一算法的發明，使古老的四分曆煥發青春。簡明的四分曆成為可以獨立運用的曆法體系，上推幾千載，下算數千年。其推算結果，與現代天文學推測的實際天象相吻合；與古籍、出土文物中的曆點相合；客觀上驗證了汝舟先生理論的正確性。汝舟先生不僅還原了我國四分曆的使用歷史，同時構建了一套完整自洽並可以獨立運用的古代天文曆法體系。

汝舟先生精研古代天文曆法，首先應用於西周年代學研究。1964 年發表《西周考年》，確鑿得出武王克商在公元前 1106 年，西周總年數 336 年的結論。

《史記》年表起於共和元年（公元前 841 年），共和元年至今近三千年紀年，歷歷分明。共和之前西周各王年，向無定說。最重要的時間點即是「武王克商」之年。李學勤先生說：「武王克商之年的重要，首先在於這是商周兩個朝代的分界點，因而是年代學研究上不可迴避的。這一分界點的推定，對其後的西周來說，影響到王年數的估算；對其前的夏商而言，又是其積年的起點。」

　　《西周考年》中利用古籍、出土器物的四十一個寶貴曆點（有王年、月份、紀日干支及月相的四要素信息），以天上材料（實際天象）、地下材料（出土文獻）與紙上材料（典籍記載）「三證合一」的系統方法論，確證武王克商在公元前 1106 年。汝舟先生總結他的方法為一套技術——四分曆推步，四個論點——否定「三統曆」、否定「三正論」、否定「月相四分說」、確定「失閏限」與「失朔限」。

　　「月相四分」與「月相定點」說是目前史學界針鋒相對的兩種觀點。「月相四分說」是王國維先生在「三統曆」基礎上悟出的，在夏商周斷代工程中進一步演化為「月相二分說」。汝舟先生堅持「月相定點」是四分曆推步的必然結果，有古籍、青銅器中曆點一一印證。月相定點與非定點的爭執，本質是對古代曆法是否有足夠清晰的認識問題。

　　清儒有言，不通聲韻訓詁，不懂天文曆法，不能讀古書。誠非虛言。考據古天文曆法是一項龐大繁難的系統工程。本文所述僅是汝舟先生學術的「冰山一角」。我在從汝舟師學習的過程中有這樣的體會：一是要樹立正確的星曆觀點，才不至為千百年來的惑亂所迷；二是要進行認真的推算，達到熟練程度，才能更好地掌握他的整個體系。汝舟先生古天文曆法體系又是簡明、實用的，用於考證古籍中的疑年問題遊刃有餘，用於先秦史年代學的研究屢建奇功。

四、汝舟先生古代天文曆法的應用舉例

例 1：《堯典》四仲中星及「歲差」

　　前文所述《堯典》「日中星鳥」「日永星火」「宵中星虛」「日短星昴」四仲中星是最早觀象授時的星象記錄，當時僅憑目力觀測，未必十分準確。運用張氏星曆表計算，南方星宿至東方心宿（大火）的距離為星 7÷2＋張 18＋翼 18＋軫 17＋角 12＋亢 9＋氐 15＋房 5＋心宿 5÷2＝100 度（首尾兩星宿用度數 1/2，其他星宿順序相加），心宿至北方虛宿 82.75 度，虛宿至西方昴宿 94.5 度，昴宿至星宿 88 度，四數相加正合周天 365.25 度（中國古度一周天為 365.25 度）。四星宿大致四分周天，均在 90 度上下，對應四季中點。若昏時觀天象，春分時，星宿在南中天。夏至時大火正中，秋分時是虛宿，冬至時為昴宿。

　　東晉成帝時代，虞喜根據「日短星昴」的記載，對照當時冬至點日昏中星在壁宿的天象，確認每年冬至日太陽並沒有回到星空中的原來恒星位置，而是差了一點兒，這被稱為歲差。

　　汝舟先生利用「歲差」，分析古籍中「冬至點」位置變化，最終得出《次度》所記「星紀：初，斗十二度，大雪；中，牽牛初，冬至；終於婺女七度」，是戰國初期的實際天象。

　　張氏星曆表可以直觀解讀古籍中的天文天象。

　　例 2：屈原的出生年月問題

　　這是文史界的熱門話題。《離騷》開篇：「攝提貞於孟陬兮，惟庚寅吾以降。」就告訴了我們屈原生於寅年寅月寅日。考慮屈原政治活動的時代背景，其出生年只能在兩個寅年，一是公元前 355 年丙寅（游兆攝提格），一是公元前 343 年戊寅（徒維攝提格）。我們用四分曆推步法來檢驗。（推算過程略）公元前 355 年丙寅年寅月沒有庚寅日，應該捨棄。公元前 343 年（楚宣王二十七年），戊寅年正月（寅月）二十一日（庚寅），正是屈原的出生日。這也是清人鄒漢勳、陳瑒，近人劉師培的結論。

　　建立正確的星曆觀，掌握四分曆推步方法，許多疑年問題會迎刃而解。

　　例 3：《詩經·十月之交》

　　《小雅·十月之交》「十月之交，朔月辛卯。日有食之」。日食發生在某年十月日月交會之日，即朔日（初一），干支紀日為辛卯日。根據張汝舟先生用四分曆排定的《西周經朔譜》，周幽王六年，公元前 776 年，酉月辛卯朔，該年失閏建子，酉月正是十月，與天象吻合。輔助其他資料，可以證實《十月之交》是西周時期一次日食的真實記錄。章太炎先生講「六經皆史」，確非虛言。

　　受歷史條件的限制，汝舟先生在《西周考年》中只用到 41 個曆點。上世紀八十年代後，陸續出土上千件西周青銅器，其中四要素全者已接近百件。我們積累了文獻中 16 個曆點，青銅器 82 個曆點，繼續汝舟先生的學術方向，更進一步確證武王克商之年在公元前 1106 年，得出西周中期準確的王序王年，排出可靠的《西周曆譜》，這些成果見於《西周王年論稿》（貴州人民出版社 1996 年），匯總於《西周紀年研究》（2010 年貴州大學出版社）。

　　西周中期四王的王序是共、孝、懿、夷，而不是《史記》所載共、懿、孝、夷。排定的西周王年：

　　　　　　公元前 1106 年武王克商，在位二年；

　　　　　　公元前 1104 年成王元年，在位三十七年；

　　　　　　公元前 1067 年康王元年，在位二十六年；

　　　　　　公元前 1041 年昭王元年，在位三十五年；

公元前 1006 年穆王元年，在位五十五年；

公元前 951 年共王元年，在位二十三年；

公元前 928 年孝王元年，在位十二年；

公元前 916 年懿王元年，在位二十三年；

公元前 893 年夷王元年，在位十五年；

公元前 878 年厲王元年，在位三十七年；

公元前 841 年共和元年，計十四年；

公元前 827 年宣王元年，在位四十六年；

公元前 781 年幽王元年，在位十一年；

公元前 770 年平王元年，東周始。

以汝舟先生古代天文曆法體系為基礎理論，以「三重證據法」為系統方法論，堅持「月相定點」說。針對日益增多的出土銅器銘文，發展出銅器曆日研究的正例變例研究方法、銅器王世系聯法等理論。我們有《銅器曆日研究》（貴州人民出版社 1999 年）一書為證。

我們堅信西周曆譜的可靠，是因為每一個曆點均與實際天象相合，非人力所能妄為。我們堅守乾嘉學派的學風「例不十，法不立，反對孤證」。對每一件銅器、每一個古籍文字均詳加考據。饒尚寬教授 2001 年排出《西周曆譜》後，又有晙簋、天亡簋等多件新增青銅器出現，均能夠一一放入排定的框架。今後再有新的曆日出現，自信地說，也必然出不了這個框架。這個西周曆譜應該是很難撼動的了。

「六經皆史，三代乃根」，這幾乎是歷代文化人的共識。中華文明五千年，她的根在夏商周「三代」。弄明白三代的歷史，是中國史學家的職分。2016 年科學技術出版社出版我們《夏商周三代紀年》。三代紀年是在汝舟先生可靠的西周年代 336 年基礎上，商朝紀年採用 628 年說，夏朝紀年採用 471 年說，都做到於史有據。李學勤先生為此書題詞「觀天象而推曆數，遵古法以建新說。」

隨著學術的蓬勃發展，汝舟先生的弟子、再傳弟子不斷有著作問世，豐富了汝舟先生古天文學說。貴州社科院蔣南華教授出版了《中華傳統天文曆術》（1996 年海南出版社）、《中華古曆與推算舉要》（與黎斌合著，2016 年上海大學出版社）；新疆師大饒尚寬教授出版有《古曆論稿》（新疆科技出版社 1994 年）、《戰國秦漢朔閏表》（商務印書館）、《西周曆譜》（收入《西周紀年研究》

貴州大學出版社 2010 年）；後學桂珍明參與編著《夏商周三代紀年》、《夏商周三代事略》；後學馬明芳女士參與整理古天文學著作，寫有普及本《走進天文曆法》，並到各地書院面授這一學術。種種說明，古天文「絕學」後繼有人，異彩流光。

　　古代天文曆法，是「人類第一學，文明第一法」。張汝舟先生古代天文曆法體系提供了一套可靠的研究古籍天象的系統理論，必將在未來的應用中發揚光大。

附錄三　本書所涉人名索引

後　記

　　1982 年 1 月 22 日，張汝舟先生因突發腦溢血，在滁州師專寓所駕鶴西去，一代大師就此隕落。貴州大學聞訊，立即著手成立「張汝舟先生遺著整理小組」，分工協作，系統整合先生存世著作。「整理小組」向全社會發出了徵集汝舟先生作品的信函，湯炳正、孟醒仁等諸位先生紛紛回函。看到先生們魚雁往來，紛紛不絕，只為了汝舟先生的片言隻語，那種文化傳承的巨大力量深深震撼了我。四十年後的 2022 年，我也在做著同樣的事業，為了汝舟先生的生平事蹟，踏遍了可能的每一寸土地，詢遍了可能的每一位知情者。

　　自 2016 年始我從張聞玉先生受業，學習天文曆法與聲韻學。在與聞玉先生交談過程中，每每發現他言必稱汝舟先生，這引發了我想要探索這位學術大師的強烈興趣。冥冥之中自有天意，這位從未謀面的師公竟然是我的滁州同鄉，這更激發了我研究他的勇氣。我利用一個暑假的時間，遍閱史料，草成《張汝舟年譜簡編》，並發表在陳光銳教授主編的《滁州職業技術學院學報》上。一石激起千層浪，此文發表後得到很多師友的關注，我也因此獲得了出版《張汝舟手稿集》和《張汝舟文集》的機遇。

　　貴州著名學者、湯炳正先生之孫湯序波老師乃恩師好友，因此平時對我格外關愛垂青。彼時他正撰寫《湯炳正先生編年事輯》，在讀過我的《年譜簡編》之後，以下情相詢，並建議我擴充付梓。今年 3 月 15 日，我受邀往淮北師範大學講學，期間牛繼清教授盛讚臺灣花木蘭文化事業有限公司，建議在此出版。我嘗試著聯繫該社北京辦事處，經過楊嘉樂老師的熱情推薦，專家委員會的嚴格評審，《張汝舟年譜》終於得到了付梓的機會。此時此刻，我想到了陳寅恪先生的兩句詩：「吾儕所學關天意，並世相知妒道真。」吾輩所習天文曆

法不僅為傳統文化之絕學，更是一種天命之學。如果沒有各位師友的鼓勵支持，這些研究成果或將永無面世之日。

本書以《張汝舟年譜》為名，實為繼《手稿集》和《文集》之後「張汝舟系列研究」的第三種。年譜的撰寫除了考驗作者的功力和思想外，最重要的就是搜集林林總總的材料。在撰寫本書的幾年之中，承蒙汝舟先生嫡孫張立楷先生、外孫馬先隊先生、貴州大學張聞玉師、貴州教育學院程在福教授、安徽中醫藥大學王德群教授、貴州出版集團副總經理李立樸先生、寧國市委黨校呂正老師、都勻一中羅福應老師、滁州市應用技術學校謝德川老師、林散之研究會理事邵川先生、「程門問學」主編宋健兄等眾多師友惠賜珍貴文獻，東南大學附屬中大醫院劉榮喜主任、華中科技大學堯育飛老師、復旦大學桂珍明博士、滁州日報社陳姝好女士參與了部分文獻的整理。初稿完成後，同門張金寶師兄悉心指教，提出很多修改建議，在此一併致謝！張輝先生弱冠之年曾在滁州師專聽汝舟先生授課，後又在南京大學讀研時聽聞玉師講座，可謂汝舟學說的忠實聽眾。職是之故，伏請張輝先生為本書撰寫序言，張先生欣然命筆，為拙著增色不少。

汝舟先生一生為學術堅持己見，早年以《水滸傳》版本問題就正胡適先生，中年以聲韻學分部問題與王力先生商榷，晚年又以天文曆法月相定點說與王國維先生分庭抗禮。先生不畏權威，不管是在多麼困難的環境中，依然孤獨地照亮我們前行的方向。學術界眾說紛紜，永無止息。孰是孰非，何去何從？知我罪我，其惟春秋。

此時，如楊花一般的飛雪正敲打著我的窗兒。

張道鋒

2023 年 1 月 21 日除夕夜初稿

2023 年 4 月 6 日修改